总主编 伍 江　副总主编 雷星晖

唐代中　施建刚　著

上海城市房屋拆迁研究

Research on Urban Housing Demolition of Shanghai

内容提要

本书通过梳理历年来拆迁政策的阶段性特点、演变过程和操作办法,对适合上海的拆迁工作机制进行了深入系统的研究。全书包括绪论、文献综述和理论基础分析、比较研究、政策梳理、现状调研、模型分析、建议、总结与展望八个部分。探索在《物权法》框架下,以政府为拆迁主体的房屋征收新模式。

本书可供各级城市管理部门不同层次的管理者在研究房屋拆迁问题时参考,同时也适用于城市管理与建设工程管理学科及对该领域感兴趣的专家学者。

图书在版编目(CIP)数据

上海城市房屋拆迁研究／唐代中,施建刚著. —上海：同济大学出版社,2017.8
(同济博士论丛／伍江总主编)
ISBN 978-7-5608-6836-3

Ⅰ.①上… Ⅱ.①唐… ②施… Ⅲ.①城市—房屋拆迁—研究—上海 Ⅳ.①F299.275.1

中国版本图书馆 CIP 数据核字(2017)第 062726 号

上海城市房屋拆迁研究
唐代中　施建刚　著

出 品 人　华春荣　　责任编辑　戴如月　熊磊丽
责任校对　徐春莲　　封面设计　陈益平

出版发行	同济大学出版社　www.tongjipress.com.cn	
	(地址：上海市四平路1239号　邮编：200092　电话：021-65985622)	
经　　销	全国各地新华书店	
排版制作	南京展望文化发展有限公司	
印　　刷	浙江广育爱多印务有限公司	
开　　本	787 mm×1092 mm　1/16	
印　　张	14.75	
字　　数	295 000	
版　　次	2017年8月第1版　2017年8月第1次印刷	
书　　号	ISBN 978-7-5608-6836-3	
定　　价	70.00元	

本书若有印装质量问题,请向本社发行部调换　　版权所有　侵权必究

"同济博士论丛"编写领导小组

组　　长：杨贤金　钟志华

副 组 长：伍　江　江　波

成　　员：方守恩　蔡达峰　马锦明　姜富明　吴志强
　　　　　徐建平　吕培明　顾祥林　雷星晖

办公室成员：李　兰　华春荣　段存广　姚建中

"同济博士论丛"编辑委员会

总 主 编：伍 江

副总主编：雷星晖

编委会委员：（按姓氏笔画顺序排列）

丁晓强	万 钢	马卫民	马在田	马秋武	马建新
王 磊	王占山	王华忠	王国建	王洪伟	王雪峰
尤建新	甘礼华	左曙光	石来德	卢永毅	田 阳
白云霞	冯 俊	吕西林	朱合华	朱经浩	任 杰
任 浩	刘 春	刘玉擎	刘滨谊	闫 冰	关佶红
江景波	孙立军	孙继涛	严国泰	严海东	苏 强
李 杰	李 斌	李凤亭	李光耀	李宏强	李国正
李国强	李前裕	李振宇	李爱平	李理光	李新贵
李德华	杨 敏	杨东援	杨守业	杨晓光	肖汝诚
吴广明	吴长福	吴庆生	吴志强	吴承照	何品晶
何敏娟	何清华	汪世龙	汪光焘	沈明荣	宋小冬
张 旭	张亚雷	张庆贺	陈 鸿	陈小鸿	陈义汉
陈飞翔	陈以一	陈世鸣	陈艾荣	陈伟忠	陈志华
邵嘉裕	苗夺谦	林建平	周 苏	周 琪	郑军华
郑时龄	赵 民	赵由才	荆志成	钟再敏	施 骞
施卫星	施建刚	施惠生	祝 建	姚 熹	姚连璧

袁万城　莫天伟　夏四清　顾　明　顾祥林　钱梦騋
徐　政　徐　鉴　徐立鸿　徐亚伟　凌建明　高乃云
郭忠印　唐子来　阎耀保　黄一如　黄宏伟　黄茂松
戚正武　彭正龙　葛耀君　董德存　蒋昌俊　韩传峰
童小华　曾国荪　楼梦麟　路秉杰　蔡永洁　蔡克峰
薛　雷　霍佳震

秘书组成员：谢永生　赵泽毓　熊磊丽　胡晗欣　卢元姗　蒋卓文

总 序

在同济大学110周年华诞之际,喜闻"同济博士论丛"将正式出版发行,倍感欣慰。记得在100周年校庆时,我曾以《百年同济,大学对社会的承诺》为题作了演讲,如今看到付梓的"同济博士论丛",我想这就是大学对社会承诺的一种体现。这110部学术著作不仅包含了同济大学近10年100多位优秀博士研究生的学术科研成果,也展现了同济大学围绕国家战略开展学科建设、发展自我特色,向建设世界一流大学的目标迈出的坚实步伐。

坐落于东海之滨的同济大学,历经110年历史风云,承古续今、汇聚东西,秉持"与祖国同行、以科教济世"的理念,发扬自强不息、追求卓越的精神,在复兴中华的征程中同舟共济、砥砺前行,谱写了一幅幅辉煌壮美的篇章。创校至今,同济大学培养了数十万工作在祖国各条战线上的人才,包括人们常提到的贝时璋、李国豪、裘法祖、吴孟超等一批著名教授。正是这些专家学者培养了一代又一代的博士研究生,薪火相传,将同济大学的科学研究和学科建设一步步推向高峰。

大学有其社会责任,她的社会责任就是融入国家的创新体系之中,成为国家创新战略的实践者。党的十八大以来,以习近平同志为核心的党中央高度重视科技创新,对实施创新驱动发展战略作出一系列重大决策部署。党的十八届五中全会把创新发展作为五大发展理念之首,强调创新是引领发展的第一动力,要求充分发挥科技创新在全面创新中的引领作用。要把创新驱动发展作为国家的优先战略,以科技创新为核心带动全面创新,以体制机制改革激发创新活力，以高效率的创新体系支撑高水平的创新型国家建设。作为人才培养和科技创新的重要平台，大学是国家创新体系的重要组成部分。同济大学理当围绕国家战略目标的实现，作出更大的贡献。

大学的根本任务是培养人才，同济大学走出了一条特色鲜明的道路。无论是本科教育、研究生教育，还是这些年摸索总结出的导师制、人才培养特区，"卓越人才培养"的做法取得了很好的成绩。聚焦创新驱动转型发展战略，同济大学推进科研管理体系改革和重大科研基地平台建设。以贯穿人才培养全过程的一流创新创业教育助力创新驱动发展战略，实现创新创业教育的全覆盖，培养具有一流创新力、组织力和行动力的卓越人才。"同济博士论丛"的出版不仅是对同济大学人才培养成果的集中展示，更将进一步推动同济大学围绕国家战略开展学科建设、发展自我特色、明确大学定位、培养创新人才。

面对新形势、新任务、新挑战，我们必须增强忧患意识，扎根中国大地，朝着建设世界一流大学的目标，深化改革，勠力前行！

万　钢

2017 年 5 月

论丛前言

承古续今,汇聚东西,百年同济秉持"与祖国同行、以科教济世"的理念,注重人才培养、科学研究、社会服务、文化传承创新和国际合作交流,自强不息,追求卓越。特别是近20年来,同济大学坚持把论文写在祖国的大地上,各学科都培养了一大批博士优秀人才,发表了数以千计的学术研究论文。这些论文不但反映了同济大学培养人才能力和学术研究的水平,而且也促进了学科的发展和国家的建设。多年来,我一直希望能有机会将我们同济大学的优秀博士论文集中整理,分类出版,让更多的读者获得分享。值此同济大学110周年校庆之际,在学校的支持下,"同济博士论丛"得以顺利出版。

"同济博士论丛"的出版组织工作启动于2016年9月,计划在同济大学110周年校庆之际出版110部同济大学的优秀博士论文。我们在数千篇博士论文中,聚焦于2005—2016年十多年间的优秀博士学位论文430余篇,经各院系征询,导师和博士积极响应并同意,遴选出近170篇,涵盖了同济的大部分学科:土木工程、城乡规划学(含建筑、风景园林)、海洋科学、交通运输工程、车辆工程、环境科学与工程、数学、材料工程、测绘科学与工程、机械工程、计算机科学与技术、医学、工程管理、哲学等。作为"同济博士论丛"出版工程的开端,在校庆之际首批集中出版110余部,其余也将陆续出版。

博士学位论文是反映博士研究生培养质量的重要方面。同济大学一直将立德树人作为根本任务,把培养高素质人才摆在首位,认真探索全面提高博士研究生质量的有效途径和机制。因此,"同济博士论丛"的出版集中展示同济大学博士研究生培养与科研成果,体现对同济大学学术文化的传承。

"同济博士论丛"作为重要的科研文献资源,系统、全面、具体地反映了同济大学各学科专业前沿领域的科研成果和发展状况。它的出版是扩大传播同济科研成果和学术影响力的重要途径。博士论文的研究对象中不少是"国家自然科学基金"等科研基金资助的项目,具有明确的创新性和学术性,具有极高的学术价值,对我国的经济、文化、社会发展具有一定的理论和实践指导意义。

"同济博士论丛"的出版,将会调动同济广大科研人员的积极性,促进多学科学术交流、加速人才的发掘和人才的成长,有助于提高同济在国内外的竞争力,为实现同济大学扎根中国大地,建设世界一流大学的目标愿景做好基础性工作。

虽然同济已经发展成为一所特色鲜明、具有国际影响力的综合性、研究型大学,但与世界一流大学之间仍然存在着一定差距。"同济博士论丛"所反映的学术水平需要不断提高,同时在很短的时间内编辑出版110余部著作,必然存在一些不足之处,恳请广大学者,特别是有关专家提出批评,为提高同济人才培养质量和同济的学科建设提供宝贵意见。

最后感谢研究生院、出版社以及各院系的协作与支持。希望"同济博士论丛"能持续出版,并借助新媒体以电子书、知识库等多种方式呈现,以期成为展现同济学术成果、服务社会的一个可持续的出版品牌。为继续扎根中国大地,培育卓越英才,建设世界一流大学服务。

伍 江

2017年5月

前　言

城市房屋动拆迁是城市建设与旧城改造中必不可少的重要环节,涉及多方利益,这不可避免地带来补偿、安置等一系列矛盾,围绕着城市房屋动拆迁出现的冲突已成为当前敏感的社会问题。因此,无论从推动旧城改造、促进城市"又好又快"发展的经济角度出发;从保障民生、构建和谐社会的社会角度出发;还是从对现有城市管理理论进行补充的理论角度出发,都迫切要求从整体上对城市拆迁的运作机制进行系统研究。

本书主要从整体上对城市拆迁的运作机制进行系统研究,通过梳理历年来拆迁政策的阶段性特点、演变过程和操作办法,对适合上海的拆迁工作机制进行深入研究;并探索在《物权法》框架下,以政府为拆迁主体的房屋征收新模式,从而加快消化存量拆迁项目,推动上海新一轮旧区改造的进程。

全书共分八章,具体研究内容如下:

第1章为绪论。主要介绍城市房屋拆迁的社会经济、政策及理论背景,论文研究目的、意义,相关概念的界定,以及论文研究方法、技术路线,逻辑结构和可能的创新点。

第2章为文献综述和理论基础分析部分。主要对城市房屋拆迁的国内外相关文献进行了综述,对国内外相关研究的热点与趋势进行了比较分析,并且对论文的理论基础进行了简要介绍,为本书提供了必要的理论支撑。

第3章为比较研究部分。通过借鉴国内其他城市房屋拆迁政策,参考国外的城市拆迁制度和城市更新经验,为本书的对策建议部分提供经验借鉴。

第4章为政策梳理部分。分析了上海城市拆迁政策的演变,即1991年前施行的计划经济模式下的城市拆迁政策,1991—2000年施行的经济体制转轨时期的城市拆迁政策,2001—2007年施行的市场经济体制下的城市房屋拆迁政策,2007年施行的《物权法》框架下国有土地征收后的城市房屋拆迁政策。通过梳理上海城市房屋拆迁政策的形成背景、演变过程、执行效果,为本书的对策建议部分理清政策脉络。

第5章为现状调研部分。通过分析上海存量拆迁基地情况,结合城市房屋拆迁中相关主体的调研与典型拆迁基地的案例研究,得出当前拆迁中存在的主要问题及其产生原因。为本书的对策建议部分奠定现实基础。

第6章为模型分析部分。以演化博弈理论为基本分析工具,在理清拆迁过程中各相关主体利益诉求的基础上,分析各相关主体之间的博弈要素、博弈过程、博弈均衡,为本书的对策建议部分提供理论支撑。

第7章为建议部分。在前文政策梳理、现状调研、模型分析、经验借鉴的基础上,提出了完善上海拆迁新政的建议,包括政策的目标、原则、实施手段和具体实施方案。

第8章为总结与展望部分。总结了本书的主要研究成果,并指出了本书的不足和今后努力的方向。

本书可能的创新点主要有以下三点:

第一,引入新的演化博弈理论,以演化博弈理论为基本分析工具,在理清拆迁过程中各相关主体利益诉求的基础上,构建城市拆迁补偿的演化博弈模型,分析不同收益值情况下的演化稳定策略。

第二,对新的《国有土地上征收房屋与拆迁补偿安置条例》(征求意见稿)进行了深入研究,并在此基础上构建了《物权法》框架下上海城市拆迁运作新机制,包括政策体系的目标、原则、实施手段和具体实施方案。

第三，引入共生理念，并提出新的"区域内改建回搬"安置方案。即通过拆迁，对旧城区进行城市更新，促进城市"又好又快"发展，并通过合理、充分的经济补偿及有效安置，切实提高被拆迁人的居住水平，实现政府、拆迁人、被拆迁人等多方面的和谐共生。

目 录

总序
论丛前言
前言

第 1 章　绪论 ··· 1
 1.1　问题的提出 ··· 1
  1.1.1　选题背景 ··· 1
  1.1.2　研究目的 ··· 4
  1.1.3　研究意义 ··· 5
  1.1.4　相关概念界定 ··· 6
 1.2　研究方法与技术路线 ··· 8
  1.2.1　研究方法 ··· 8
  1.2.2　技术路线 ··· 8
 1.3　本书逻辑结构与研究内容 ······································ 9
  1.3.1　逻辑结构 ··· 9
  1.3.2　研究内容 ··· 10
 1.4　研究特色与可能的创新点 ···································· 11
  1.4.1　研究特色 ··· 11
  1.4.2　可能的创新点 ··· 11
 1.5　本章小结 ··· 12

第2章 文献综述与理论基础 ... 13
2.1 国内外文献综述 ... 14
2.1.1 国外文献综述 ... 14
2.1.2 国内文献综述 ... 21
2.1.3 国内外现有研究比较 ... 39
2.2 研究理论基础 ... 40
2.2.1 制度变迁理论 ... 40
2.2.2 博弈理论 ... 43
2.2.3 公共政策理论 ... 49
2.2.4 共生理论 ... 52
2.3 本章小结 ... 57

第3章 城市房屋拆迁政策的国内外经验借鉴 ... 58
3.1 国内部分城市拆迁政策借鉴 ... 58
3.1.1 北京市房屋拆迁政策 ... 58
3.1.2 杭州市房屋拆迁政策 ... 59
3.1.3 广州市房屋拆迁政策 ... 61
3.1.4 成都市房屋拆迁政策 ... 62
3.2 国外城市拆迁制度借鉴 ... 64
3.2.1 美国城市房屋拆迁制度 ... 65
3.2.2 德国城市房屋拆迁制度 ... 66
3.3 国外城市更新的经验借鉴 ... 67
3.3.1 美国城市更新计划 ... 67
3.3.2 德国城市综合更新 ... 69
3.3.3 新加坡公共住宅计划 ... 70
3.4 本章小结 ... 71

第4章 上海城市房屋拆迁政策的演变 ... 72
4.1 1991年前计划经济模式下的城市拆迁政策 ... 72
4.1.1 政策背景和形成原因分析 ... 72
4.1.2 政策内容 ... 75
4.1.3 政策分析 ... 76

4.2 1991—2000 年经济体制转轨时期的城市拆迁政策 …………… 78
    4.2.1 政策背景和形成原因分析 ……………………………… 78
    4.2.2 政策内容 ………………………………………………… 80
    4.2.3 政策分析 ………………………………………………… 84
4.3 2001—2007 年市场经济体制下的城市房屋拆迁政策 ………… 85
    4.3.1 政策背景和形成原因分析 ……………………………… 85
    4.3.2 政策内容 ………………………………………………… 86
    4.3.3 政策分析 ………………………………………………… 89
4.4 2007 年《物权法》框架下国有土地征收后的城市房屋拆迁政策 … 90
    4.4.1 政策背景和形成原因分析 ……………………………… 90
    4.4.2 拆迁合法性暨公共利益界定 …………………………… 91
    4.4.3 新旧房屋拆迁政策对比分析 …………………………… 96
4.5 本章小结 …………………………………………………………… 100

第 5 章 上海城市房屋拆迁现状调研 …………………………… 101

5.1 上海存量基地情况梳理 …………………………………………… 101
    5.1.1 存量基地的定义 ………………………………………… 102
    5.1.2 存量基地分类分析 ……………………………………… 102
    5.1.3 存量基地的特点 ………………………………………… 109
    5.1.4 存量基地拆迁难的原因 ………………………………… 112
5.2 城市拆迁中相关主体调研情况 …………………………………… 115
    5.2.1 被拆迁人调研情况 ……………………………………… 115
    5.2.2 政府调研情况 …………………………………………… 118
    5.2.3 拆迁公司调研情况 ……………………………………… 119
    5.2.4 评估公司调研情况 ……………………………………… 120
    5.2.5 开发商调研情况 ………………………………………… 121
5.3 典型拆迁基地调研情况 …………………………………………… 123
    5.3.1 浦东世博动迁基地调研情况 …………………………… 123
    5.3.2 佘山动迁基地调研情况 ………………………………… 127
    5.3.3 闸北动迁基地调研情况 ………………………………… 129
    5.3.4 普陀动迁基地调研情况 ………………………………… 131
5.4 拆迁中存在的主要问题及其产生原因 …………………………… 134

  5.4.1　主要问题 ……………………………………………………… 134
  5.4.2　产生原因 ……………………………………………………… 136
 5.5　本章小结 …………………………………………………………… 138

第6章　《物权法》框架下房屋拆迁主体行为博弈分析 …………… 140
 6.1　《物权法》框架下的房屋征收与拆迁补偿安置 ………………… 141
  6.1.1　《物权法》对房屋拆迁主体的规定 ……………………… 141
  6.1.2　《物权法》对补偿安置的规定 …………………………… 141
 6.2　拆迁主体行为博弈分析 …………………………………………… 141
  6.2.1　演化博弈模型 ………………………………………………… 141
  6.2.2　博弈模型分析 ………………………………………………… 143
 6.3　引入共生策略的博弈分析 ………………………………………… 148
  6.3.1　演化博弈模型 ………………………………………………… 148
  6.3.2　博弈模型分析 ………………………………………………… 150
 6.4　演化博弈模型案例分析 …………………………………………… 152
  6.4.1　普陀区长寿路拆迁基地案例分析 ………………………… 152
  6.4.2　松江区佘山镇拆迁基地案例分析 ………………………… 155
  6.4.3　杨浦区平凉地块拆迁基地案例分析 ……………………… 157
 6.5　博弈分析结论 ……………………………………………………… 165
 6.6　本章小结 …………………………………………………………… 168

第7章　完善上海拆迁新政的建议 ………………………………… 170
 7.1　政策体系的目标与构建原则 ……………………………………… 170
  7.1.1　政策体系的目标 ……………………………………………… 170
  7.1.2　政策体系的构建原则 ………………………………………… 171
 7.2　政策体系总体框架与实施手段 …………………………………… 172
  7.2.1　政策体系总体框架 …………………………………………… 172
  7.2.2　政策体系主要实施手段 ……………………………………… 174
 7.3　加强拆迁管理 ……………………………………………………… 176
  7.3.1　先期介入 ……………………………………………………… 176
  7.3.2　优化城市房屋征收程序 ……………………………………… 176
  7.3.3　加强监督管理 ………………………………………………… 177

7.4 改进拆迁评估 ·· 178
　7.4.1 双方委托的程序 ···································· 178
　7.4.2 双方委托的费用支付 ······························ 179
　7.4.3 可能产生的问题及解决方法 ···················· 179
7.5 提高补偿标准 ·· 180
　7.5.1 明确补偿原则 ······································· 180
　7.5.2 提高补偿标准 ······································· 180
7.6 丰富安置手段 ·· 182
　7.6.1 组合安置政策 ······································· 182
　7.6.2 柔性化安置策略 ···································· 183
　7.6.3 拓宽安置房源建设渠道 ·························· 186
7.7 慎用强制拆迁 ·· 188
7.8 本章小结 ·· 190

第8章 结论与展望 ·· 191
8.1 主要结论 ·· 191
　8.1.1 国内外经验借鉴部分主要结论 ················· 191
　8.1.2 政策梳理部分主要结论 ·························· 191
　8.1.3 实地调研部分主要结论 ·························· 192
　8.1.4 博弈分析部分主要结论 ·························· 192
　8.1.5 对策建议部分主要结论 ·························· 193
8.2 不足之处与研究展望 ····································· 193

参考文献 ··· 195

附录A 被拆迁户调研问卷 ····································· 206
附录B 拆迁公司调查问卷 ····································· 209
附录C 相关政府机关调研提纲 ······························ 212

后记 ·· 214

第 1 章
绪 论

1.1 问题的提出

1.1.1 选题背景

1. 研究的社会与经济背景

人类历史上,在经历了上百万年穴居与逐水草而居的采集和渔猎社会之后,才开始进入分散的乡村聚居阶段,此后,大约在公元前 5000 年至前 3500 年这段时间,人类进入农业社会,城市生活开始出现[1]。城市是社会经济发展到一定阶段的产物,自诞生至今已有 5 500 多年的历史[2]。在这 5 500 多年中,从最初的弹丸之地到今天的世界都市,城市得到了长足的发展,成为一定区域范围内政治、经济、文化、宗教、人口的集聚之地和中心所在,是文明进步、经济发展、社会演化的主要空间载体。

正是由于城市的特殊地位,城市问题一直都是社会学、地理学、经济学、管理学、政治学等不同学科研究的重点,不同领域的学者都从各自的研究角度对城市发展进行了分析。其中,英国地理学家阿瑟·斯梅尔斯(Arthur·E·Smailes)认为[3],每一个城市的增长,都是一个外部扩张和内部重组的双向过程,对外以合生的形式,对内以替代的形式。就对内而言,旧的城市结构会因为不适应城市的发展而被替代,这种替代的直接表现就是动拆迁与旧城改造。尤其在我国,自改革开放以来,城市化水平从 1978 年的 17.92%[4]增加到 2006 年的 43.9%,据

---

[1] 施建刚,房地产开发与管理,上海:同济大学出版社,2007,6.
[2] 乌尔被认为是世界上最早的城市,建于公元前 3500 年,位于伊拉克境内,北纬 30°95′和东经 46°5′.
[3] Arthur E. Smailes, The geography of towns, Chicago: Aldine Publishing Compnay, 1968.
[4] 林广等,成功与代价——中外城市化比较新论,南京:东南大学的出版社,2001,204.

北京国际城市发展研究院院长连玉明预测,到2020年,我国城市化水平将达到58%—60%,这标志着我国城市化已进入快速发展时期[①],也意味着我国城市的内部重组(表现为动拆迁与旧城改造)将进入一个大规模发展阶段。

城市房屋动拆迁是我国城市化进程中的必经阶段,也是城市建设与旧城改造中必不可少的重要环节。"十一五"期间,为迎接2010年上海世博会的召开,上海市政基础设施建设、城市空间布局的调整进程进一步加快。与此同时,拆迁项目集中,拆迁量较大,动迁难度增大,使得现行的拆迁政策暴露出一定的问题与局限,延缓了城市建设的步伐。截至2007年7月,上海全市在拆基地共842个,拆迁总户数达217 085户,分布在各个区县,基地的情况各不相同,规模从几户到几千户,已拆户数比例从不足1%到超过95%[②]。因此,有必要根据上海经济社会发展的需要,进一步探索拆迁工作的新政策、新机制,以推动新一轮旧区改造的进程。

城市房屋动拆迁涉及多方利益,这不可避免地带来补偿、安置等一系列矛盾。当前,商业动拆迁行为有时也打着社会公共利益的旗号,政府不同程度地参与强制拆迁也影响了其公信力,由此引发的冲突已成为较为敏感的社会问题,也有悖于国家建设和谐社会的发展战略。因此,有必要对动拆迁政策进行深入研究,理顺动拆迁相关主体的关系,明确拆迁补偿的范围,从而提出解决拆迁问题的政策建议,以缓和动拆迁过程中产生的社会矛盾,真正将实惠带给被拆迁居民,形成城市面貌改善、居民生活水平提高、区域经济发展共赢的局面,推动上海和谐社会的建设。

2. 研究的政策背景

自建国以来,上海城市拆迁政策经历了四个阶段:① 1991年前施行的计划经济模式下的城市拆迁政策,这一阶段的动拆迁工作虽然没有国家层面专门法律文件的规范与指导,但是动力大、阻力小,房屋拆迁基本上都可以比较顺利地完成,既改善了城市面貌,又提高了居民的居住水平,达到了一举两得的良好效果;② 1991—2000年施行的经济体制转轨时期的城市拆迁政策,这一阶段的动拆迁工作中异地安置的阻力较大,但被拆迁居民基本能够接受政府提出的补偿标准,所以居民安置情况较好,社会矛盾较少;③ 2001—2007年施行的市场经济

---

① 专家预测2020年我国城市人口将达到8亿—9亿人,载南方网:http://www.southcn.com/news/china/zgkx/200409150787.htm.

② 数据源于上海市房屋土地资源管理局拆迁处。

体制下的城市房屋拆迁政策,这一阶段的动拆迁工作实行价值互换的补偿方式,在开始几年进展较顺利,受到大部分被拆迁户的欢迎,但偏重补偿,忽视安置,动迁房普遍地段偏远,质量不高,周边公共配套不足,无论生产生活都较为不便,使得后期动迁难度、补偿金额逐渐提高;④ 2007 年施行的《物权法》框架下国有土地征收后的城市房屋拆迁政策,这一阶段的动拆迁工作更强调对居民物权的保护,并且拆迁决策过程更公开、透明。每一个阶段的拆迁政策演变都与当时的社会、经济背景相契合,是各级政府综合考虑民生、城市发展等关键问题后对拆迁制度的进一步修缮。

在《物权法》出台的大背景下,国务院出台了新的《国有土地上征收房屋与拆迁补偿安置条例》(征求意见稿)①,明确指出由县级以上地方人民政府负责本行政区域征收房屋与拆迁补偿安置工作。因此,有必要梳理历年来拆迁政策的阶段性特点、演变过程和操作办法,对拆迁补偿制度进行深入研究,通过实地调研分析,结合上海实际,探索建立拆迁工作的新政策、新机制,为制定适合上海的城市房屋拆迁实施细则服务。

3. 研究的理论背景

当前,国内外对城市房屋拆迁的研究主要集中在如下方面:① 关于公共利益的研究,主要包括对公共利益的内涵研究,对公共利益进行分类分析,对公共利益范围研究,对公共利益审核程序研究等;② 关于政府角色的研究,即对征地拆迁中的政府行为进行分析,包括政府行政干预对调和拆迁矛盾起到的作用,政府滥用公权力造成的不良后果等;③ 关于强制拆迁的研究,即对强制拆迁的宪法和法律依据进行研究,对强制拆迁中"公权"与"私权"冲突的原因进行研究,对行政强迁存在的问题进行研究等;④ 关于补偿安置的研究,当前对拆迁补偿安置的研究主要是从经济学角度,探讨城市拆迁的补偿安置机制,主要包括对城市房屋拆迁补偿范围研究,房屋拆迁补偿制度存在的缺陷及其根源研究,城市房屋拆迁补偿的价值基础研究等;⑤ 关于法律制度的研究,包括研究目前拆迁制度存在的问题,对我国城市房屋拆迁制度进行重构,研究《物权法》出台对拆迁工作产生的影响等;⑥ 关于城市更新(Urban Renewal)的研究,即从社会经济学的角度,对城市改造进行研究,对城市更新的理论和方法进行研究等;⑦ 关于博弈理

---

① 截至 2007 年 9 月 30 日(《物权法》生效以前),《新条例》仍处于征求意见稿阶段,但框架与大体内容已经确定,正式条例将随后出台。本书由于表述一致性需要,统称为《新条例征求意见稿》。

论在拆迁中运用的研究,即将博弈主体、博弈信息、博弈成本、博弈场域、博弈规则、博弈目标等博弈论内容在房屋拆迁领域进行具体应用等。

根据 Thomas Kuhn 的理论[①],一门科学发展到一定阶段,必然会形成所谓"范式"(Paradigm)。"范式"是由学科内共同承认的成就组成的,提供了解决具体问题的理论框架。建立在一种或者几种"范式"基础上的研究称为常态科学。不难看出,现今的"城市管理学"便是这样一门常态科学,而与之对应的"范式"便是传统的城市经济学。Thomas Kuhn 理论的另一部分就是"科学革命"的理论。"科学革命"的实质,一言以蔽之,就是"范式转换":即部分研究者在广泛接受的科学范式里,发现现有理论解决不了的"例外",尝试用竞争性的理论取而代之,进而逐步扬弃"不可通约"的原有范式。随着我国城市化已进入快速发展时期,我国城市的内部重组(表现为动拆迁与旧城改造)将进入一个大规模发展阶段,城市房屋动拆迁带来的补偿、安置、强迁等一系列问题越来越多。因此,有必要引入新的演化博弈理论(Evolutionary Game Theory),构建城市拆迁补偿的演化博弈模型,分析不同收益值情况下的演化稳定策略(Evolutionary Stable Strategy, ESS),在此基础上提出相应的完善我国城市房屋拆迁补偿机制的对策建议,以推动新一轮城市更新的进程。

1.1.2 研究目的

从选题背景可以看出,无论从推动旧城改造、促进城市"又好又快"发展的经济角度出发;从保障民生、构建和谐社会的社会角度出发;从制定上海城市房屋拆迁实施细则的法律角度出发;还是从对现有城市管理理论进行补充的理论角度出发,都迫切要求从整体上对城市拆迁的运作机制进行系统研究。因此,本书研究的主要目的是通过梳理历年来拆迁政策的阶段性特点、演变过程和操作办法,结合大量实际调研,引入新的演化博弈理论,构建城市拆迁补偿的演化博弈模型,并提出相应完善上海城市房屋拆迁机制的对策建议,以推动新一轮城市更新的进程。具体来看,本书试图达到以下研究目的:

从整体上对城市拆迁的运作机制进行系统的研究,梳理历年来拆迁政策的阶段性特点、演变过程和操作办法,对拆迁补偿制度进行深入的研究。

通过实地调研,分析拆迁过程中引发的主要问题和产生原因,理清拆迁过程中各相关主体的利益诉求。同时,探索在《物权法》框架下,以政府为拆迁主体的

---

① [美]托马斯·库恩著.金吾伦等译.科学革命的结构.北京:北京大学出版社,2003.01.

房屋征收新模式，理清征收行为中各相关主体的利益诉求。

以演化博弈理论为基本分析工具，在理清拆迁过程中各相关主体利益诉求的基础上，分析各相关主体之间的博弈要素、博弈过程、博弈均衡。

针对上海城市更新过程中出现的动拆迁问题，充分借鉴国外在城市更新和国内其他城市在房屋拆迁方面的经验与教训，为完善上海城市房屋拆迁政策、机制提供外部依据。

提出以协商形式为主的，平稳、和谐、经济、可行的动拆迁新政策，设计出在《物权法》框架下实行房屋征收模式的补偿安置新机制、新流程，以推动新一轮旧区改造的进程，并为有关部门制定相关法规提供参考。

1.1.3　研究意义

1. 理论意义

根据古典经济学理论，在完全竞争的市场上，由供求关系决定价格，调节资源配置，当整个社会在市场机制调节下实现供求平衡时，就达到了帕累托最优(Pareto Optimality)，即整个社会实现了资源配置的最优化。但在实际生活中，由于存在市场的机能性障碍和市场缺陷，往往出现市场失灵(Market Failure)，市场机制并不能自发地引导经济达到帕累托最优。在理论上，本书引入新的演化博弈理论，分析城市拆迁工作各方利益主体之间的关系，并构建城市拆迁补偿的演化博弈模型，探索不同收益值情况下的演化稳定策略。在此基础上引入城市更新理论和共生理论，从整体上对城市拆迁的运作机制进行系统的研究，初步分析拆迁主体之间的社会共生关系，对现有的城市管理理论进行了一定的补充，具有较高的理论意义。

2. 实践意义

就城市房屋拆迁而言，从实际调研结果看，城市拆迁的内部缺陷是市场机制本身所固有的不足，如信息的不完全、道德风险等；而外部缺陷则不是市场机制本身所固有的，如收入分配不公、地方政府行政干预、社会氛围等因素对城市拆迁的影响。在实践上，本书立足于上海城市动拆迁工作与存量拆迁基地的实际情况，立足于历年来拆迁政策的阶段性特点、演变过程和操作办法，通过大量实际调研与深入研究，分析当前房地产市场的内、外部缺陷，深入研究当前拆迁政策本身的内在不足，以及社会氛围、居民心理预期等外在因素对城市拆迁政策执行效果的影响，从而扬长避短，提出完善当前拆迁工作的新对策、新机制，弥补市场失灵带来的不利影响，使城市资源配置得到优化。另外，本书还提出具有可行性的政策建议,以推动上海新一轮旧区改造的进程,并为政府制定相关法规提供参考,具有较高的实践意义与实际应用价值。

1.1.4 相关概念界定

1. 城市房屋拆迁

城市房屋拆迁是指因国家建设、城市改造、市容整顿和环境保护等需要,经政府有关主管部门批准,由建设单位或个人,对现有建设用地上的房屋及其附属物进行拆除,对房屋的所有人和承租人进行动迁、补偿等一系列活动的总称。本书的研究范围仅限于上海的城市房屋拆迁,具体包括拆迁管理、拆迁评估、拆迁补偿与安置、强制拆迁四方面内容。

2. 拆迁政策与机制

古代汉语中,"政"和"策"两字是分开使用的。"政",通常指"政治"、"政事"等意[①]。古代汉语中的"策"字有两个词义与政策有关:① "策书",相当于今天的"政令"、"规定"的意思。② 计谋、对策、谋略[②]。按照古代汉语本意,"政"和"策"就是治理国家、规范民众的谋略或规定。英语中原无"政策"一词,只有"政治"(Politic),源于古希腊语中的"Poiteke",意为关于城邦的小学问,随着近代西方政党政治的发展,从 Politic 一词逐渐演变出 Policy 一词,具有"政治"、"策略"、"谋略"、"权谋"等含意。詹姆斯·安德森(James E. Anderson)认为[③],政策是一个有目的的活动过程,而这些活动是由一个或一批行为者,为处理某一问题或有关事务而采取的。就本书而言,文中所研究的拆迁政策是指政府在特定时期为实现一定的政治、经济、文化目标而制定的,调节社会关系、规范社会生活的拆迁行为准则。

机制一词,源于古希腊文,是英语"Mechanism"的意译,原意指机器、机械及其构造和工作原理,后来引申为有机体的构造、功能和相互关系,泛指一个工作系统的组织或部分之间相互作用的过程和方式。机制反映了事物的本质联系,抓住了机制就抓住了事物的本质。

本书研究的城市拆迁机制具有如下特点:第一,城市拆迁机制是经过实践检验证明有效的、较为固定的方法。例如城市拆迁的工作机制,不会因负责人的

---

① 如《论语》曰:"不在其位,不谋其政。"
② 如《战国策》的"策",讲的就是战国时代各国发生事情时所采取的各种计谋和对策。《吕氏春秋·简选》曰:"策,谋求也。"
③ [美]詹姆斯·E·安德森. 唐亮译. 公共决策. 北京:华夏出版社,1990.

第 1 章 绪 论

变动而随意变动。第二，城市拆迁机制本身含有制度的因素，并且要求所有相关人员遵守。例如城市拆迁管理机制，不仅指拆迁人必须遵守的制度，而且应该包括各种监督手段和方法。第三，城市拆迁机制是在各种有效方式、方法的基础上总结和提炼的。例如城市拆迁的评估机制是经过实践检验有效的方式方法，并进行一定的加工，使之系统化、理论化。第四，城市拆迁机制一般是依靠多种方式、方法来起作用的。例如城市拆迁的安置机制，根据被拆迁人的情况不同，给出了多种安置方式组合，这样才能有效地满足被拆迁人的需要。

3. 拆迁补偿与安置

城市房屋拆迁补偿、安置政策是城市房屋拆迁中多项制度的中心环节，是涉及拆迁双方利益的根本政策。其中，拆迁补偿就是拆迁人按照法律、法规的规定，对因城市房屋拆迁而合法权益受到损害的人给予经济补偿。拆迁补偿制度包含补偿对象、补偿范围、补偿形式和补偿标准，其核心是补偿范围和标准，即本书研究的重点。拆迁安置就是拆迁人根据城市房屋拆迁安置补偿的相关法律、法规的规定，对因城市房屋拆迁而合法权益受到损害的被拆迁人以确定的价格、套型面积给予房屋置换方面的实物补偿。

在《物权法》出台的大背景下，国务院出台了2007年《新条例征求意见稿》，其中明确表示：为了公共利益的需要，征收人对国有土地上房屋(以下简称房屋)实行征收以及对被征收人给予拆迁补偿安置的，适用本条例。即以公共利益为目标的城市房屋拆迁以政府行政征收方式为主，而以商业利益为目标的城市房屋拆迁以民事协商方式为主。本书主要研究政府行政征收方式下的城市房屋拆迁补偿与安置。

4. 共生

共生(Symbiosis)在《辞海》的解释为：或称"互利共生"，种间关系之一。泛指两个或两个以上有机体生活在一起的相互关系。一般指一种生物生活于另一种生物的体内或体外相互有利的关系。复旦大学胡守钧教授认为，社会由各个层面的共生系统所组成，和谐共生是在合理的度内分享资源，社会进步就在于改善人的共生关系[1]。

本书研究的共生概念，是特指城市房屋拆迁中拆迁人、被拆迁人、政府等相关主体之间的相互依存、共同分配社会资源的联合关系。

---

[1] 胡守钧.社会共生论.上海：复旦大学出版社，2006，07.

1.2 研究方法与技术路线

1.2.1 研究方法

本书的研究方法主要包括以下四种：

调查研究法。通过对拆迁过程参与各方的问卷调查和访谈，了解当前拆迁政策、运作方式等方面的第一手材料，理清城市拆迁中各相关主体的利益诉求，明确当前拆迁工作面临的主要问题，为本书奠定实践基础。

比较分析法。比较法包括纵向比较法和横向比较法。纵向比较是对上海市拆迁政策的历史、现状乃至将来的比较研究；横向比较是对上海市拆迁政策与国内其他城市的比较分析，以及与其他国家和地区城市拆迁政策的比较分析，为本书奠定实际基础。

定性与定量分析法。定性分析与定量分析相互结合。定量分析包括演化博弈模型分析、存量基地分类梳理、补偿价格梯度标准制定等，为本书奠定严谨、实事求是的技术基础。

案例分析法。针对性地选择上海动拆迁工作中的典型案例，进行深入剖析，借鉴其经验、吸取其教训，增强本书的现实性、目的性和操作性。

1.2.2 技术路线

基于本书的研究目标和研究方法，本书研究技术路线如图 1-1 所示：

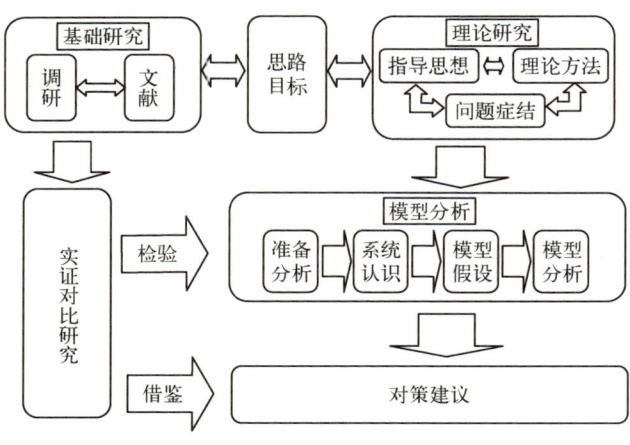

图 1-1 本书技术路线

1.3 本书逻辑结构与研究内容

1.3.1 逻辑结构

基于本书的技术路线,本书的逻辑结构如图 1-2 所示:

图 1-2 本书逻辑结构

1.3.2　研究内容

详细来说,本书共分八章,具体研究内容如下:

第1章为绪论。主要介绍城市房屋拆迁的社会经济、政策及理论背景,论文研究的目的、意义,相关概念的界定,以及论文研究方法、技术路线,逻辑结构和可能的创新点。

第2章为文献综述和理论基础分析部分。将城市房屋拆迁的相关研究文献分为七个方面进行论述,即① 关于公共利益的研究;② 关于政府角色的研究;③ 关于强制拆迁的研究;④ 关于补偿安置的研究;⑤ 关于法律制度的研究;⑥ 关于城市更新的研究;⑦ 关于博弈理论的研究。并介绍与本书相关的理论基础,即① 制度变迁理论;② 博弈理论;③ 公共政策理论;④ 共生理论。

第3章为比较研究部分。通过借鉴国内其他城市房屋拆迁政策,参考国外及台湾地区的城市拆迁制度和城市更新经验,为本书的对策建议部分提供经验借鉴。

第4章为政策梳理部分。分析了上海城市拆迁政策的演变,即1991年前施行的计划经济模式下的城市拆迁政策,1991—2000年施行的经济体制转轨时期的城市拆迁政策,2001—2007年施行的市场经济体制下的城市房屋拆迁政策,2007年施行的《物权法》框架下国有土地征收后的城市房屋拆迁政策。通过梳理上海城市房屋拆迁政策的形成背景、演变过程、执行效果,为本书的对策建议部分理清政策脉络。

第5章为现状调研部分。通过分析上海存量拆迁基地情况,结合城市房屋拆迁中相关主体的调研与典型拆迁基地的案例研究,得出当前拆迁中存在的主要问题及其产生原因,为本书的对策建议部分奠定现实基础。

第6章为模型分析部分。以演化博弈理论为基本分析工具,在理清拆迁过程中各相关主体利益诉求的基础上,分析各相关主体之间的博弈要素、博弈过程、博弈均衡,为本书的对策建议部分提供理论支撑。

第7章为建议部分。在前文政策梳理、现状调研、模型分析、经验借鉴的基础上,提出了完善上海拆迁新政的建议,包括政策的目标、原则、实施手段和具体实施方案。

第8章为总结与展望部分。总结了本书的主要研究成果,并指出了本书的不足和今后努力的方向。

1.4 研究特色与可能的创新点

1.4.1 研究特色

本书的研究特色主要有以下几点：

从政策研究角度，当前对城市房屋拆迁的政策研究大多以介绍为主、评述为辅，缺少对政策演变过程系统地分析与评价。本书的特色是从整体上对城市拆迁的运作机制进行系统的研究，梳理历年来拆迁政策的发生背景、阶段性特点、演变过程和操作办法，尤其对拆迁补偿制度进行深入的研究。

从实证研究角度，动拆迁问题较复杂，产生矛盾的原因以及冲突的形式多种多样，并且有许多历史遗留问题，但当前对城市房屋拆迁的实证研究较浅，缺乏深入、系统、多层次的调查研究。本书的特色是对上海存量拆迁基地情况、城市房屋拆迁中相关主体利益诉求情况、典型拆迁基地的情况进行了深入、细致的调研，进而总结出当前拆迁中存在的主要问题，并分析其产生原因[①]。

从理论分析角度，当前对城市房屋拆迁的理论研究并不深入，定性偏多、定量偏少。本书以演化博弈理论为基本分析工具，分析各相关主体之间的博弈要素、博弈过程、博弈均衡。

从政策建议角度，本书通过对城市拆迁运作机制的系统研究，对上海城市拆迁现状深入、系统、多层次的调查研究以及城市拆迁各相关主体之间的博弈分析，提炼出具有可操作性的政策建议。

1.4.2 可能的创新点

本书可能的创新点主要有以下几点：

引入新的演化博弈理论，以演化博弈理论为基本分析工具，在理清拆迁过程中各相关主体利益诉求的基础上，构建城市拆迁补偿的演化博弈模型，分析不同收益值情况下的演化稳定策略。

对新的《征求意见稿》进行了深入研究，并在此基础上构建了《物权法》框架下上海城市拆迁运作新机制，包括政策体系的目标、原则、实施手段和具体实施

---

① 本书源于上海市房屋土地资源管理局科研项目"探索拆迁工作的新政策、新机制，加快消化存量拆迁"，在完成过程中得到了上海市房地局、各区房地局、相关拆迁公司、评估公司、开发公司、被拆迁居民的大力协助。

方案。

　　引入共生理念，并提出新的"区域内改建回搬"安置方案。即通过拆迁，对旧城区进行城市更新，促进城市"又好又快"发展，并通过合理、充分的经济补偿及有效安置，切实提高被拆迁人的居住水平，实现政府、被拆迁人等多方面的和谐共生。

1.5　本章小结

　　本章为破题章(Opening Chapter)，简要总述选题背景、研究目的与研究意义，并对论文研究的对象与范围进行了界定，明确了本书研究范围仅限于上海城市房屋拆迁，侧重点在探索《物权法》框架下新的城市拆迁补偿与安置机制。在此基础上，介绍了本书的研究方法与技术路线，本书的逻辑结构以及研究内容。最后，提炼出本书的研究特色与可能的创新点。

第2章 文献综述与理论基础

近半个世纪以来,全球范围内出现城市化进程加快的现象,大多数城市的规模不断扩大,这意味着城市的内部重组(表现为动拆迁与旧城改造)规模也相应扩大。世界各国都在积极探讨城市发展各个方面的问题,但由于国情与历史的差异,其他国家大多实行土地私有制,即只存在土地征用制度和土地流转制度,不存在单独的房屋拆迁制度。因此,国外的相关研究集中在对公共利益界定的研究、对城市更新的研究、对土地征收补偿的研究这三方面。本章对国外相关文献的综述主要分为四部分展开论述,即① 关于公共利益的研究;② 关于征收补偿的研究;③ 关于城市更新的研究;④ 关于演化博弈的研究。

就国内研究现状而言,城市房屋动拆迁已成为社会各方关注的热点,自20世纪90年代至今,有关城市房屋动拆迁的相关文献可谓汗牛充栋。本章将城市房屋拆迁的相关研究文献分为七个方面进行论述:① 关于公共利益的研究;② 关于当前拆迁制度的研究;③ 关于补偿安置的研究;④ 关于政府角色的研究;⑤ 关于强制拆迁的研究;⑥ 关于《物权法》的研究;⑦ 关于博弈理论的研究。

另外,本书的研究也是建立在已有的理论基础上,本章将与论文相关的理论基础分为四部分介绍:① 制度变迁理论;② 博弈理论;③ 公共政策理论;④ 共生理论。

2.1 国内外文献综述

2.1.1 国外文献综述

1. 关于公共利益的研究

2007年《新条例征求意见稿》的颁布使得我国城市房屋拆迁由原来的项目建设导向变为公共利益导向,因此,对公共利益的界定至关重要。国外对公共利益含义探求最早可以追溯到公元前6至前5世纪古希腊,古希腊特殊的城邦制度造就了一种整体国家观,而与这种国家观相联系的就是具有整体性与一致性的公共利益,故被视作一个社会存在所必需的一元的抽象价值,是全体社会成员的共同目标①。

到近代,法国启蒙运动大思想家让·雅各·卢梭(Jean-Jacques Rousseau)认为,惟有公意才能按照国家创制的目的,即公共幸福,来指导国家的各种力量。因为如果说个别利益的对立使得社会的建立成为必要,那么就是这些个别利益的一致才使得社会的建立成为可能②。

到20世纪80年代,社群主义者开始强调社群的价值,在社群主义者看来,个人是一种社会的存在,个人的善首先也是社群的善的反映,社会的公共之善对成员的个人之善具有优先性。公共之善有物化和非物化两种形式,非物化的形式主要体现为各种美德,而物化的形式就是通常所说的社会公共利益。社会公共利益又分为产品形式的公共利益(即各种社会福利)和非产品形式的③。

与之相反,在功利主义的奠基人边沁(Jeremy Bentnam)看来,共同体利益是道德术语中所能有的最笼统的术语之一,因而它往往失去意义,在它确有意义时有如下述:共同体是个虚构体,由那些可以说成是其成员的个人组成。那么共同体的利益是什么呢? 是组成共同体成员的利益的总和④。

博登海默(Edga Bodenheimer)并未明确界定社会公共利益的概念,而只是对它的内容和范围指出了一些基本原则:首先,公共福利不能认为是个人欲望和要求的简单总和;其次,我们也不能同意将公共福利视为政府当局所做的政策

---

① 胡建淼等.公共利益概念透析.法学,2004年第10期:429.
② [法]卢梭,何兆武译.社会契约论.北京:商务印书馆,2001.
③ 俞可平.社群主义.北京:中国社会科学出版社,1998,100.
④ [英]边沁.道德与立法原理导论.时殷弘译.北京:商务印书馆,2000.

决定。博登海默借助了文明的概念指出社会公共利益就是实现这种文明社会生活的基础和条件①。

而哈耶克（Friedrich August Von Hayek）将社会公共利益称为普遍利益（General Interests），"普遍利益，乃是由那些被我们认为是法律规则的目的的东西构成的，亦即整体的抽象秩序：这种抽象秩序的目的并不在于实现已知且特定的结果，而是作为一种有助益于人们追求各种个人目的的工具而存续下来"。与他持有类似看法的是詹姆斯·哈林顿，在他看来，"公共利益……也就是那种排除了一切偏私或私利的公共权利与正义"也就等同于"法律的绝对统治而非人的绝对统治"②。

美国学者亨廷顿（Samuel P. Huntington）认为，由于研究方法的不同，对于公共利益的理解也不同，主要表现为三种理解：一是公共利益被等同于某些抽象的、重要的、理想化的价值和规范，如自然法、正义和正当理性等；二是公共利益被看作是某个特定的个人群体、阶级或多数人的利益；三是公共利益被认为是个人之间或群体之间竞争的结果③。

上述对公共利益内涵的诠释见仁见智，都存在着一些合理的因素。概括来说：第一，上述概念和分析都注意到公共利益的价值性特征，即公共利益从当初的公共团体的喜好善恶取舍到近、现代的规范国家制度和社群、共同体等组织的行为目的思想，都凝结着社会共同体一致的观点和态度，都折射出一种公益价值的正面价值需求和评判。第二，对公共利益的分析都是在与私人利益的相互比较中来展开。尽管边沁的功利主义一定程度上否定了公共利益之存在，但大多数的观点认为，公共利益是一种独立的利益形态，而并非所有成员利益的简单相加。

笔者认为，公共利益的概念总体来说是指让多数人获益的共同利益，但其外延却随着时代的发展而不断变化。因此，对于我国公共利益内涵的界定，尤其是城市房屋拆迁中公共利益的界定，应从具体国情与城市发展阶段出发。

2. 关于征收补偿的研究

国外关于城市拆迁的研究主要集中在补偿机制和拆迁对社会和环境的影响

---

① [美]博登海默,法理学：法哲学及其方法,邓正来译,北京：华夏出版社,1987：198.
② [英]弗利德里希·冯·哈耶克,法律、立法与自由,邓正来等译,北京：中国大百科全书出版社,2000.
③ [美]亨廷顿,变革社会中的政治秩序,北京：华夏出版社,1988：186.

上。如 Bettina Reimann(1997)以东柏林城市拆迁为例指出政府在拆迁过程中把以前是被政府管理或没收了的房产又交还给个人,对这个城市的重建起到了相当积极的促进作用,认为赔偿的原则和结果必须根据财产的属性不同有所差异,这些差异包括财产所属城市的规模和在城市内财产的分配状态[①]。Gerhard Larsson(1997)认为,从长远来说,市区内土地的集约利用与重建获得的综合效益要高于建设新的远离市中心的城区,但这需要建立有效的模型来公平的"分配"城区重建的发展成果[②]。Özlem Dündar(2001)研究土耳其城市中非法住房的拆除问题,认为政府对非法住房应采取积极和解的态度,使用有效的住房升级计划,通过都市转型项目,使非法住房地区升级到良好发展空间状况[③]。Seong-Kyu Ha(2001)从伦理学的角度认为韩国政府以低于移民补偿标准来实施大规模的搬迁,使上百万的贫民(含非法占据住房的人)被驱逐出住所,却没有使他们的居住水平得到提高,这些做法有违人权[④]。David Adamsa(2001)通过介绍香港政府城市更新机构的转变过程,认为城市拆迁本身比新建项目更复杂,要求政府管理部门清楚地认识到公共部门与私人部门之间的差异,并能很好地扮演好自己的角色,特别是在外部机制不起作用的前提下,不能主观认为政府制订的拆迁计划就一定适合地区的发展[⑤]。Andre Thomsen(2004)以荷兰的房屋拆迁为研究对象探讨了房屋拆迁的规模、计划和动机的问题,认为城市房屋拆迁必须以不破坏生态环境为前提,才能实现可持续发展[⑥]。Tim Williams(2004)分析了城市重建过程中的拆迁障碍问题[⑦]。Zhiyong Wang(2004)等认为强制性拆迁将使居民权利变得模糊[⑧]。Tzu-Chin Lin(2005)以台湾为例,认为政府出于公共利益需要进行土地征收,应给予被征收者现金赔偿,并且土地所有者应该以入股方式

---

① Bettina Reimann, Consequences of the restitution principle for urban development and renewal in East Berlin's inner-city residential areas. Applied Geography, 1997, 17(4): 301-314.

② Gerhard Larsson, Land Readjustment: A Tool for Urban Development, Habitat International. Volume 21, Issue 2, June (1997): 141-152.

③ Özlem Dündar, Models of Urban Transformation Informal Housing in Ankara, Cities, Vol. 18. No. 6 (2001): 391-401.

④ Seong-Kyu Ha, Substandard settlements and joint redevelopment projects in Seoul, Habitat International, 25(2001): 385-397.

⑤ David Adamsa, etc., Urban Renewal in Hong Kong Transition from Development Corporation to Renewal Authority, Land Use Policy, 18(2001): 245-258.

⑥ Andre Thomsen, etc., Sustainable Housing Trarlsfornlation, Demolition of Social Dwellings: Volume. Plans and Motives: Paper to be presented at the ENHR Conference July 2nd-6th 2004. Cambridge. UK.

⑦ Tim Williams, Demolishing barriers to renewal, Regeneration & Renewal, Sep 17(2004): 16.

⑧ Zhiyong Wang, etc., Forced demolitions blur rights, China Daily (North Americaned), Apr. 21 (2004): 5.

与开发商联合开发,实现共赢①。Erik Louw(2008)以荷兰为例,提出一种政府综合规划,银行占主导地位的土地整理、土地银行和土地征收一体化模式,土地被征收者以入股的形式享有开发带来的增值收益②。

国外学者普遍认为,征用补偿是由于国家或政府在行使公权时,对于特定人造成经济上的损失,而由国家或政府对受损人承担补偿的义务。在土地征用和房屋拆迁中,被征收或被拆迁人的经济损失并非由于违法,而是基于合法的行政上的原因引起的,其补偿属于行政损失补偿的范畴。本意在于"对于因公益之必要,经济上蒙受特别牺牲者,为调节之补偿,以实现正义公平之理想,而法律生活之安定"③。

3. 关于城市更新的研究

自20世纪60年代开始,随着西方各国以大规模拆迁、旧城改造为特征的城市更新(Urban Renewal)运动的结束,人们发现中心城区高强度开发并未取得预期成果,反而给许多历史性地区造成难以挽回的巨大破坏:大拆大建后的城市中心区带给城市居民的是一种单调乏味、缺乏历史感和人性的环境,高强度开发带来严重的交通堵塞、环境恶化,造成城市中心吸引力下降,居民外迁。内城地区严重衰败的现实,引发了许多西方学者的反思与批判。

如Lewis Mumford(1961)对欧美城市发展历史进行回顾和思考后,认为一味以清理贫民窟、建立示范住房、城市建筑装饰为手段的城市更新,只是在表面上给城市换了一种新形式,实际上仍然继续着对城市有机机能的集中破坏,结果又需要治疗挽救④。J. Jacobs(1961)从社会经济学的角度,对大规模的城市改造进行了尖锐批评,指出多样性是城市的天性,大规模的改造计划因缺少弹性和选择性,排斥中小业主必然会对城市的多样性产生破坏⑤。C. Alexander(1965)认为在城市更新中应探索并保持城市与人类行为之间的深层次(如心理、精神方

---

① Tzu-Chin Lin, Land assembly in a fragmented landmarket through land readjustment, Land Use Policy Volume 22, Issue 2, April (2005): 95-102.
② Erik Louw, Land assembly for urban transformation — The caseof's-Hertogenbosch in The Netherlands, Land Use Policy, Volume 25, Issue 1, January (2008): 69-80.
③ [美]雷利·巴洛维,土地资源经济学——不动产经济学,北京:北京农业大学出版社,2001.
④ Lewis Mumford, The City in History its Origins, its Transformation and its Prospects, Harcourt Brace & World, 1961: 571.
⑤ J. Jacobs, The Death and Life of Great American Cities, Random house, 1961: 143.

面)的联系,体现文化的价值①。E. F. Schumacher(1973)主张在城市更新中采用适宜技术(Appropriate Technology)的小规模改造②。Colin Rowe 和 Fred Koetter(1975)认为城市更新应延续文脉,从城市历史地区的文脉中诱发设计的对象与方法③。

  这些著作从不同立场与角度出发,指出了城市更新的弊端,提出了旧城复兴的指导思想和原则:强调城市建设与改造应当符合"人的尺度",注意人的基本需要、社会需求和精神需求,指出城市最好的经济模式是关心人和陶冶人;明确"多样性是城市的天性",是城市活力的源泉;主张采用适宜技术的小规模改造,城市设计中应探索并保持城市与人类行为之间深层次(如心理、精神方面)的联系,体现城市文化的价值;应延续文脉,从城市历史地区的文脉中诱发设计的对象与方法。

  同时,城市更新的规划理论和方法也趋于多样化,出现了诸如A·厄斯金的参与式规划、E·林德布洛姆的渐进式规划、M·布兰奇的连续性规划、A.D·索伦森的公共选择规划以及 T·塞杰的联络性规划等一系列新的规划概念和方法。这些新的规划理论和实践被有的学者概括为"社区规划"④。

  K. Lynch(1960),E. Becon(1974),A. Christophor(1987)等的城市设计理论,均对旧城中心区的历史文脉、形象认知、环境建设等方面表现了极大的关注,提出了公众参与的重要性。Naomi Carmo(1999)将欧美发达国家的城市更新划分为强调居住环境的大规模旧城改造时期、以解决社会问题为重点的社区复原运动、强调经济发展的中心区复兴等三个不同的历史时期,提出城市更新应加强全社会的合作,采取柔和的循序渐进的方式,防止社区内阶层的分化⑤。Gerben Helleman(2004)从 20 世纪 60—70 年代 Bijlmermeer 出现的高层建筑潮流为切入点,重点描述了产生这种风潮的时代背景和原因,认为城市更新包括三个方面的内容:物理更新、从社会经济角度重新对建筑的全寿命周期成本进行

---

  ① C. Alexander, The City is not a Tree, Architectural Forum, Vol. 122, No. 1 and 2 (April/May. 1965):54.
  ② E. F. Schumacher, Small is Beautiful: Economics as if People mattered, New York: Harper & Row, 1973:66.
  ③ Colin Rowe, etc., Collage City, Cambridge: MT Press, 1975:86.
  ④ Gradam Towers, Building Remocracy a Casebook of Community Architecture, London: UCL. Press, 1995.
  ⑤ Naomi Carmon, Three generations of urban renewal policies analysis and policy implications, Geoforum, No. 30(1999):145-158.

衡量，以及提升居住舒适度等，并提出了城市更新获得成功所必须具备的条件①。Irit Amit-Cohen(2005)②以以色列的特拉维夫为例研究了在城市更新过程中城市历史文化遗迹的保护问题。Suresh C. Sood 和 Hugh M. Pattinson(2006)③运用比较研究的方法分析了悉尼和吉隆坡城市更新过程中知识经济发展和智能城市打造方面的经验，并总结出了各自的特色及优缺点。Stuart S. Rosenthal(2007)④利用美国数个城市的面板统计数据研究了城市衰退和城市更新的问题并建立了旧房、外部性及贫困生活环境之间的数学模型，指出邻里经济状况具有稳定的发展过程，与城市衰退与城市更新的周期相一致。

4. 关于演化博弈的研究

演化博弈理论源于生态学家 Maynard Smith 和 Price(1973)⑤结合生物进化论与经典博弈理论提出的进化博弈理论的基本均衡概念——进化稳定策略(Evolutionary Stable Strategy, ESS)，目前学术界普遍认为进化稳定策略概念的提出标志着演化博弈理论的诞生(Samuelson, 2002)⑥。传统的博弈论中，参与者必须是理性的，而且博弈的每个决策阶段都要求保持理性，但在现实决策问题中，人不可能完全理性，更不可能每个决策阶段都理性。人的决策还会受到很多暂时性的非理性因素的干扰，从而破坏人们的理性预期。此外，由于信息总是不完全的，因此在处理比较复杂的问题时，就可能有很大的理性局限性。演化博弈理论则从有限理性的个体出发，以群体为研究对象并认为现实中个体并不是行为最优化者，个体的决策是通过个体之间模仿、学习和突变等动态过程来实现的(Friedman, 1998)⑦。

20世纪80年代开始，越来越多的经济学家运用演化博弈理论来分析诸如

---

① Gerben Helleman, etc., The renewal of what was tomorrow's idealistic city. Amsterdam's Bijlmermeer high-rise, Cities, Vol. 21. No. 1. (2004): 3-17.

② Irit Amit-Cohen, Synergy between urban planning, conservation of the cultural built heritage and functional changes in the old urban center — the case of Tel Aviv, Land Use Policy 22(2005): 291-300.

③ Suresh C. Sood, Hugh M. Pattinson, Urban renewal in Asia-Pacific: A comparative analysis of brainports for Sydney and Kuala Lumpur, Journal of Business Research 59(2006): 701-708.

④ Stuart S. Rosenthal, Old homes, externalities and poor neighborhoods-A model of urban decline and renewal, Journal of Urban Economics 2007.06.003: 1-25.

⑤ Maynard Smith, John and G. R. Price, The Logic of Animal Conflict, Nature., Vol. 246 (1973): 15-18.

⑥ Larry Samuelson, Evolution and Game Theory, Journal of Economic Perspectives, Vol. 16 (2002). 2 (Spring): 47-66.

⑦ Friedman D, On economic applications of evolutionary game theory, Evolutionary Econometrics, No. 8 (1993): 15-42.

社会制度变迁、行业发展趋势、股市发展方向、消费者对品牌的选择、社会学习过程等领域的相关问题。同时对演化博弈理论的研究也开始由对称博弈向非对称博弈深入,并取得了一定的成果,如泽尔腾(Selten,1980[1];1983[2])首次深入地研究了非对称博弈动态稳定性并利用两群体博弈情形证明"在非对称博弈原初进化稳定策略必定是严格纳什均衡"。

20世纪90年代以来,演化博弈理论的发展进入了一个新的阶段。威布尔(Weibull,1995)比较系统、完整地总结了演化博弈理论,其中包括了一些最新的研究理论和成果[3]。巴苏(Basu,1995)研究了社会规范和演化博弈之间的关系,他提出的规范筛选均衡是协调人们在众多的纳什均衡中选择某个特定的纳什均衡的规范,并且他认为规范的长期存活依赖于演化过程和自然选择[4]。弗里德曼(Friedman,1991)认为演化博弈在经济领域有着极大的应用前景,并对一些具体应用前景的动态系统进行了探讨[5],此后弗里德曼和方(Friedman & Fung,1996)以日本和美国的企业组织模式为背景,用演化博弈分析了在无贸易和有贸易情形下企业组织模式的演化[6]。登弗伯格和古斯(Dufwenberg & Guth,1999)在双寡头垄断竞争的情形下比较了两种解释经济制度的方法:间接演化方法和策略代理方法,研究了在不同市场环境中这两种方法会导致相似的市场结果[7]。

21世纪以来,演化博弈的发展又出现了一些新的思路,戈特曼(Guttman,2000)用演化博弈理论研究了互惠主义在有机会主义存在的群体中是否能够存活的问题[8]。青木昌彦(2001)从认知的角度提出了一个关于演化博弈的主观博弈模型。科斯菲尔德(Kosfeld,2002)建立了德国超市购物时间反常现象,并建

---

[1] R. Selten, Evolutionary Stability in Extensive Two-person Games: Correction and Further Development, Mathematical Social Science, 1980:93-101.

[2] R. Selten, Evolutionary stability in Extensive two-Person Games, Mathematical Social Science, 1983:269-363.

[3] W. Weibull, Evolutionary Game Theory, Cambridge: MIT Press, 1995.

[4] Kaushik Basu, Civil Institutions and Evolution: Concepts, Critique and Models, Journal of Development Economics, Vol. 46 (1995):19-33.

[5] D. Friedman, Evolutionary games in economics, Econometrica, Vol. 59 (1991).

[6] D. Friedman, etc., International Trade and the Internal Organization of Firms: An Evolutionary Approach, Journal of Interational Economics, Vol. 41 (1996):113-137.

[7] Martin Dufwenberg, etc., Indirecevolution VS. Strategic Deletion: a Comparison of two Approaches to Explaining Economic Institutions, European Journal of Political Economy, Vol. 15 (1999):281-295.

[8] J. M. Guttman, On the Evolutionary Stability of Preferences for Reciprocity, European Journal of Political Economy, Vol. 16 (2000):31-50.

立了演化博弈模型①。奈宝格和瑞戈(Nyborg & Rege,2003)用演化博弈理论研究了吸烟行为社会规范的形成②。加斯米那和约翰(Jasmina & John,2004)研究了三种不同的学习规则在公共物品博弈中仿制人类行为时谁表现得更好的问题③。丹尼尔、阿瑟和托德(Daniel,Arce & Todd,2005)研究了四种不同类型的囚徒困境博弈,指出这四种囚徒困境要达成合作所需的演化和信息要求④。L. A. Bacha,T. Helvik 和 F. B. Christiansen(2006)用多参与者的囚徒困境模型来解释个体合作以追求集体利益过程中的演化博弈问题。David K. Levine,Wolfgang Pesendorfer(2007)研究了一方模仿情况下的合作和冲突共存的演化博弈问题所能达到的均衡结果⑤。Josef Hofbauera 和 William H. Sandholmb(2007)讨论了具有随机扰动得益的演化博弈问题并将其应用于人数博弈(Population Games)问题的研究⑥。

这些文献在理论上都对演化博弈论做了进一步的研究,其贡献使得演化博弈理论体系更加丰富并日趋完善,运用的范围也更广。笔者认为,城市房屋拆迁是一项涉及众多相关利益主体的博弈活动,在理性人假定的基础上,拆迁活动中个人理性和集体理性之间的矛盾,可以用演化博弈理论来分析。

2.1.2 国内文献综述

1. 关于关于公共利益的研究

对于公共利益的问题,我国众多学者做了大量的研究。随着《物权法》的出台,此问题更是引起了各界学者的广泛关注。

对于公共利益的界定,中国人民大学的王晓娜等人(2007)将公共利益进行类型化分析,按照不同的标准将公共利益分为:① 国家利益和社会利益;② 公法中的公共利益和私法中的公共利益;③ 公共利益在立法中的分类。同时,结

---

① M. Kosfeld, Why Shops Close Again: An Evolutionary Perspective on the Deregulation of Shopping Hours, European Economic Review, Vol. 46 (2002): 51-72.

② K. Nyborg, etc., On Social Norms: the Evolution of Considerate Smoking Behavior, Journal of Economic Behavior & Organization, Vol. 52 (2003): 323-340.

③ A. Jasmina, etc., Scaling up Learning Models in Public Good Games, Journal of Public Economic Theory, Vol. 6. No. 2 (2004): 203-238.

④ G. Daniel, etc., The Dilemma of the Prisoners' Dilemmas, KYKLOS, Vol. 58. No. 1 (2005): 3-24.

⑤ David K. Levine, etc., The evolution of cooperation through imitation, Games and Economic Behavior, Vol. 58 (2007): 293-315.

⑥ Josef Hofbauera, etc., Evolution in games with randomly disturbed payoffs, Journal of Economic Theory, Vol. 132 (2007): 47-69.

合我国现阶段的特殊国情,提出了完善我国公共利益判断的构成要件:第一,公共利益是不特定的多数人的共同利益。第二,公共利益是由国家提供和维护的公共性产品。第三,公共利益判断的重大性标准。第四,公共利益的个体性构成要件。对于公共利益的确定,他们认为应该设计一套合理公正的程序用以保证公共利益的合法与正当,解决公共利益与私人利益以及不同公共利益之间的矛盾。在具体实施上,他们认为应明确法院作为公共利益的最终且唯一认定人,或者指定一个中立的第三方评估机构来评价是否为公共利益,但是要有法律约束机制确保其公正性[①]。但是,王晓娜等人将公共利益等同于国家利益和社会利益,这点值得商榷。本书认为公共利益的内涵虽然有重叠,但又存在区别,如为了增加财政收入的拆迁行为虽然体现了政府利益或者说国家利益,却不是公共利益。

王利明(2005)认为应通过司法个案来确定公共利益的内涵。认为其界定应该由法官决定。法官需要通过创造性地裁判在案件中赋予公共利益基本的判断标准,即把公共利益具体化[②]。但这样也有两个问题,一是司法在公共利益判断上能动性到底多大是其边界,这对我国司法水平整体不高的情况下的现实来说,确实是一个仍然存疑的问题;二是我国并未像西方那样实行三权分立,司法部门在处理此类案件的时候能有多大的独立性、能在多大程度上保持公平、公正都是值得深思的问题。

周智坚等(2007)认为应对公共利益分层:最优层次——全球性的公共利益;次优层次——国家性的公共利益;基本层次——地方性的公共利益;一般层次——社区性的公共利益。在对公共利益进行界定时,首先,比较牺牲利益和实现利益的层次,实现的利益必须比牺牲的利益层次高,在低层次利益服从高层次利益的同时适当兼顾低层次利益;其次,若牺牲的利益和实现的利益属于同一层次,则不能成为政府行使征地权力的公共利益理由[③]。

对于公共利益界定的标准问题,有学者根据自己的理解给出公共利益的具体范围,慎先进(2005)[④]、黄大元(2006)等人都曾提出自己的看法,如黄大元认为公共利益可以界定如下:凡直接用于指公共道路交通、公共卫生、灾害防治、科学及文化教育事业、环境保护、文物古迹及风景名胜区的保护、公共水源及排

[①] 王晓娜等,《物权法》土地征收中的公共利益研究,湖南公安高等专科学校学报,2007,19(3):100.
[②] 王利明,物权法草案中征收征用制度的完善,中国法学,2005(6):59-60.
[③] 周智坚等,论政府征地中公共利益的界定,法制与社会,2007(1):499-50.
[④] 慎先进等,论城市房屋拆迁的社会公共利益目的,湖北社会科学,2005(12):143-144.

水用地区域的保护、森林保护事业,以及国家法律规定的其他公共利益土地用途、贯彻实施国家重大经济政策的土地用途以及为实施上述用途所必需的相关和附属设施用地①。但无论如何列举都无法兼顾所有情况,这说明这种界定方法存在不可避免的缺陷。

另外,有学者认为我国现阶段不宜对公共利益的范围限定过死,应该做宽泛的解释,如黄戌娟(2007)针对集体土地征收,提出基于城市化进程需要、加强国家对土地垄断的需要以及土地资源的特点和征收权的性质,需要公共利益作宽泛解释②。有学者认为应以征收私人财产背后的主要受益人为标准来判断政府征收私人财产背后的主要利益驱动是公共利益还是商业利益。倘若主要受益人为社会公众,则应确认公共利益的存在,即便商人或民事主体顺势从中合法受益也是如此;倘若主要受益人为某商人或民事主体,则应确认私人利益的存在,即便公众顺势从中合法受益。这种标准不是立足于政府征收私人财产的主管目的,而是立足于征收私人财产以后的实质利益归属,具有一定的客观性、可操作性与公平性③。

张殿军(2006)提出从立法、行政、司法三方面对公共利益进行认定及解决纠纷④。对此,申建林(2007)进一步提出应该从实质标准和形式标准两方面来认定公共利益。他确立的实质标准包括:公共使用主体、行政征用的直接目的、采用包容性和排他性列举的立法形式;形式标准指的是应根据特定的行政程度和司法程序对公共利益进行认定⑤。

此外,杨峰(2006)提出公共利益审核程序上做到预先通知、完善行政复议及听证程序⑥;林喆(2005)认为公民个人的合法私有财产应得到政府的尊重,"公共利益"不能成为牺牲个人利益的理由,当公共利益与个人的合法权益发生冲突时,不应存在优先权利⑦;王敏(2006)认为考察公共利益可以从"受益对象的数量,是否向社会提供公共产品,是否以促进国家经济、文化、国防等建设为目标"

---

① 黄大元等,浅析我国征地制度中"公共利益"界定与征地范围划分问题,经济地理,2006.9:842-845.
② 黄戌娟,公共利益在中国土地征收中的定位,三峡大学学报(人文社会科学版),2007.6:61-62.
③ 徐海燕,公共利益与拆迁补偿:从重庆最牛"钉子户"案看物权法第42条的解释,法学评论,2007年第4期:842-845.
④ 张殿军,城市房屋拆迁与公共利益界定,法制与经济,2006年第5期:15-16.
⑤ 申建林,对行政征用中的公共利益的认定,武汉大学学报(哲学社会科学版),2007.7:566-571.
⑥ 杨峰,试论房屋拆迁中公共利益内容的确定,中共福建省委党校学报,2006年第9期:78-81.
⑦ 林喆,强制拆迁与"公共利益",瞭望新闻周刊,2005年第6期:26-29.

三个方面进行评判①;王淑华等(2007)提出行政机关对公共利益的解释和裁量应遵守比例原则,若由于公共利益对个人权利进行限制,这种限制应符合比例,不能漫无边际②;石云(2007)认为公共利益和个人利益应处于平等地位,当因为公共利益而损害个人利益时,应进行合理的补偿③;安明贤(2006)认为公共利益应该从外延和内涵两方面加以界定④。

2. 对当前拆迁制度的研究

张曦(2004)认为,目前拆迁制度存在的问题主要是:政府部门对公民宪法权利的忽视,公权对公民私人财产的侵犯依旧非常严重;拆迁补偿不合理,过分倚重事后救济;政府权力被无限放大等方面⑤。

牛玉兵等(2005)从四个方面提出了对我国城市房屋拆迁制度进行重构:改变立法观念;提高城市房屋拆迁制度的立法层级,以法律形式规范城市房屋拆迁;充实法律内容,如拆迁补偿和程序方面;在拆迁法律中应明确权利救济的途径和程序等⑥。对此,吕东锋等(2005)⑦、张峰学(2007)⑧基本也持有类似观点。

户邑(2005)从法律法规的角度分析了拆迁相关的各问题。首先,他认为《宪法》、《城市房地产管理法》等法律均有条款规定公共利益是土地征用的前提条件,但2001年《城市房屋拆迁管理条例》回避了这一前提;其次,2001年《条例》只明确了对房屋所有权的补偿而不涉及对土地使用权的补偿;再次,2001年《条例》中关于强制拆迁的规定需要细化与完善;最后,2001年《条例》未对政府权力有效制衡,行政意志更多地体现为某些当权者的个人意志⑨。王者洁(2005)⑩、胡伟(2007)⑪对于拆迁制度的看法基本上也涉及上述几点,同时指出目前拆迁

---

① 王敏,论房屋拆迁中公共利益与个人利益的平衡,湘潭师范学院学报(社会科学版),2006年5月第28卷第3期:57-59.
② 王淑华等,城市房屋拆迁中之公共利益判定,齐鲁学刊,2007年第4期:153-157.
③ 石云,城市房屋拆迁中"公共利益"问题研究,山东省农业管理干部学院学报,2007年第23卷第3期:115-116.
④ 安明贤,城市房屋拆迁制度中"公共利益"的合理界定,山西省政法管理干部学院学报,2006年12月第19卷第4期:75-77.
⑤ 张曦,城市房屋拆迁中有关法律问题的思考,学习与实践,2004年第10期:53-54.
⑥ 牛玉兵等,论城市房屋拆迁制度的缺陷及其重构,电子科技大学学报社科版,2005年第4期:73-76.
⑦ 吕东锋等,房屋拆迁中对被拆迁人权益的法律保护,重庆工商大学学报,2005年12月第22卷第6期:84-87.
⑧ 张锋学,房屋拆迁的法律分析,宜春学院学报(社会科学版),2007年2月第29卷第1期:26-28.
⑨ 户邑,中国城市房屋拆迁的制度性障碍分析,理论前沿,2005年第4期:32-34.
⑩ 王者洁,城市房屋拆迁法律问题研究,城市房屋拆迁,2005.10:33-35.
⑪ 胡伟,城市房屋拆迁的法律问题探讨,边疆经济与文化,2007年第5期:50-52.

问题仅有行政法规而缺少专项法律的规范。姜亮(2005)也曾提出应在制度上对土地使用权进行补偿①。

叶林林(2006)在对现行拆迁制度的研究中,提出应加强拆迁中非政府组织的建设。她认为在拆迁中非政府组织可以发挥两种作用:一是可以作为中立的"第三方",二是可以作为被拆迁人的代言机构与政府和拆迁人就有关问题协商②。

董婧怡(2006)认为现行拆迁立法中,一是行政管理观念取代了私权保护应有的地位,公权力任意干涉私房所有人权利的行使,私房所有人的利益被虚假公益目的所侵害难以获得法律救济;二是对私房所有权和土地使用权保护不足,不但没有将土地使用权纳入补偿范围,反而规定了私房所有人在城市房屋拆迁中必须接受的种种限制。她将城市私房拆迁法律关系定位为民事法律关系,而不是行政法律关系。此外,她认为应保护私房所有人补偿方式选择权,2001 年《条例》虽然规定拆迁补偿的方式可以实行货币补偿,也可以实行房屋产权调换,但却对被拆迁人的这种选择权加以了严格限制③。

刘杰(2006)认为必须制定专门法律对城市房屋拆迁问题进行规范,相对于现行的拆迁法律,这部法律应增加或完善以下内容:① 城市国有土地的储备、征收、征用、出让、城市房屋拆迁的基本原则;② 城市的国有土地所有权、城市私有房屋所有权、城市房屋所有人的国有土地使用权的内容、条件、限制、保护等;③ 城市房屋拆迁有关的社会公共利益、商业利益的定义及范围,符合社会公共利益的具体开发项目的确定机关、权限及程序等;④ 社会公共利益的开发项目涉及的房地产征收、补偿安置、拆迁、出让、建设等基本制度和有关的一般程序、特殊程序及适用条件;⑤ 一般商业利益的开发项目的立项审批、与原产权人协商、土地使用权交易、补偿安置协议登记及必要的审批、组织拆迁、国有土地使用权续期、土地出让金补足、开发建设、政府的指导、协调及监督等基本制度和有关的一般程序、特殊程序及适用条件;⑥ 房屋拆迁补偿的价格评估机构、选择及评估程序等;⑦ 房屋拆迁争议的行政仲裁机构、制度及程序等;⑧ 政府及有关行政主管部门、开发商、私有房屋所有人等各个拆迁法律关系主体的其他有关权利和

---

① 姜亮,拆迁别离开土地说事——谈城市房屋拆迁补偿中的土地法律缺位问题,中国土地,2005.2:18.
② 叶林林,城市房屋拆迁中行政补偿制度的缺陷及其完善,四川行政学院学报,2006 年第 4 期:44-46.
③ 董婧怡,完善城市私房拆迁制度必须把握的几个问题,科技资讯,2006 年第 6 期:244-245.

义务、违反义务的主要法律责任;⑨对政府有关行政行为的监督制度与行政复议、行政诉讼制度的衔接以及特别规定等①。

陈震(2006)提出应建立以司法为核心的法律救济体制,包括将对公益拆迁和商业拆迁分别制定法律;废除行政强迁,代以司法强迁;设立专门的法律援助基金,保护弱势群体的利益等②。

刘永峰(2006)认为现行拆迁制度的主要问题在于拆迁程序上,他认为主要表现在两个方面:被拆迁户的知情权和决策参与权得不到保障;政府的强制拆迁缺乏必要的规范③。

江怒(2006)认为拆迁的法律关系主要体现在两方面:一是民事关系,即政府与土地使用者,政府与房屋拆迁人之间的出让或划拨合同以及房屋拆迁人与被拆迁人之间的拆迁合同体现了他们之间是一种平等的民事关系;二是行政管理关系。这主要体现在政府与房屋拆迁人之间的房屋拆迁许可,以及政府由于管理和经营城市与房屋拆迁人和被拆迁人之间形成的行政管理与被管理的行政关系④。朱剑(2006)在此基础上将拆迁过程中发生的各种关系分别进行了民事和行政归类⑤。

张必胜(2007)的观点与此类似。他认为城市房屋拆迁是一个复杂的行为过程,是多方利益主体和多种法律关系的统一体。既不能把城市房屋拆迁中的行政行为、市场行为与民事行为混为一体,也不能简单片面地把城市房屋拆迁理解为行政行为、市场行为或民事行为,必须正确认识和处理好拆迁中的主要法律关系。他认为拆迁过程的合法性应由行政行为决定,拆迁补偿的价值标准应由市场行为决定,而签订安置补偿协议则是民事行为⑥。

而王树平(2006)认为无论是公共利益还是非公共利益,城市房屋拆迁活动的法律属性都应属国家行为,而不是民事行为或国家行为与民事行为兼有之⑦。

华凯(2007)同样也对拆迁行为性质的问题做了一定的研究。他从土地使用权的不同性质和拆迁行为的不同目的这两个角度对城市房屋拆迁行为的性质进

---

① 刘杰,城市房屋拆迁中利益冲突与制度缺陷,太平洋学报,2006年第6期:63-67.
② 陈震,我国城市房屋拆迁法律体制的构建,中山大学学报论丛,2006年第26卷第4期:133-136.
③ 刘永峰,城市房屋拆迁中的若干法律问题研究,当代经理人,2006.12:167.
④ 江怒,房屋拆迁中政府、拆迁人、被拆迁人三方法律关系分析及对策,经济与法,2006.8:277.
⑤ 朱剑,论城市房屋拆迁中的法律问题,九江学院学报(社会科学版),2006年第4期:52-55.
⑥ 张必胜,如何认识和处理城市房屋拆迁中的法律关系,城市房屋拆迁,2007年第1期:60-61.
⑦ 王树平,城市房屋拆迁行为法律属性的分析,求实,2006.1:108-109.

行了分析,指出城市房屋拆迁活动需要区分公益拆迁和商业拆迁,并且根据土地使用权的不同性质和拆迁行为的不同目的,拆迁行为的性质也不同,是不同法律部门调整的范围[①]。

刘建军(2007)认为拆迁的法规和规章中关于强制拆迁的规定,不仅调整了公民的财产权利,而且还涉及对公民基本民事权利即财产权利的剥夺,超越了其法定的立法权限,这与宪法和法律相抵触。同时,对于拆迁活动中物权保护制度的缺失以及公共利益等问题亦提出了自己的看法[②]。

夏筠(2006)认为,城市私有房屋拆迁补偿安置协议应当属于民事合同,不能把它定性为行政合同或经济合同[③]。史正保(2006,2007)从城市房屋拆迁的目的;城市房屋拆迁的性质;城市房屋拆迁中的补偿安置;城市房屋拆迁中被拆迁房区域内的土地使用权补偿问题等四个方面分析了城市房屋拆迁的法律特征[④][⑤]。张敏(2006)对公有住房拆迁补偿的法律问题做了研究[⑥]。

此外,侯汉杰(2003)[⑦]、程建(2004)[⑧]、王军(2005)[⑨]、刘永峰(2005)[⑩]、彭小兵(2007)[⑪]也做过相关研究。

3. 关于拆迁补偿与安置的研究

拆迁补偿与安置是城市动拆迁工作的重点,也是产生纠纷的主要原因。很多学者都对我国拆迁补偿与安置问题作过研究,如早在 20 世纪,王树林(1999)就货币化安置与市场交易关系问题进行了研究[⑫];李广胜(2000)就曾结合南通市的经验,对城市拆迁货币补偿方式提出了自己的看法[⑬];此外,方祖德等

---

① 华凯,城市房屋拆迁行为的法律性质分析,法制与社会,2007.01:528-529.
② 刘建军,我国城市房屋拆迁法律制度瑕疵之分析,宜宾学院学报,2007 年第 2 期:54-56.
③ 夏筠,试论城市私有房屋拆迁补偿安置协议,广西政法管理干部学院学报,2006 年第 21 卷第 1 期:76-78.
④ 史正保,论城市房屋拆迁的法律特征,甘肃行政学院学报,2006 年第 3 期:88-89.
⑤ 史正保等,我国城市房屋拆迁中存在问题的法律思考,兰州商学院学报,2006 年 10 月第 5 期:74-78.
⑥ 张敏,公有住房拆迁补偿的法律问题研究,法制与经济,2005 年第 12 期:46-47.
⑦ 侯汉杰,城市房屋拆迁法律制度的理论分析,暨南学报(哲学社会科学),2003 年 9 月第 25 卷第 5 期:23-29.
⑧ 程建,城市拆迁的行政法律关系分析,前沿,2004 年第 12 期:154-156.
⑨ 王军,拆迁法律关系的困境及出路,中共四川省委党校学报,2005 年 3 月第 1 期:71-73.
⑩ 刘永峰,城市房屋拆迁中的若干法律问题研究,法治园地,2005.8:135.
⑪ 彭小兵,城市拆迁的制度性问题及政策设计,求索,2007.4:46-48.
⑫ 王树林,房屋拆迁货币化安置与市场交易关系问题的探讨,中国房地产,1999.11:38-40.
⑬ 李广胜,规范房屋拆迁货币安置补偿行为需把握好几个问题,中国房地产,2000.1:68-69.

(2000)①、黄国强(2001)②也进行过相关研究。近些年来，对补偿安置的研究成果更是层出不穷。

柯复(2003)认为应将拆迁补偿价格标准定位在不需被拆迁人进行住房消费的前提下，在原地段提供与原拆迁房相等面积(或不少于原拆迁房面积)的回迁房。也就是说把拆迁补偿价格标准从原来的"等价交换"转变为"等面积交换"③。对于此问题，孙光卫(2007)也认为房屋拆迁等面积"以旧换新"被拆迁人不支付差价有其合理性。因为房屋拆迁不同于一般商品交易，它涉及被拆迁人房屋所有权、涉及政府的土地所有权和拆迁人的开发权，从公正意义上说应该是由三者来分享开发利益；"以旧换新"中的旧，不仅仅限于被拆迁旧房，还应包含其附加值，即除房屋以外的其他损失和土地增值收益等。他进一步建议应实行土地增值均分、原地安置④。

王蕾(2006)认为造成我国城市拆迁中问题的主要原因在于政府行政权力干预不当；同时补偿标准过低，与市场经济规则不适应，特别是未对被拆人的土地使用权进行补偿；再次法律制度缺位，对被拆迁人的合法权益保护得不够。因此，她提出：① 要基本实现"等价有偿"的市场化运作，初步建立分层次的拆迁保障新体系；② 加快城市房屋拆迁补偿利益分配制度创新，合理分摊拆迁成本，土地出让增值收益应部分补贴给被拆迁人；③ 建立比较完善的拆迁新机制，完善维护稳定的拆迁监管新方式⑤。对于拆迁补偿中存在的问题，曾卫等(2007)认为被拆迁房屋评估不规范问题也很严重⑥。

对于私有房屋土地使用权的补偿，王志生(2002)在 21 世纪初已进行了相关论述⑦。孟勤国(2005)指出"城市拆迁补偿为什么总不能让老百姓感到公平，很大程度上是因为房屋的土地使用权从来不算私有财产."⑧何虹(2006)也明确提出应将土地使用权纳入补偿范围，她认为应完善土地使用权补偿制度，增加对土地使用权剩余年限以及区位变动的补偿规定，肯定对城市私有房产范围内土地

---

① 方祖德等，对城市房屋拆迁中安置补偿的几点看法，江南论坛，2000 年第 7 期：34 - 35.
② 黄国强等，房屋拆迁市场价补偿安置探索，房地产开发，2001 年第 11 期：9 - 11.
③ 柯复，对房屋拆迁补偿价格标准的思考与建议，中国房地产，2003.12：26 - 27.
④ 孙光卫，房屋拆迁"以旧换新"被拆迁人该不该支付差价——城市房屋拆迁补偿标准的创新，城市房屋拆迁，2007.1：62 - 63.
⑤ 王蕾，我国城市房屋拆迁补偿制度存在的问题及其对策，学习月刊，2006 年第 5 期(下)：43 - 44.
⑥ 曾卫等，当前拆迁补偿中存在的问题及其完善，山西建筑，2007 年 7 月第 33 卷第 20 期：219 - 220.
⑦ 王志生，对城市拆迁中私产房土地使用权补偿问题的探讨，中国房地产，2002.12：49 - 50.
⑧ 孟勤国，物权法如何保护私有财产，法学，2005 年第 8 期：29.

的价格补偿。此外,她还指出应完善我国城市房屋拆迁补偿范围,包括因搬迁而造成的营业损失、生产经营预期收益、解除合同赔偿等隐形损失;城市基础设施及社会公益项目实施对周边物业带来的增值分享;因搬迁造成被动消费的损失;因搬迁而造成生活、工作和学习成本增加以及工作机会丧失的损失;对被拆迁人因调查、评估、搬迁造成的生活及工作干扰的损失以及土地使用权的补偿[1]。胡雅珠(2006)通过对比中外土地所有权的差异,得出了类似的结论,认为应对土地使用权的相对比例的进行登记,以保护私有财产[2]。此外,对于土地使用权补偿的问题,杨娟等(2003)[3]、李宏伟(2005)[4]、孙琳等(2006)[5]、杨军(2006)[6]也做过相关研究。

在以上研究的基础上,刘韶岭(2006)对在实际的房屋拆迁补偿中,土地使用权价值如何显化做了进一步的探讨。首先,她认为应对房屋拆迁补偿中土地使用权价值的合理分配。虽然她没有提出确定城市土地所有者和房屋所有人房屋土地使用权价值分配具体比例的方法,但她提出的一个总体原则是,被拆迁人获得的经济补偿应高于拆迁前房屋评估价格。其次,在操作层面上,她提出:① 对房屋和土地使用权分离评估;② 房屋外附属物和无附着物空地的土地使用权也应得到补偿;③ 应对房屋土地使用权按市场价值补偿[7]。董彪(2007)通过对相关法律法规的研究,也得出了与上述①和②类似的结论[8]。

孙羽等(2007)对我国拆迁补偿政策的历史演变过程做了一个梳理,进而对"补人头"和"补砖头"两种不同拆迁补偿政策进行了分析比较,指出无论单一的采用任何一种补偿方式都有其固有的弊端。因此,他们建议由政府搭建被拆迁人与拆迁人平等交易平台,在此前提下,如果市场能够更好地配置资源,就让市场来分配资源;如果市场失效,政府就应该采取主动,或者通过其他形式将资源最有效地利用起来。在实施上,采取"砖头"+"人头"+"特殊有情操作"模式。此模式是"以砖头"为基础,即拆迁补偿在"砖头"的基础上考虑"人头"因素,针对

---

[1] 何虹,完善我国城市房屋拆迁补偿范围的思考,北方经济,2006年第8期:67-68.
[2] 胡雅珠,从中外土地使用权的差异看住房拆迁安置的合理性,上海建设科技,2006年第2期:57-58.
[3] 杨娟等,城市房屋拆迁中土地使用权补偿价值的探讨,国土资源,2003.12:28-29.
[4] 李宏伟,城市房屋拆迁的土地使用权补偿问题,学术交流,2005年第11期:73-75.
[5] 孙琳等,拆迁房屋的土地使用权该给补偿吗? 国土资源,2006.4:35-36.
[6] 杨军,关于城市房屋拆迁中土地使用权补偿的思考及建议,工程与建设,2006年第20卷第4期:311-312.
[7] 刘韶岭,城市房屋拆迁中土地使用权价值补偿的显化,城市房屋拆迁,2006.8:19-22.
[8] 董彪,城市房屋拆迁中土地使用权的补偿问题研究,贵州大学学报,2007年1月第25卷第1期:31-33.

弱势群体实行"特殊有情操作"①。

刘学平等(2007)提出了土地发展权补偿的概念,他将其定义为与房产土地相关的,能给原住居民带来工作机会、便利生活,可能的未来收益等的权利。在补偿方式上,他提出引进债券融资方式,既可减少一次性的资金投入量,减轻政府的压力,又可使拆迁居民多一种高收益的补偿方式选择②。

张必胜(2005)对拆迁标准问题进行了研究,他认为目前拆迁标准前紧后松、因人而异。而正是由于这种标准的不统一,一定程度上造成了市场的混乱,当补偿标准出现不统一后,使得一些住户被欺骗、吃了亏的不平衡心理不断膨胀……与拆迁单位或相关部门进行抗争直接阻碍拆迁工作的顺利进行。因此拆迁市场必须坚持统一标准。在具体做法上,他认为应该加强对拆迁过程的管理和监督③。他还对《物权法》出台后房屋拆迁的趋势进行了分析,他认为《物权法》出台后,政府将成为城市拆迁的主力军,拆迁力度将会加大,拆迁矛盾将会更加突出。为此,他提出"应仍以房地产市场评估价格作为补偿依据,以合理补偿为限度,并尽量减少自由协商因素"④。

陈丹(2004)对拆迁安置房所存在的问题做了一定的总结,他认为目前主要存在的问题包括:建造标准偏低;社会重视不够;规划与管理相对滞后;安置房土地供应方式优惠幅度较小导致开发商控制成本,牺牲质量;公共设施不配套;安置房开发企业素质低;户型设计不合理等一系列问题。这其实也是被拆迁人对安置住房抵制的主要原因⑤。

王大海(2006)结合济南市拆迁安置工作的经验,提出了几点拆迁安置房管理的建议:① 建立安置房储备数量控制制度;② 健全安置房市场准入制度;③ 完善安置房划拨审批制度;④ 突破非住宅安置房建设制度⑥。

盖静(2005)主要针对农村土地拆迁安置工作做了研究,但其建议对城市拆迁也有一定的借鉴意义⑦。张振宇(2006)提出应加强拆迁补偿安置资金监管,保护被拆迁人的合法权益不受侵害⑧。冯婧等(2006)结合宁波北仑区的实践经

---

① 孔羽等,以人为本进一步完善我国城市房屋拆迁补偿政策,城市房屋拆迁,2007.2:60-63.
② 刘学平等,城市改造拆迁中的土地发展权补偿问题,华商,2007.4:17-19.
③ 张必胜,拆迁补偿标准不统一所引发的拆迁矛盾不可忽视,城市房屋拆迁,2005.9:25-26.
④ 张必胜,《物权法》后城市房屋的拆迁及补偿,城市房屋拆迁,2007.8:19-21.
⑤ 陈丹,建筑师眼中的拆迁安置房现状与对策,四川建筑,2004.8:61-62.
⑥ 王大海,关于政府规划建设管理拆迁安置房工作的几点思考,山东经济战略研究,2006.12:52-54.
⑦ 盖静,土地征用拆迁安置工作面临的新问题及建议,中国国土资源经济,2005年第3期:26-28.
⑧ 张振宇,加强拆迁补偿安置资金监管需注意的几个问题,城市房屋拆迁,2006.11:52.

验,提出:① 加强政府的宏观调控作用,倡导均衡的住区;② 减小住区开发规模,形成混合住区;③ 强化住区的服务功能,增加居民的就业机会;④ 增强住区的社区归属感,创造多样化的交往空间[①]。对于拆迁中的低保家庭和残疾人等弱势群体的保障问题,也曾有相关部门做过研究[②]。

此外,林竹静(2005)[③]、叶林林(2006)[④]等也曾对拆迁补偿安置等为题做过相关研究。

4. 关于政府角色研究

由于政府在我国城市房屋动拆迁过程中扮演着至关重要的角色,许多学者对此进行了较深入研究。曾国平等(2004)认为政府在房屋拆迁中应实现妥善安置弱势群体、保证城市拆迁的公平与稳定、依法拆迁、引导和带动开发商参与城市拆迁等目标。因此他们认为在拆迁中政府应扮演的角色包括人民利益的保护者、公私利益的协调者、社会秩序的维护者、拆迁规划的指导者以及依法拆迁的监督者等,同时提出政府应避免陷入两个角色雷区:强势群体的代言人、牟取价差利润的经济人角色[⑤]。范思凯(2004)[⑥],许添元等(2006)[⑦]对此也表达了类似的观点;张承银(2006)的看法亦大同小异,他认为"拆迁管理部门应当将自己定位为:调研员、宣传员、计划管理员、听证员、调控员、审核员、监管员、调解员、裁决员、服务员"[⑧]。此外,王学军(2005)认为政府在城市房屋拆迁中应该充当"房屋拆迁政策的制定者"、"私有产权的保护者"、"拆迁市场秩序的监督者"以及"拆迁纠纷的仲裁者"[⑨]。倪峰通过分析利益相关者的矛盾根源,也得出了相似的观点[⑩]。

以上这些学者都无一例外地表达了一种观点,即政府不应直接参与和干涉

---

① 冯婧等,拆迁安置小区规划的问题及解决途径,城市问题,2006年第4期:99-102.
② 哈尔滨市城市房屋拆迁管理办公室,积极化解城市拆迁低保家庭和残疾人的补偿安置难题,城市房屋拆迁,2006.1:47-48.
③ 林竹静,城市房屋拆迁中的土地使用权补偿,建筑经济,2005.3:90-92.
④ 叶林林,城市房屋拆迁中行政补偿制度的缺陷及其完善,四川行政学院报,2006年第4期:44-46.
⑤ 曾国平等,政府在城市拆迁中的角色定位,云南行政学院学报,2004年第3期:46-48.
⑥ 范思凯,房屋拆迁中政府的角色定位,辽宁行政学院学报,2004年第6期:10-11.
⑦ 许添元等,略论我国城市拆迁中的政府角色及法律规制,玉林师范学院学报,2006年第1期:93-96.
⑧ 张承银,论城市房屋拆迁管理部门的角色定位,城市房屋拆迁,2006年第4期:52-53.
⑨ 王学军,城镇拆迁中政府的正当角色,城市开发,2004.8:9-12.
⑩ 倪峰,城市拆迁中利益关系分析及政府角色定位,武汉职业技术学院学报,2006年第5卷第3期:32-34.

拆迁过程,其正确的定位应是作为独立、公平、公正的第三方对拆迁工作进行指导、规范和监督,保护拆迁各相关人合法的权益。

王文普(2005)对征地拆迁中的政府行为进行了分析,他认为"城市用地较高租金的存在,为土地征用者获得这部分收益提供了极大的激励"[①]。换句话说,政府征地的最大动机乃是从对存量土地的再开发中牟取暴利。这也成为拆迁过程中政府违规行为层出不穷的最根本原因。当然,他忽视了其他的一些影响因素,如在旧城改造中,一方面存在巨大的利润空间,而另一方面,城市面貌的改善对于地方政府的政绩也有很大的提升作用,这也是政府进行拆迁的原动力之一。

罗世荣等(2005)从法律角度分析了城市房屋拆迁中的政府角色,他认为"政府干预的程度对调和矛盾冲突起着重要的作用",包括对拆迁公告性质的认定、行政裁决的调整以及对开发商进行行政监督管理和保障被拆迁人的居住权、赋予其优先受偿权等[②]。

周云(2005)认为拆迁过程涵盖了多个法律关系,但其中最基本的法律关系有两个:"行政主体即政府与行政相对人之间的行政管理关系和拆迁人与被拆迁人之间的民事法律关系。"故她认为政府在拆迁过程中只应在自己的职能范围之内发挥作用,而不能越俎代庖,代替市场机制去完成其可以完成的职能[③]。

李凡(2005)着重分析了政府滥用公权力造成的不良后果,指出"政府以拆迁人的角色搞土地储备,有时故意压低拆迁成本,然后再高价出让,造成了拆迁市场的混乱";"政府公权力介入以赢利为目的的商业开发拆迁,造成拆迁矛盾的激化,破坏干群关系,影响社会稳定"[④]。

中国人民大学的杨建顺(2005)认为应以公共利益和个人利益的衡量和保障为中心来设定房屋拆迁中政府的职能。他指出政府无论是在公共利益拆迁还是商业拆迁中都应该发挥作用,"政府对商业性拆迁的特别监督,是基于保护被拆迁人利益和公共利益的需要","主张政府应从商业性拆迁活动中退出的观点是不可取的,废除商业性拆迁领域的房屋拆迁许可证制度的主张更不具有可支持性"。因为这种观点"忽略了以保护、监督为主要任务的行政介入的重要性,忽略

---

① 王文普,征地拆迁中的政府行为分析,广西财政高等专科学校学报,2005年6月第18卷第3期:48-51.
② 罗世荣等,城市房屋拆迁中政府角色的法律分析,重庆建筑大学学报,2005年4月第27卷第2期:105-109.
③ 周云,政府在城市房屋拆迁中的角色问题研究,湘潭师范学院学报,2005年7月第27卷第4期:25-27.
④ 李凡,浅析拆迁中政府公权力的运用,城市房屋拆迁,2005年第10期:36.

了作为土地所有权人代表的政府的话语权,忽略了公益和私益、公权和私权相互交融的基本事实,因而是不可取的。"①

但对于商业拆迁,崔霁等人(2006)却有不同看法,他们认为政府应"从商业性的拆迁活动中完全退出……只有为了公共利益的拆迁,城市拆迁管理部门才可以行使强制权力。'行政许可'是行政机关依法对社会、经济事务实行事前监督管理的一种重要手段,其目的在于消除市场的外部化以及社会的失序。而在城市拆迁活动中,拆迁人与被拆迁人之间并不存在上述情形……因此,拆迁人与被拆迁人之间本质上属于民事法律关系,从经济的角度也完全可以通过市场机制予以调整,无须政府设定'行政许可'进行管制"②。

同济大学邵俊等(2005)从拆迁资金来源方式的角度将拆迁性质分为完全公共利益拆迁、不完全公共利益拆迁、商业拆迁三种,并分别讨论了政府在这三种不同性质的拆迁中的职能。对于第一种,政府的职能"主要在于尽可能公平、合理地做好补偿安置工作。既要杜绝政府利用强势地位强制性压价,损害相对人利益;又要防止相对人不合理抬价,导致国家财产的流失";对于第二种,主要是"政府出于公共利益的目的,以私法的手段让合格的市场主体用其自有资金进行的拆迁","政府的职能在于慎重选择项目建设者";对于第三种"要求政府能够在此过程中起到一个协调者的作用,组织被拆迁人在民主协商的基础上达成一致;并促使被拆迁人组成一个被拆迁人团,作为谈判一方与拆迁人进行谈判"。此外,"为了保证被拆迁人的利益和他们的基本生活条件,政府有责任承担起监督的职能"③。

李广彬(2004)认为准确定位政府在城市拆迁中的地位和作用,严格区分城市拆迁中的政府行为与非政府行为是非常重要的,必须分清政府的管理职能和裁决职能,把管理的职能交给政府的拆迁主管部门,把裁决的职能交给法律执法部门,把可以用经济手段由市场解决的问题推给市场,政府主要起监控管理的作用④。

此外,有学者认为政府在城市房屋拆迁的过程中具有完全的势力,因此,应

---

① 杨建顺,论房屋拆迁中政府的职能以公共利益与个体利益的衡量和保障为中心,法律适用,2005.5:2-5.
② 崔霁等,城市房屋拆迁管理部门的机构属性及其职能,城市房屋拆迁,2006年第5期:49-51.
③ 邵俊等,论城市拆迁安置过程中的政府职能,广东工业大学学报,2005年6月第2期第5卷:31-34.
④ 李广彬等,城市拆迁中的政府职能定位,城市拆迁,2004.3:30-32.

加强对地方政府的司法约束[①];也有观点认为,征地、拆迁中的政府行为的错位既表现在征地并非都出自公共利益的需要,又表现在忽视建立被拆迁人权利的保障机制,还表现在混淆了两类不同性质的拆迁。规范政府行为既要完善法律体系,完善征地拆迁的补偿制度,政府还要明确自身在两类不同性质的拆迁中的角色[②];同时,对于城镇房屋拆迁中政府失灵的问题,也有学者做了研究,他们认为政府失灵主要表现在角色错位、干预过度和行政不作为三个方面,必须综合地运用经济手段、行政手段以及法律手段相结合的方式进行处理以维护拆迁相关利益主体的合法利益[③]。

5. 关于强制拆迁的研究

学者张镇强(2003)质疑强制拆迁的宪法和法律依据。他认为只有坚持"私有财产神圣不可侵犯"或者"非经正当程序国家不得剥夺个人财产"这样的宪法规定,强制拆迁的政策和行为才会最终消失。因此,澄清财产权概念和修改宪法才是消除强制拆迁的根本途径[④]。但赖毅明(2005)对此提出不同的看法,他认为建立强制拆迁制度是建立和谐社会的必要措施之一,并且强制拆迁可以找到法律依据,具有合法性。同时,他从加强宣传与沟通、规范强制拆迁法律进程等方面提出了完善强迁工作的建议[⑤]。

谢志敬(2003)认为行政强迁和司法强迁各有长短。司法裁决和强迁有其权威性高、后遗症少的优点,也有时间相对较长的不足;而行政裁决和强迁有其及时便利的优点,也有后遗症多的缺陷。行政机关过多地干预拆迁活动,增加工作量,不利于从立法、行业上进行管理。因此,行政强迁不宜滥用,而司法强迁相当一个时期内也不能完全替代行政强迁,两种形式应优势互补,双轨并行。采用哪种形式不能一概而论,切合实际才是最优选择[⑥]。

刘任平(2005)通过对强制拆迁中"公权"与"私权"冲突原因的研究后发现,在城市房屋拆迁中,"公权"与"私权"的冲突主要表现在公权中的行政权与私权

[①] 贺蕊等,城市房屋拆迁视角下的地方政府权重与约束,内蒙古大学学报,2006年1月第38卷第1期:92-97.
[②] 余家庆,征地与拆迁中的政府行为及其规范,福州党校学报,2006年第3期:71-73.
[③] 欧光耀等,论城镇房屋拆迁中的政府失灵,重庆工商大学学报,2006年6月第23卷第3期:46-49.
[④] 张镇强,质疑强制拆迁的宪法和法律依据,中外房地产导报,2003.22:8-9.
[⑤] 赖毅明,现行体制下解决强制拆迁难的几点思考,城市房屋拆迁,2005年第7期:32-33.
[⑥] 谢志敬,浅谈城市房屋强制拆迁形式的选择城市房屋拆迁,中国房地产,2003.10:52-53.

中的财产权的冲突,即政府行政权力强行介入城市房屋强制拆迁并辅之以地方立法权和司法权的滥用。二者冲突的主要原因在于存在一定利益上的冲突、法律配置上明显不合理以及对"社会公共利益"名义的滥用。公权已严重地侵犯了私权。故他提出,为了使二者关系由冲突转为和谐,有必要采取有力措施控制公权,保护私权,提升私权在法律中的地位;修改有关强制拆迁的相互抵触的法律条款;对城市房屋强制拆迁规定严格的程序;提高政府强制拆迁行为的成本等措施①。王桂云(2006)基于同样的视角,也得出类似的结论②。

朱志军等(2005)认为应取消非公益拆迁中的行政裁决制度。在非公益拆迁中,政府应强化对开发商的管理,除检查、规划、立项等工作外,对拆迁人与被拆迁人之间的纠纷应发挥协调作用,但不应居中裁决,更不应对被拆迁人做出强制性的行政决定。这是因为拆迁与被拆迁人是平等的民事主体,两者的权益纠纷归属于私益领域,完全可以通过司法的途径解决,而国家的公权力不应过多地介入到私益领域③。

易光安(2005)对强制拆迁难的问题提出几点建议,包括严把拆迁许可关,将强制拆迁关口前移;疏通强制拆迁司法渠道,营造房屋拆迁良好执法环境;关爱有困难的被拆迁弱势群体;加大拆迁裁决特别是调解的力度,努力提高协调裁决人员和拆迁工作人员的业务素质和思想政治素质④。

邹双卫(2006)从强制拆迁的正义性分析入手,认为我国现有的拆迁制度无论从实体视角还是程序视角均缺乏正义性。因此他提出要对强制拆迁进行规范,必须在法治的框架内构建合理的"公共利益"决断机制、国家强制力介入机制和充分补偿机制,从程序到实体的各个环节充分保障被拆迁人的合法权益⑤。

张殿军(2006)分析了强制拆迁存在的问题包括:① 超越立法权限,地方法规中有关土地使用权收回的内容已超过了自己的立法权限;② 侵犯公民的私有财产,与宪法相关规定矛盾;③ 违反民事行为平等自愿原则;④ 拆迁补偿不合理;⑤ 司法救济薄弱等⑥。

---

① 刘任平,城市房屋强制拆迁中"公权"与"私权"的冲突与和谐,湖南公安高等专科学校学报,2005年2月第17卷第1期:101-104.
② 王桂云,行政公权力与私权利的冲突与协调——以强制拆迁所造成的冲突为视阈,湖北行政学院学报,2006年第3期:73-75.
③ 朱志军等,宪法修正案第二十二条对拆迁立法的影响,黑龙江省政法管理干部学院学报,2005.5:15-18.
④ 易广安,解决强制拆迁难的几点建议,城市房屋拆迁,2005年第12期:31-32.
⑤ 邹双卫,论强制拆迁的制度反思与重构,广东广播电视大学学报,2006年第3期:35-41.
⑥ 张殿军等,城市房屋强制拆迁制度的失范与重构,经济论坛,2006.23:47-48.

对于行政强迁存在的问题,牛怡霖(2007)认为现实的行政强制拆迁首先在主体上存在不合理,没有对执行主体做明确规定且并没有给强制拆迁部门一定的强制凭证;其次范围不合理,商业性拆迁应自由协商,不应存在行政强迁的问题,但 2001 年《条例》并未对范围做出规定;再次,依据不合理,政府既当运动员又当裁判员,无法对自己的行为做出公平公正的评判;最后,行政强迁的手段不合理且对强迁后续问题处理不当①。

6. 对《物权法》的研究

随着《物权法》的正式生效,我国的城市房屋动拆迁工作转入了一个新阶段。对于《物权法》对拆迁工作带来的影响,众多学者都做了相关研究。顾大松(2006)认为《物权法》的出台会对拆迁工作产生以下几方面的影响:① 缓解现行拆迁制度的合宪性危机;② 解决现行拆迁制度混淆民事与行政行为的问题;③ 城市房屋拆迁的公共利益标准得以明确;④ 城市房屋拆迁的物权变动规则能够法律化;⑤ 拓宽城市房屋拆迁利害关系人的权利保护范围②。刘闯(2007)认为当《物权法》出台后:① 被拆迁方会以此为依据要求提高土地价格,并得到合理的补偿,从而引起土地价格的上涨,但这是市场调节供求关系的合理表现;② 有利于被拆迁方合法权益受到保护,这使得拆迁方与被拆迁方的博弈过程中法律的天平更加注重保护弱势的一方;③ 规范拆迁市场,充分发挥政府中间调节人的作用③。黄韬(2007)认为《物权法》是私人之间的财产保护法,对于在公权力介入之下的拆迁活动实际上很难指望《物权法》能带来对拆迁法律制度上的根本性改进④。张必胜(2007)认为《物权法》出台后,政府将成为城市拆迁的主力军,拆迁力度将会加大,拆迁矛盾将会更加突出。为此,他提出"应仍以房地产市场评估价格作为补偿依据,以合理补偿为限度,并尽量减少自由协商因素"⑤。

部分学者还对《物权法》进行了解读,如徐海燕(2007)对《物权法》的第 42 条做了详细的分析,认为在解释与适用该条款时应当把握以下几点:① 权利人仅在维护和增进公共利益的必要条件与合理限度内接受政府的强制征收征用决

---

① 牛怡霖,城市房屋行政强制拆迁的思考,今日湖北(理论版),2007 年第 1 卷第 3 期:187-188。
② 顾大松等,城市房屋拆迁行为法律属性研究,法律适用,2006 年第 9 期:54-59。
③ 刘闯,物权法对城市拆迁的影响,金融经济,2007 年第 3 期:3。
④ 黄韬,后物权法时代的房屋拆迁制度图景,法人,2007 年第 5 期:47-48。
⑤ 张必胜,《物权法》破解房屋拆迁难题,城市房屋拆迁,2007 年 8 月总第 320 期:19-21。

定。② 要对含义模糊的"公共利益"作严格的限定解释,而不能作扩张解释。③ 由于公共利益识别涉及自由裁量权的行使,就需要建立健全相应的程序规则尤其是公平透明的民主决策新机制。④ 国家应对被征收人予以公平合理的实际损失补偿,以昭示国家对私人物权的尊重及对政府征收私人财产的慎重态度。因此,她建议以《物权法》第 42 条为基础,制定专门的《国家征收征用私有财产法》[①]。

刘斌(2007)认为《物权法》规定征收房屋的特征、要件和范围;对城市房屋拆迁中公共利益进行了界定;完善现有法律体系下城市房屋拆迁工作的运行机制;规范了拆迁程序,保证了征收征用行为的合法性(程序公正)[②]。

陈园(2007)认为《物权法》出台后,拆迁私房并不是就讳莫如深,只要依法办事就可以理直气壮实施房屋拆迁。对于公民来说,只能依法行使物权、维护物权,却不能滥用物权;"公共利益需要"是房屋拆迁的前提;土地管理部门将作为拆迁人;房屋拆迁补偿范围将有所扩大。《物权法》规定,物权包括所有权、用益物权、担保物权,用益物权又包括占有、使用、收益权。而现行的房屋拆迁法规规定的拆迁补偿,主要是针对被拆迁房屋的所有权,更强调房屋拆迁的强制性[③]。

7. 对博弈论在拆迁中应用的研究

李钟书(2004)将"纳什均衡"的原理运用到拆迁利益关系的处理中,并提出:① 国家退出拆迁人和被拆迁人的博弈,仅扮演游戏规则设定者的角色,而不是和拆迁人分配拆迁利益;② 建立顺畅的沟通渠道,便于拆迁人和被拆迁人在充分掌握对方信息的前提下做出理性选择;③ 在互惠互利的基础上选择合作是保证结果最优的最佳策略[④]。

韩思阳(2004)将博弈主体、博弈信息、博弈成本、博弈场域、博弈规则和博弈目标等最基本的博弈论内容在房屋拆迁领域做了具体的分析。他认为:① 在房屋拆迁过程中保护被拆迁人利益的关键是巩固被拆迁人之间的同盟,而巩固的关键则在于被拆迁人集团成员之间的相互信任,而信任又最终归结为成员之间信息的相互开放;② 房屋拆迁法律制度中应增加一些促进信息公开的程序设

---

① 徐海燕,公共利益与拆迁补偿,法学评论,2007 年第 4 期:137 - 143。
② 刘斌,《物权法》实施后的城市房屋拆迁规制,聚焦《物权法》,2007 年第 6 期:17 - 20。
③ 陈园,城市开发(综合版),2007 年 4 月:48 - 49。
④ 李钟书等,论城市拆迁中社会利益和经济利益的博弈,安徽大学学报,2004 年 7 月第 28 卷第 4 期:95 - 100。

计,以尽量消除房屋拆迁博弈中的信息不对称;③ 在房屋拆迁中,政府为减少因矛盾争端带来的隐性成本而适当增加因拆迁补偿安置带来的显性成本还是值得的;④ 扩大房屋拆迁过程对政府、被拆迁人以及其他主体(包括社会团体、新闻媒体等)的开放程度;⑤ 通过立法过程中的多方博弈实现行政法的行政主体与相对方权利的结构性均衡等[1]。

闵一峰等(2005)具体分析了政府供给原有制度、政府供给现有制度以及政府进行制度创新等不同情况下拆迁人、被拆迁人、政府的收益状况,提出对政府来说制度创新是其占优策略,因为在原有和现有拆迁制度下,无论是强制拆迁还是谈判拆迁都会给政府带来巨大的额外成本,造成利益的损失,因此政府有进行制度创新的动力。故他认为解决拆迁冲突的关键是进行制度创新,通过公共利益限制和公平补偿来规范政府权利和保护居民财产权,协调不同拆迁主体之间的利益矛盾,探索"利益共赢"的拆迁制度体系[2]。

黄信敬(2005)将拆迁的利益分为公共利益、被拆迁户利益、开发商利益以及政府利益,并具体分析了开发商利益与被拆迁户的利益博弈,公共利益与开发商利益博弈,政府利益与被拆迁户利益博弈过程与结果[3]。

户邑(2005)也对此进行了系统研究,包括:① 城市拆迁政策的博弈分析;② 城市拆迁中利益共同体的博弈行为研究;③ 城市拆迁缔约中的博弈研究;④ 我国城市拆迁补偿机制的博弈研究;⑤ 城市拆迁管理的博弈分析[4]。

彭小兵(2005)等对拆迁博弈的问题做了一系列的研究。首先,他们认为被拆迁人对的是一个垄断的市场,垄断的要素需求者的出价必然较低,表现在现有补偿机制的不健全和拆迁合同中补偿价格低。同时由于群体中存在的"搭便车"现象,使得被拆迁户在现实中难以通过一体化来保障自己的拆迁利益,从而使自己更加弱势。据此,他们也提出了相应的对策[5]。紧接着,彭小兵等(2005)基于其先前的研究成果,又运用博弈论对其进行了具体的模型研究。他们着重研究了政府与拆迁人在城市拆迁管理的两两博弈模型,主要通过构建政府和拆迁人

---

① 韩思阳,房屋拆迁法律问题初论——博弈论的视角,山东理工大学学报,2004年7月第20卷第4期:46-48。
② 闵一峰等,城市房屋拆迁主体行为的博弈分析,城市房屋拆迁,2005.4:8-10。
③ 黄信敬,城市房屋拆迁中的利益关系及利益博弈,广东行政学院学报,2005年4月第17卷第2期:38-42。
④ 户邑,城市拆迁运作机制研究,重庆大学博士学位论文,2005.12。
⑤ 彭小兵等,城市拆迁纠纷的博弈分析及对策建议,重庆大学学报,2005年第11卷第5期:19-21。

的战略空间,得出其战略式博弈矩阵,进而分别对博弈做了纯战略和混合战略均衡分析,最后得出一系列结论。但是他们还只是考虑了两个局中人情形的简化博弈模型,未考虑政府、拆迁人和被拆迁人共同参与的三方博弈的情况[①]。此外,彭小兵等(2005)又对城市拆迁缔约中的博弈与均衡问题以及政府的管制行为进行了研究。他们认为城市拆迁的缔约过程,本质上也是相关利益集团参与下各缔约方的博弈过程,其中,拆迁人的双重垄断行为和存在中介情形将导致城市拆迁缔约中缔约成本的加大、社会福利的损失以及资源配置的无效率。因此,适当引入政府管制是必要的,但政府的作用应主要体现在拆迁缔约规则的完善上[②]。

倪锋(2007)也是只考虑了两个局中人情形的博弈,与彭小兵等所不同的是,他研究了开发商和被拆迁人博弈的情况。他建立了基于双方叫价的博弈模型,分析了给定补偿价格和双方就补偿价格讨价还价两种情况下的博弈均衡。最后得出结论:即使在公平合理的房屋补偿价格基础上,房地产估价部门所确定的房地产估价(单一价格)也有可能是不利于房地产开发商和被拆迁人的利益。因此可以取消对被拆迁房地产的估价,而由房地产开发商和被拆迁人自行就补偿价格进行谈判[③]。此外,王学军(2005)[④]、冯秋燕(2006)[⑤]也有过此方面的研究。

2.1.3 国内外现有研究比较

首先,从研究范围来看,由于国情不同,国内外对城市拆迁研究侧重点并不一致。国外大多实行土地私有制,即只存在土地征用制度和土地流转制度,不存在单独的房屋拆迁制度。因此,国外的相关研究集中在对公共利益界定的研究,对城市更新的研究,对土地征收补偿的研究方面;相比之下,我国城市化已进入快速发展时期,国内城市的动拆迁与旧城改造规模较大,围绕房屋拆迁问题出现的冲突较多,国内的相关研究范围也更广,基本涵盖了城市拆迁的方方面面,尤其侧重对拆迁制度评价、政府角色、拆迁补偿与安置的研究,这反映了当前国内对城市拆迁研究的热点。

其次,从研究方法来看,一方面,当前国内外的相关研究主要采用比较研究

[①] 彭小兵等,城市拆迁管理的博弈分析,重庆建筑大学学报,2005年10月第27卷第5期:129-133.
[②] 彭小兵等,城市拆迁缔约中的博弈问题及政府的管制行为,管理现代化,2005年第4期:10-12.
[③] 倪锋,博弈论视角的城市拆迁问题分析,太原城市职业技术学院学报,2007年第1期:5-7.
[④] 王学军,房屋拆迁冲突的博弈分析,求实,2005.1:51-54.
[⑤] 冯秋燕,城镇拆迁中的"非零和博弈",理论研究,2006.6:22-24.

方法、实证研究方法等定性分析方法,对于定量分析方法运用较少。另一方面,由于城市拆迁涉及的主体较多,且受当地政策、被拆迁居民心理预期等多种较难量化的因素影响,所以在研究中定量分析方法的使用受到一定的限制。近些年,越来越多的学者开始将博弈论引入城市拆迁研究中,取得了较好的研究效果,但仍然缺乏一个严密、系统的数学分析,这也是今后该领域研究的一个方向。本书在这方面进行了初步的理论创新,引入演化博弈理论,在理清拆迁过程中各相关主体利益诉求的基础上,构建城市拆迁补偿的演化博弈模型,分析不同收益值情况下的演化稳定策略。

再次,从研究深度来看,当前国内对城市拆迁的研究并不够深入,如政策研究大多以介绍为主、评述为辅,缺少对政策演变过程系统地分析与评价,实证研究缺乏深入、系统、多层次的调查研究,理论研究定性偏多、定量偏少等。而由于国情差别,国外的研究成果并不全适合国内[①],直接奉行"拿来主义"并不是最好的选择。因此,有待国内更多学者进行深入研究,本书只是"抛砖引玉"。

最后,从研究趋势来看,今后对于城市拆迁的研究将更注重对公共利益的分析,更注重博弈论、计量经济学等定量分析工具的运用,更重视深入、系统、多层次的调查研究。国内外学者也将在本领域取得更多的成果,近年来诸多国内外学者对本领域的、实证研究充分支持了这一论点。

2.2 研究理论基础

2.2.1 制度变迁理论

人们的交易行为,是在一定的制度安排、组织约束下进行的,不同的制度安排和制度结构,对经济主体行为的影响是不同的,从而对于经济绩效的影响也是不同的。既然经济效率与不同的制度安排相关,要提高效率必然涉及制度安排的改变,即制度安排的变迁问题。制度的构成要素主要是:正式制约(例如法律)、非正式制约(例如习俗、宗教等)以及它们的实施,这三者共同界定了社会的尤其是经济的激励结构。根据诺思的定义,"结构"一词指制度框架,"变迁"一词

---

① 当然,国外对于公共利益、土地征收补偿、城市更新以及演化博弈理论的研究成果都可以给我们很好的启发。

指制度创立、变更及随着时间变化而被打破的方式。因此,所谓的制度变迁是指一种制度框架的创新和被打破①。

制度可以视为一种公共产品,它是由个人或组织生产出来的,这就是制度的供给。由于人们的有限理性和资源的稀缺性,制度的供给是有限的、稀缺的。随着外界环境的变化或自身理性程度的提高,人们会不断提出对新的制度的需求,以实现预期增加的收益。当制度的供给和需求基本均衡时,制度是稳定的;当现存制度不能使人们的需求满足时,就会发生制度的变迁。

诺斯的制度变迁理论模型是建立在经济人对"成本—收益进行比较计算"的基础上的。制度变迁的成本与收益之比对于促进或推迟制度变迁起着关键作用,只有在预期收益大于预期成本的情形下,行为主体才会去推动直至最终实现制度的变迁,反之亦然,这就是制度变迁的原则。

制度变迁是一个错综复杂的过程,是实施制度的各个组织(包括自我实施)在相对价格或偏好变化的情况下,为谋取自身的利益最大化而重新谈判,达成更高层次的契约,改变旧的规则,最终建立新的规则的全部过程。在这个过程中,当各个组织的谈判力量及构成经济交换总体的一系列契约的谈判给定时,如果没有一个组织能够从对重建契约的资源投入中有利可图,这时制度才会稳定下来,即形成均衡的制度。推动制度变迁的力量主要有两种,即"第一行动集团"和"第二行动集团"。制度变迁的一般过程包括五个步骤:① 由于产品和要素相对价格发生变化、市场规模变动、技术进步、人口增加等原因,若干个人或团体预期到正的潜在制度净利益,从而形成推动制度变迁的第一行动集团或初级行动团体。这是熊彼特意义上的"制度企业家"的集合体,是对制度变迁起决定作用的集团。他们一旦发现制度变迁的预期收益大于制度变迁的成本,就会竭力推动制度变迁。② 第一行动集团提出具体的制度变迁方案。③ 第一行动集团根据制度变迁的原则对制度变迁的各种方案进行评估和选择,并推动和实施制度变迁。④ 形成推动制度变迁的第二行动集团或次级行动团体。这是在制度变迁中起次要作用的集团,其职责是帮助第一行动集团获得收入而进行一些制度安排。第一行动集团和第二行动集团都是制度变迁的主体。第一行动集团是制度变迁的创新者、策划者和推动者,第二行动集团是制度变迁的实施者。第一行动集团能通过制度变迁创造收入,第二行动集团则不创造收入,只参加收入的再分配过程。⑤ 两个行动集团共同努力去实现制度变迁,并就可能获得的创新收益

---

① 林红玲,西方制度变迁理论述评,社会科学辑刊,2001年第1期(总第132期):76-80。

进行分配①。根据充当第一行动集团的经济主体的不同,可以把制度变迁分为"自下而上"的制度变迁和"自上而下"的制度变迁。所谓"自下而上"的制度变迁,是指由个人或一群人,受新制度获利机会的引诱,自发倡导、组织和实现的制度变迁,又称为诱致性制度变迁。所谓"自上而下"的制度变迁,是指由政府充当第一行动集团,以政府命令和法律形式引入和实行的制度变迁,又称为强制性制度变迁。

因为制度变迁与集体行为有关,所以,如何使追求自身利益最大化的个人参与到集体行动之中,是制度变迁理论必须解释的一个问题。诺斯批评新古典主义把人的"搭便车"行为绝对化,因为这一假设使大集团行动得不到合理的解释。但事实上,"大集体行动确实存在并且是导致社会变革的基本力量"②。诺斯借助于意识形态的作用来解决"搭便车"问题、从而解释了集团行动,其基本观点是:一方面应承认人们普遍存在"搭便车"的动机,另一方面又不能将其绝对化。之所以社会上并不是人人都有"搭便车"行为,是由于存在意识形态(某种观念、道德、理想等)的力量。个人利益与意识形态对个人行为的共同作用,构成集团行动的基础。

在制度变迁过程中,还存在类似于物理学中的路径依赖,即制度创新一旦进入某一路径,就可能对这种路径产生依赖,它的既定方向就会在以后的发展中得到自我强化。诺思认为,制度变迁过程与技术变迁过程一样,存在着报酬递增和自我强化的机制。这种机制使制度变迁一旦走上了某一路径,它的既定方向会在以后的发展过程中得到自我强化③。所以,人们过去做出的选择决定了他们现在可能的选择。沿着既定的路径,经济和政治制度的变迁可能进入良性的循环轨道,迅速优化;也可能顺着错误的路径往下滑,甚至被"锁定"(lock-in)在某种无效率的状态而导致停滞。一旦进入锁定状态,要摆脱就十分困难④。

路径依赖对制度变迁具有极强的制约作用,并且是影响经济增长的关键因素。如果路径选择正确,制度变迁就会沿着预定的方向快速推进,并能极大地调动人们的积极性,充分利用现有资源来从事收益最大化的活动,促进市场发展和经济增长,这反过来又成为推动制度进一步变迁的重要力量,双方呈现出互为因

---

① 刘小怡,马克思主义和新制度主义制度变迁理论的比较与综合,南京师大学报(社会科学版),2007年1月第1期:5-11.
② [美]道格拉斯·诺思,经济史中的结构与变迁,上海:上海人民出版社,1994:11.
③ [美]道格拉斯·诺思,制度、制度变迁与经济绩效,上海:上海人民出版社,1994.
④ 马广奇,制度变迁理论:评述与启示,学术动态综述,2005年第7期:225-230.

果、互相促进的良性循环局面。如果路径选择不正确,制度变迁不能给人们带来普遍的收益递增,而是有利于少数特权阶层,那么这种制度变迁不仅得不到支持,而且加剧了不公平竞争,导致市场秩序混乱和经济衰退,这种"锁定"局面一旦出现,就很难扭转。为此,诺思认为,路径依赖仍然起着作用,这也就是说我们的社会演化到今天,我们的文化传统、信仰体制,都是根本性的制约因素[①]。

2.2.2 博弈理论

1. 博弈论的概念和模型

博弈论(Game Theory)是研究决策主体的行为在发生直接的相互作用时,人们如何进行决策以及这种决策的理论。博弈论所关心的是当人们知道其行动相互影响而且每个人都考虑这种影响时,理性的个体如何进行决策的问题。所谓个体行为理性是指个体的行为始终都是为实现自身的最大利益为唯一目标,除非为了实现自身最大利益的需要,否则不会考虑其他个体或社会的利益的这样一种决策原则[②]。

博弈论模型可以用五个方面来描述:$G = \{P, A, S, I, U\}$

P:博弈的参与者,也称为"局中人";

A:为各参与者的所有可能的策略或行动的集合;

S:博弈的进程,也是博弈进行的次序;

I:博弈信息;

U:为局中人获得利益(效用),也是博弈各方追求的最终目标。

此外,还有两个要素,结果和均衡。结果(Outcome)是指博弈分析者感兴趣的要素集合;均衡(Equilibrium)是指所有参与人的最优策略或行动的组合。这里的"均衡"是特指博弈中的均衡,一般称之为"纳什均衡"(Nash Equilibrium),即在非合作的静态博弈中,若对每一个参与人存在一种策略组合,相比其他博弈方的策略,每个参与人都是最优策略,此时各方采取的策略组合状态,称为"纳什均衡"。也就是说,纳什均衡是一种僵局,其他参与人的策略一定,没有任何人有积极性偏离这种均衡的局面。

简单地说,博弈论是研究决策主体在给定信息结构下如何决策以最大化自己的效用,以及不同决策主体之间决策的均衡。要表述一个完整的博弈问题至

[①] [美]道格拉斯·诺思,制度变迁理论纲要,上海:上海人民出版社,1995.
[②] [加]马丁·奥斯本,博弈论教程,魏玉根译,北京:中国社会科学出版社,2000.07:3.

少需要包含3个基本要素:一是决策主体(Player),又可以译为参与人或局中人;二是给定的信息结构,可以理解为参与人可选择的策略和行动空间,又叫策略集;三是效用(Utility),是可以定义或量化的参与人的利益,也是所有参与人真正关心的东西,又称偏好或支付函数。参与人,策略集和效用构成了一个基本的博弈。

2. 博弈的分类和标准[①]

按参与者之间的协调程度,可将博弈分为合作博弈和非合作博弈。在非合作博弈中,参与者不能在正式的博弈规则之外缔结有约束力的协议。而在合作博弈中,允许有这样的协议,参与者也可以对其他参与者做出不能改变的威胁,即对特定的策略完全能够自我承诺。

按照参与者所拥有的关于博弈的信息结构的不同,可以将博弈分为完全信息博弈和不完全信息博弈。如果博弈各方对各种局势下所有参与者的得益状况完全清楚,称之为完全信息博弈。反之称为不完全信息博弈。

按照博弈的时间或者参与者的行动次序,可将博弈分为静态博弈和动态博弈。参与者同时行动的一次性博弈(包括参与者同时行动或者不同时但后行动者不知道先行动者采取什么具体策略),则该博弈就是静态博弈。动态博弈是指参与者行动有先后顺序,且后行动者能观察到先行动者所选择的行动,即博弈是随时间以多阶段对弈来展开,或单阶段对弈在跨时期中是重复的。在动态博弈中还有一类信息:轮到行动的博弈方是否完全了解此前对方的行动。如果完全了解则称之为"具有完美信息"的博弈,反之称为"不完美信息的动态博弈"。由于信息不完美,博弈的结果只能是概率期望,而不能像完美信息博弈那样有确定的结果了。

按照博弈中参与人的得益情况,可将博弈分为零和博弈、常和博弈和变和博弈。零和博弈是指博弈中,各方利益之间是完全对立的,一方的收益是另一方的损失,各参与人得益的总和为零;常和博弈是指博弈中各参与人的得益总和不为零,而是非零常数;变和博弈是指博弈中,在不同的策略组合下,各参与人的得益之和一般是不相同的。

3. 演化博弈理论

经济学中的演化博弈论是以有限理性为基础的现实性较强的博弈理论,它

---

① 陈君,征地拆迁——政府主导的博弈,浙江大学硕士学位论文,2006年4月.

突破了经典博弈论理性假设的局限,是经典博弈论的一个重要发展。它遵从生物演化论中"物竞天择,适者生存"的基本原则。演化博弈论研究的对象是一个"种群"(Population),注重分析种群结构的变迁,而不是单个行为个体的效应分析。

演化博弈理论(Evolutionary Games Theory)来自达尔文的生物演化理论。在生物演化过程中不同种群在同一个生存环境中竞争同一种生存资源时,竞争的结果只有那些获得较高适应度(后代成活率高)的种群生存下来,那些得到较低支付的种群在竞争中被淘汰(即优胜劣汰);在演化过程中人体常常会发生突变、迁移、死亡,同时自然条件也会发生剧烈变化等都会对生物演化过程产生影响,因而要对种群演化进行比较完整的分析就必须建立一些能够综合考虑这些因素影响的模型。一般的演化博弈模型主要基于两个方面而建立起来:选择(Selection)和突变(Mutation)。选择是指本期中好(能够获得较高支付)的策略在下期变得更为盛行(被更多的参与者采用);突变一般很少发生,它以随机(无目的性)的方式选择策略(可能是能够获得高支付的策略,也可能是获得较低支付的策略)。新的突变也必须经过选择,并且只有好的策略才能生存下来。选择也可能包括许多可能的形成机制,这些机制可能是生态的(支付决定后代的数量),也可是个人的(试验、刺激反应等),也可能是社会的(学习与模仿等)。就较好策略变得更为盛行而言,这个过程是适应性且是不断改进的。

演化稳定策略是由梅纳德·史密斯(Maynard Smith,1973)、普莱斯(Price,1973)以及梅纳德·史密斯(1974)在考察种群个体适合度由各个个体行为共同决定的环境下,个体对成功策略选择效果时提出的。演化稳定策略的基本思想是:假设存在一个全部选择某一特定策略的大群体和一个选择不同策略的突变小群体,这个突变小群体进入到该大群体而形成一个混合群体,如果突变小群体在混合群体中博弈所得到的支付大于原群体中个体所得到的支付,那么小群体就能够侵入大群体;反之,就不能够侵入大群体而在演化过程中消失(用于研究人的群体行为时,突变小群体的消失就是指该小群体改变策略而选择与大群体一样的策略)。如果一个群体能够消除任何小突变群体的侵入,那么就称该群体达到了一种演化稳定状态,此时该群体所选择的策略就是演化稳定策略[1]。

演化博弈理论的关键假定是:参与人群体并不是行为最优化者而是幼稚的

---

[1] 张良桥,进化稳定均衡与纳什均衡——兼谈进化博弈理论的发展,经济科学,2001年第3期:103-111.

(Naïve),即参与人不相信他们现在的行为会影响对手未来的选择;参与人也不理会对手是否与他们进行同样的行为调整(因为各参与人之间进行的是匿名博弈,所以他不知道以后的对手是什么人)。各群体个体之间进行重复博弈,在博弈的任何时点上选择不同策略的个体在群体中都有一个概率分布与之对应,严格地说这个概率分布是一个经验分布,但由于我们考察的是无限群体,所以可以把这个经验分布近似看做一个概率分布。在演化博弈中,我们也用这个概率分布表示群体所处的状态,随着时间的演化这种状态是不断变化的。如果参与人(参与人群体)知道这种状态且能够采取最大化行为,那么他(他们)会选择一个最大化自己期望支付的最优反应策略;如果他(他们)不知道这个群体所处的状态,那么他(他们)必须根据自己所掌握的信息对群体的状态进行推断,他(他们)所能利用的信息只能来自博弈的历史,因为这种历史传达着对手将会如何做出选择的有关信息,同时通过对历史的观察使参与人知道哪些策略是成功的、哪些策略是不成功的,参与人以此作为决策的依据。由于选择压力及参与人对成功行为的模仿,本期中成功的行为在下期将会被更多的个体采用[①]。

4. 演化稳定策略

演化稳定策略是在研究生态现象时提出来的,生态学中每一个种群的行为都可以程式化为一个策略,所以在一个生态环境中所有种群就可以看作一个大群体(单群体),群体中个体之间进行的是对称博弈,因而原初的演化稳定策略定义仅适应于对称博弈的情形。

假定存在一个个体数为 $n(N=\{1,2,\cdots,n\})$ 的大群体,其中 n 是一个充分大的数。群体中每一个个体 $i \in N$ 都有相同的纯策略集合(行动集) $S_k = \{S_1, S_2, \cdots, S_k\}$,于是混合策略集合 S 可定义为:

$$S = \{x = (x_1, x_2, \cdots, x_K) : x_i \geq 0, \sum_{i=1}^{k} x_i = 1\} \quad (2-1)$$

其中 x_i 表示群体(Population)中个体选择纯策略 i 的概率,也是演化系统在该时刻群体中选择纯策略 i 的个体占群体个体总数的百分比。由于群体中个体无角色区分且个体数目 n 充分大,因此可以认为群体中每个个体都选择相同的

[①] 张良桥等,理性与有限理性:论经典博弈理论与进化博弈理论之关系,世界经济,2001年第8期: 74-78.

混合策略 x，纯策略可以理解为混合策略的退化，下面所定义的演化稳定策略对纯策略而言依然有效。

假定在大群体中存在一个选择突变策略 $x' \in S$ 的小群体，突变小群体在大群体中所占的比例为 $\mu(\mu \in (0,1))$，μ 是一个非常小的正数。群体中个体之间进行两两重复匿名博弈，并且都认为对手来自状态 $h = (1-\mu)s + \mu s'$，即认为对手选择混合策略 h[①]。我们用 $f(s, h)$ 表示选择策略 s 的参与人在博弈时所得到的期望支付，$f(s', h)$ 表示突变者选择策略 s' 时所得到的支付，即可以理解为每个参与者个体都面对一个能够代表整个群体（即选择混合策略 h）的个体。给定群体所处的状态 h 时，每一个参与者个体都寻找可能偏离被程式化策略的最优反应策略。假定如下：

① 期望支付函数是对称的，即 $f_1(s, s') = f_2(s', s)$。就博弈的支付矩阵而言，一个参与人的支付矩阵是其对手的支付矩阵的转置矩阵；

② 支付函数对各分量是连续的；

③ 如果 $f(s, h) > f(s', h)$； (2-2)

那么群体中个体应该选择策略 s。

上面的三个假定各有含义，其中假定①来自前面单群体的假定，由于我们考察的是单群体的情形，即博弈中各参与者个体都有相同的行动集，并且群体中每一个个体都与选择相同混合策略 h 的虚拟参与人进行博弈，因此博弈的支付矩阵是对称的；假定②是为了技术上处理的方便；假定③说明本期中能够获得较高期望支付的策略在下期变得更盛行，这一点是来自达尔文的优胜劣汰理论，也是演化博弈理论关键所在。

如果上面的严格不等式对任何 $s' \in S, s' \neq s$ 都成立，我们称策略 s 为演化稳定策略，群体中所有个体都选择这一策略时群体所处的状态，就称为演化稳定状态，此时系统所达到的均衡称为演化稳定均衡（Evolutionarily Stable Equilibrium）。上面的假定③并不是演化稳定策略的定义，演化稳定策略的正式定义如下：

策略 $s \in S$ 是一个演化稳定策略，当且仅当对任何策略 $s' \neq s$，存在 $\mu^* \in (0, 1)$ 使得不等式(2-2)对所有的 $\mu \leqslant \mu^*$ 成立。

由演化稳定策略的定义，可以得到一些简单的性质。其中符号 $B(s')$ 为 s' 的最优反应策略集，即如果一个参与人选择策略 s 而其对手选择策略 s'，他的支持

---

① 这里所说的对手实际上是一个虚拟的参与人。

为 $f(s, s')$,策略 s 就称为对策略 s' 的反应策略,对策略 s' 的所有最优反应策略集记为 $B(s')$。

性质 1 如果策略 s 是演化稳定策略,那么对任何 $s' \in S$ 都有 $f(s, s) \geqslant f(s', s)$。

性质 2 如果策略 s 是演化稳定策略且对任何策略 s' 满足 $f(s, s) = f(s', s)$,那么必有 $f(s, s') > f(s', s')$。

以上两个性质不仅是演化稳定策略的必要条件而且也是演化稳定策略的充分条件。下面是梅纳德·史密斯(1974)及泰勒和金克(Taylor and Jonker)(1978)给出演化稳定策略的第三个性质,此后有关演化博弈理论方面的文献大都沿用此性质作为对演化稳定策略的正式定义。

性质 3 如果策略 $s \in S$ 满足:

(i) 对任何 $s' \neq s$ 且 $s' \in S$ 有 $f(s, s) \geqslant f(s', s)$;

(ii) $f(s, s) = f(s', s)$ 隐含了 $f(s, s') > f(s', s')$。

那么策略 s 是演化稳定策略。第一个条件说明:如果策略 s 是演化稳定策略,那么选择突变策略 s' 的个体对选择策略 s 的个体博弈会得到较少的支付,因而不能侵入到选择演化稳定策略的群体中;第二个条件说明:演化稳定策略 s 可以侵入到突变者群体中,从而使得选择突变策略者在演化过程中从群体中消失[①]。

可以看出,演化稳定策略是一个静态概念,但却能够反映演化系统局部动态性质,其作用的大小取决于它能够在多大程度上对动态性质的描述。与此不同,纳什均衡是静态概念,且不能也不需要反映系统的动态性质,因此经典博弈理论仅用纳什均衡这一概念就能够描述博弈的一般性质。正是由于演化稳定策略(ESS)需要反映系统的动态特征,所以在不同的动态下,同一个博弈会有不同的演化稳定均衡,因此要提出一个能够描述演化博弈一般特征的均衡概念比纳什均衡复杂得多。

演化博弈理论用系统论的观点看待群体行为的调整过程,主要研究群体行为演化系统的变化,如何描述动态系统的状态变化是演化博弈理论的关键,对此经济学家从不同的方面对演化系统的过程进行了描述:Tayler 和 Jonker(1978)提出的模仿者动态(replicator-dynamics)模型[②];Borgers 和 Sarin(1995)提出的

[①] 张良桥,进化博弈:理论与方法,顺德职业技术学院学报,2007 年 9 月第 5 卷第 3 期:37 - 42。

[②] P. D. Taylor, etc., Evolutionarily Stable Strategies and Game Dynamics, Mathematical Bioscience,Vol. 40 (1978)。

刺激-反应动态(stimulus-response dynamics)①；Swinkels(1993)提出的近视调整动态(Myopic-adjustment Dynamics)等利用不同的行为模式描述了群体行为的动态调整过程②。根据动态系统达到均衡的过程是受确定性因素的影响还是受到随机性因素的影响，可以把动态系统分为确定性动态系统(Deterministic Dynamics)和随机性动态系统(Stochastic Dynamics)。确定性动态系统是指系统按照一种确定的方式进行行为的调整。随机性动态考虑到把系统向均衡演化过程中受到随机冲击的影响并且把它直接加在确定性动态上(Foster and Young, 1990)③，与确定性动态相比随机性动态系统能够更真实地反映系统的行为演化，但因用到的数学知识较深，因而比确定性动态系统的描述更复杂。

2.2.3 公共政策理论

公共政策理论源于"政策科学"(Policy Sciences)，"政策科学"始于1951年拉斯威尔(Harold D. Lasswell)和林纳(Daniel Lerner)二人所合编的《政策科学：范围与方法的近来发展》④。拉斯威尔和林纳指出要解决政策问题必须对于公共政策问题的不断研究，才能对于政策科学有较为清楚的理解。公共政策理论具有明显的跨学科特征并广泛应用于社会各个领域，不同学者从各自研究领域出发，对公共政策进行了不同的界定。

学者戴依(Thomas R. Dye, 1976)⑤从广义的角度将公共政策界定为"政府选择去做或不去做的任何事情"；有学者从狭义的角度将公共政策界定为"执行公共计划以实现社会目标的政治决定"(Cochran and Malone, 1995)⑥；政治学学者伊斯顿(David Easton)⑦则认为公共政策系指政府对于社会价值所作的权

---

① Borgers. T, etc., Learning through Reinforcement and Replicator Dynamics, Journal of Economic Theory, 1997.
② J. Swinkels, Adjustment Dynamics and Rational Play in Games, Games and Economic Behavior, No. 5 (1993).
③ D. Foster, etc., Stochastic Evolutionary Game Dynamics, Theoretical Population Biology, No. 38 (1990).
④ Daniel Lerner etc., The Policy Sciences: Recent Development in Scope and Method, Standford CA: Standford University Press, 1951.
⑤ Dye. Thomas R, Policy analysis: what governments do, why they do it, and what difference it makes, [Alba.]: University of Alabama Press, 1976.
⑥ Charles L. Cochran etc., Public Policy: Perspectives and Choices, New York: McGraw-Hill Inc, 1995.
⑦ David Easton, Political System, New York: Knopf, 1953.

威性价值分配。目前国内关于公共利益较为权威的解释由张成福等(2001)[①]做出,他们认为:公共政策是公共权威当局,为解决某项公共问题或满足某项公共需要,所选择的行动方案或不行动。由此,公共政策的性质可理解为:① 公共政策乃是公共权威当局所进行的活动;② 公共政策的选择行动是一种有意识的行动;③ 公共政策是问题导向的;④ 公共政策包括了公共权威当局的作为或不作为的行动。

1. 公共政策的类型

公共政策具有公共性、目的性、步骤性、可行性、科技性及问题解决导向性;而公共政策的类型可分为:① 管制性政策,这种政策类型是指政府设定一致性的管制规划和规范,以指导政府机关和标的团体从事某种活动和处理不同利益的政策;② 自我管制的政策,这是指政府并未设定严格的、一致性的管制规划和规范,而仅仅设定原则性的游戏规则,由各政府机关和标的团体自行决定采取何种行动,而政府不加干预的政策类型;③ 分配性政策,指政策将利益、服务和成本,义务分配给不同的政府机关和标的团体享受和承担的政策;④ 重分配性政策,指政府将某一标的团体的利益政策或义务,转移给另一标的团体享受或承担的政策。

2. 公共政策的制定与执行

A. 公共政策问题的建构

公共政策的特质之一是问题取向,也就是说公共政策密切关注解决和改善社会问题。政策问题指不特定的多数人通过各种方式,将其缩短期望情况与实际情况差距的要求,公之于大众并引起政府的注意,而谋求解决办法。关于影响政策公共问题发生的事件包括发现、发展与应用、通信、冲突与管制,而影响公共问题成为政府议程中的因素包括问题本身的特性、受问题影响者的组织情况、团体领导者的权力大小、提出问题者的代表性、问题提出者接近决策单位的可能性、行政机关人员是否具设身处地的心态、受问题影响者的企图心旺盛与否等[②]。

对于政策公共问题的认定,需要考虑以下方面:① 了解问题的特性,该问题

---

① 张成福等,公共管理学,北京:中国人民大学出版社,2001。
② 刘性仁,论公共政策理论模型及制定过程,http://www.chinalnn.com/Article_Print.asp?ArticleID=42318。

是否具有相依性、主观性、动态性、复杂性及时空性等特点；② 了解问题的类别，该问题是否具有特殊性，是否具备有层次性及问题结构究竟健全与否；③ 政府对于公共问题的接纳程度与认定标准，政府必须对偏差的动员设法加以阻止，如果处理不当可能会发生人民不满或群起反抗，政府对于这些公共问题是否是乐见其发生等。

公共政策问题的建构可以从分析方法与实质内涵两个角度加以说明：① 四种分析方法：包括问题感知、问题搜索、问题界定与问题陈述；② 四种实质内涵：包括问题情境、后设问题、实质问题与形式问题。

结合方法和内涵，问题建构的程序包括：① 以"问题感知"体悟"问题情境"；② 以"问题搜索"认定"后设问题"；③ 以"问题界定"发现"实质问题"；④ 以"问题陈述"建立"形式问题"。在前面两个阶段中，所运用的方法着重于主观的研究法或诠释的理解法，思考问题的理性则是政治与社会理性；后面两个阶段中，所运用的方法则注重于客观的研究方法或量化的分析方法，思考问题的理性则是经济与技术理性。

B. 公共政策的规划与设计

政策规划是指政策分析的研究者采取科学的方法，寻求解决某些公共问题的备选及应选方案的动态过程。政策规划具有未来性、过程性、抉择性、哲学性及整体性，规划的原则必须兼顾实际性、实用性、具体性、可行性、适应性、连贯性、整体性、公益无私性、利益最大化性、分配普遍性、持续性、人民自主性及机动性。理性政策规划一般可分为以下九个步骤：① 决定目标；② 估计需要；③ 确定目的；④ 设计方案；⑤ 评定后果；⑥ 选定方案；⑦ 设计执行；⑧ 评估；⑨ 回馈等。

对于政策的规划必须掌握时机、周密可行、确实可做、调控适当及多元参与，可以透过直观及理论预测的方式来推求政策规划，实际运用时需考虑到政治、经济、行政、法律、技术、时间及环境等多方面的可行性，对于政策规划更必须完成法定程序，以便付诸政策执行阶段。

C. 公共政策的执行

所谓的政策执行是指政策规划经过合法化后，透过专职的机关或人员，以适当的管理方法，来采取适当的行动，使政策规划能付诸实行，以便达成目标设定及有关活动的过程。

自20世纪70年代以后，政策执行的研究成为公共政策研究的热点，此间诞生了很多政策执行的理论。一般来说，政策执行有两种模式：自上而下型和自下而上型(Sabatier,1986)①。影响政策执行成败的因素包括:政策的标准及政策执行资源的多寡、沟通方式、强化执行活动、执行者的意愿、执行机关的态度与特质以及当时的政治、经济与社会情况等。

D. 公共政策的评估

所谓的政策评估是指利用科学的方法,有系统地搜集相关数据,用来评价解决公共问题方案的规划、执行与结果的一系列活动。政策评估的目的,一般分成消极目的与积极目的,消极目的包括:① 为了延迟决定的形成;② 为了已形成的政策进行辩护与合法化讨论;③ 为了规避决策者的责任;④ 为了进行公众关系;⑤ 为了符合经费补助的附带要求;⑥ 为了掩饰不法行为如作伪证的需要。而积极目的包括:① 可以提供政策与执行政策绩效有关的可靠信息;② 有助于澄清与批判政策目标背后的价值观;③ 有助于其他政策分析方法的应用。

对于具体的不同的公共政策的评估,其具体标准和指标可能不尽相同,但从一般意义上而言,政策评估的标准包括效率性、效能性、公正性、回应性及适当性等。我们对于政策的评估必须掌握一些原则包括清晰、一致性、有效性、广博性、可靠性、合乎时代性、客观性、可操作性及功能性等。对于政策结果的处理方式大致有以下四种(William Dumn,1994)②:① 政策方案调整;② 政策方案持续;③ 政策方案终止;④ 政策方案重组等。

总之,政策评估的基本功能在于向政府及社会提供政策绩效的资讯;重新检视政策目标及政策方案,以谋求政策改进之道;同样,政策评估还可以作为形成政策问题或政策建议的基础。

2.2.4 共生理论

共生(Symbiosis)是生物科学中的一个重要的基本概念,是不同生物种类成员在不同生活周期中重要组成部分的联合。Golt(1982)指出:"共生包括各种不同程度的寄生,互利共生和共栖。"他们的这些见解,体现了生物种间关系的动态变化③。共生方法不仅在生物学多个领域得到了广泛认可,而且作为一种视野独特地描述生物间关系的方法论,共生方法在哲学、工程和社会科学多个领域获得了越来越广泛的应用,前景广阔。

---

① Paul Sabatier, Top-Down and Bottom-Up Models of Policy Implementation: A Critical and Suggested Synthesis, Journal of Public Policy, 6 (Jan. 1986): 21-48.
② [美]威廉·邓恩,公共政策分析导论,谢明等译校,北京:中国人民大学出版社,2002.
③ Golt, Symbiosis and Parastism, Another viewpoint, Bioscience, No. 32 (1982): 256.

1. 共生系统的基本概念[①][②]

一般而言,共生的三要素包括共生单元(U)、共生模式(M)和共生环境(E),其中,共生单元是构成共生体或共生关系的基本能量生产和交换单位,是形成共生体的基本物质条件。共生模式,也称为共生关系,是指共生单元之间相互作用或结合的形式,它既反映共生单元之间作用的方式、强度,也反映它们之间的物质、能量互换关系和信息交流关系。共生度是刻画共生模式重要的指标。共生度的基本含义是两个共生单元或共生系统之间质参量变化的关联度,反映两个共生单元质参量相互影响的程度。假设存在共生单元 A 和 B,它们分别有质参量 Z_A 和 Z_B,则 A 和 B 的共生度 δ_{AB} 为:

$$\delta_{AB} = \frac{\mathrm{d}Z_A/Z_A}{\mathrm{d}Z_B/Z_B} = \frac{Z_B \cdot \mathrm{d}Z_A}{Z_A \cdot \mathrm{d}Z_B} (\mathrm{d}Z_B \neq 0) \qquad (2-4)$$

δ_{AB} 表示共生单元 A 和 B 的以质参量描述的共生度,其含义是共生单元 A 的质参量 Z_A 的变化率所引起的共生单元 B 的质参量 Z_B 的变化率。

共生环境是指共生单元以外的所有影响因素的总和。环境与共生体之间的作用是相互的,环境对共生体的影响是通过物质、信息和能量的交流来实现的。根据环境对共生体影响的结果,可以分为正向环境、中性环境和反向环境。正向环境对共生体起激励和积极作用;中性环境对共生体既无积极作用,也无消极作用;反向环境对共生体起抑制和消极作用。二者的组合关系如表2-1所示:

表2-1 共生体与共生环境相互作用

环境\共生体	正 向	中 性	反 向
正 向	双向激励	环境激励	共生反抗环境激励
中 性	共生激励	激励中性	共生反抗
反 向	环境反抗共生激励	环境反抗	双向反抗

共生单元之间的物质、信息、能量的交流和联系方式的不同,共生的类型也呈现多种多样的变化。根据共生单元之间的组织程序可分为:点共生、间歇共生、连续共生和一体化共生。如表2-2所示:

[①] 袁纯清,金融共生理论与城市商业银行改革,北京:商务印书馆,2002:7-15.
[②] A. E. Douglas, Symbiotic Interactions, Oxford University Press, 1994:1-11.

表 2-2　四种共生组织模式的概念

	点共生模式	间歇共生模式	连续共生模式	一体化共生模式
概念	1. 在某一特定时刻共生单元具有一次相互作用； 2. 共生单元只有某一方面发生作用； 3. 具有不稳定性和随机性。	1. 按某种时间间隔 t 共生单元之间具有多次相互作用； 2. 共生单元只在某一方面或少数方面发生作用； 3. 共生关系有某种不稳定性和随性。	1. 在一封闭时间区内共生单元具有连续的相互作用； 2. 共生单元在多方面发生作用； 3. 共生关系比较稳定且具有必然性。	1. 共生单元在一封闭时间区内形成了具有独立性质和功能的共生体； 2. 共生单元存在全方位的相互作用； 3. 共生关系稳定且有内在必然性。

共生行为模式可分为寄生、偏利共生、非对称互惠共生、对称性互惠共生这四种。具体如表 2-3 所示：

表 2-3　四种共生行为模式的概念

	寄　生	偏利共生	非对称互惠共生	对称性互惠共生
概念	1. 共生单元在形态上存在明显差异； 2. 同类单元亲近度较高； 3. 异类单元只存在单向联系。	1. 共生单元形态方差可以较大； 2. 同类单元亲近度要求较高； 3. 异类单元存在双向关联。	1. 共生单元形态方差可以较小； 2. 同类单元亲近度存在明显差异； 3. 异类单元之间存在双向关系。	1. 共生单元形态方差接近于零； 2. 同类单元亲近度相同或相近； 3. 异类单元之间存在双向关联。

2. 共生均衡分析[①②]

共生关系的存在是需要一定的条件的，下面以共生静态均衡为例，说明共生均衡的条件和共生结构稳定的分配条件。其中，共生均衡包括共生必要条件和共生充分条件。

对于二维共生体系，共生关系的必要条件有：

① A、B 两个候选共生单元之间至少具有一组质参量兼容，即候选单元 A 的质参量 Z_{Ai} 和候选单元 B 的质参量 Z_{Bi} 可以相互表达，存在：

$$Z_{Ai} = \phi(Z_{Bi}) \text{ 或 } Z_{Bi} = \phi(Z_{Ai}) \tag{2-5}$$

---

① 袁纯清，共生理论——兼论小型经济，北京：经济科学出版社，1998.

② Surindar Paracer etc.，Symbiosis：An Introduction to Biological Associations，Oxford University Press，2000.

② A、B 两个候选共生单元至少能生成一个共生界面,而且 A、B 可以同时在共生界面自主活动。

③ 同类同代共生单元的同质度应不少于某一临界值,同类异代共生单元亲近度也不应小于某一临界值,异类共生单元之间的关联度也应不小于某一临界值。

共生的必要条件为共生的产生奠定了基础。但这些条件成立,共生并不必然发生,共生的真正实现还须具备共生的充分条件。

对二维共生体系而言,共生关系的充分条件有:

① 共生单元 A、B 之间通过共生界面能够顺利进行物质、信息或能量交流,或者说,在给定的共生界面上,共生单元 A、B 的物质、信息或能量双向交流的动力(p)大于其阻力(f)。

② 共生单元 A、B 通过共生界面的相互作用所形成的共生体系具有能量函数 $E_s = f_s(Z_A^m, Z_B^m, \theta_{AB}, \lambda, \rho_{SB}, \eta_{SA}, \eta_{SB})$,且在给定的时空条件下存在 $E_s > 0$。式中 λ 是共生界面的特征值。

共生能量函数 E_s 的存在反映了共生单元 A、B 相互作用的本质,这种作用使共生体产生了一种新的能量,这种能量来源于基于共生界面的分工与互补作用。共生界面的特征值 λ 往往反映共生界面上的交流阻力,共生界面越多、接触面越大、接触介质越好,则交流阻力越小,对应特征值 λ 越接近于 0。

③ 在封闭条件和给定的时空结构中,共生单元 A、B 具有累积的关于对方的信息量,把对对方全部信息的占有程度定义为信息丰度 D_{AB} 和 D_{BA},若存在 $D_{OAB} \geqslant D_{AB}$,$D_{AB} \geqslant D_{OBA}$(D_{OAB},D_{OBA} 分别为临界信息丰度),则共生成立。在开放条件下,若其他条件相同,但 B 存在共生密度 ρ_{SB},且存在 $D_{Ai} > D_{Aj}(i, j \in B)$,$D_{Oi} = D_{Oj}$,则 A 与 i 共生先成立。

通过对共生的均衡分析,可以得出以下四点结论:

① 潜在或候选共生单元之间要构成共生关系首先必须具有某种时间和空间上的联系。

② 共生单元之间必须存在必然的物质、信息或能量联系。

③ 在共生关系的形成中,共生伙伴的选择并不是随意的,而是表现出某种规律,共生单元都是选择有利于提高自己功能、能力,或者选择匹配性好的其他候选共生单元。

④ 共生单元之间存在一种临界规模关系。

3. 社会共生论[1][2]

社会共生论借用了生物共生论的某些概念，从共生的视角来研究现象而建立的一门社会哲学。社会共生论认为，社会共生是人的基本存在方式，任何人都生活在人与人、人与自然的共生系统中。其中，个体与社会是一种相互依存的共生关系，个体与自然是一种相互依存的共生关系，社会与自然也是一种相互依存的共生性关系。社会共生论还对此分析研究，评论优劣，加以选择分析社会共生的原因，探索社会共生的关系演化的动力机制以及如何优化共生关系。所谓社会发展，就在于优化共生关系，力求和谐共生。

社会共生论既是社会分析工具，也是人生发展理论，更是一种社会改造哲学。主体、资源、约束三大部分构成社会共生关系。社会主体可以是个人或组织，资源有经济资源、政治资源、文化资源等，资源是社会共生的基本纽带，法律、政策、道德、宗教等是社会共生关系的约束。互斥性和互补性，决定了社会主体之间在一定的约束条件下，既存在着围绕资源的斗争，也存在着围绕资源的妥协。这种斗争与妥协的互动，是社会共生关系运行和演化的机理。如图 2-1 所示：

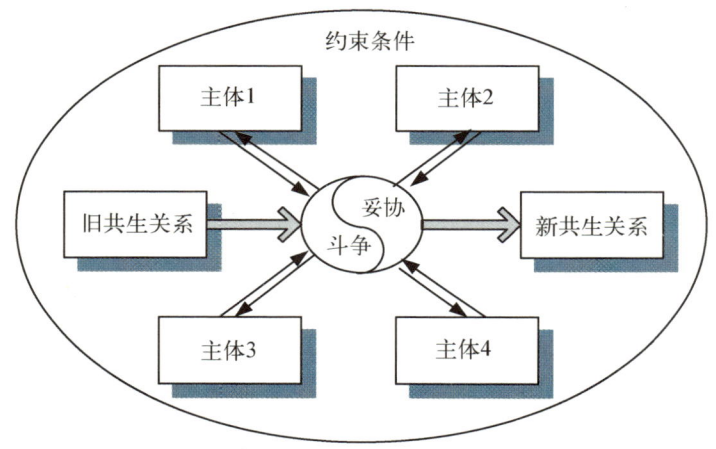

图 2-1 社会共生关系演化图

由图 2-1 可见，人与人之间、人与组织之间、组织与组织之间，永远存在着斗争和妥协的互动，社会共生关系永无终极，倡导和谐共生，主张社会共生系统

---

① 胡守钧，社会共生论，上海：复旦大学出版社，2006.07
② 吴飞驰，"万物一体"新诠——基于共生哲学的新透视，中国哲学史，2002 年第 2 期：29-34。

中各主体在合理的度内分享资源,选择最佳的共生关系,是社会和谐发展的基石。社会的发展也是共生关系的改善,改变旧秩序,改进社会政策,改革体制机制,改革法律法规等,优化共生关系。

2.3 本章小结

本章为文献综述和理论基础部分,通过对与城市拆迁相关的国内外文献进行了整理、评价,把握了本领域研究的最新动向,并在前人研究成果的基础上,找到了论文的主要研究方向。笔者认为,由于国情差别,国外的研究成果并不都适合国内,直接奉行"拿来主义"并不是最好的选择。从研究趋势看,今后对于城市拆迁的研究将更注重对公共利益的分析,将更重视深入、系统、多层次的调查研究,将更注重博弈论、计量经济学等定量分析工具的运用。另外,本章还对与论文相关的制度变迁理论、博弈理论、公共政策理论、城市更新理论、共生理论进行了介绍。

第3章
城市房屋拆迁政策的国内外经验借鉴

随着近代工业化和城市化的发展,人口不断向城市聚集,城市的规模也随之不断扩大,这在一定程度上阻碍甚至危害了城市原有功能的发挥。为了适应人们对生产和生活的需要,各国政府非常重视对城市的更新改造,其中就包括对城市功能的再调整,对不符合城市规划的建设进行拆除和搬迁,这就产生了因城市建设需要而拆除房屋这一问题。本章通过借鉴国内其他城市房屋拆迁政策,参考国外及台湾地区的城市拆迁制度和城市更新经验,为论文的对策建议部分提供经验借鉴。

本章的结构安排如下:第一节,介绍了国内北京、杭州、广州、成都这几个典型城市的拆迁政策经验;第二节,介绍了国外城市拆迁制度;第三节,介绍了国外城市更新的经验;第四节,对本章进行结论性评价。

3.1 国内部分城市拆迁政策借鉴

遵循2001年《条例》的基本原则,各个城市和地区根据自身的实际情况都出具了相应的实施细则,并经过多年的理论研究和实践探索,逐步完善了房屋拆迁管理的相关政策,规范了拆迁过程中的操作行为,贯彻了透明性、公开性、合理性的要求。

3.1.1 北京市房屋拆迁政策

北京市政府在2004年出台了《北京市政府关于做好房屋拆迁工作维护社会稳定的意见》,该《意见》的出台进一步规范了拆迁工作中的实际操作,扩大了拆迁的透明度,在具体拆迁实施中发挥了很大的作用,得到了相关各方的一致认

可,其中的一些具体操作值得借鉴。在该项《意见》中要求:

1. 拆迁公示

实行拆迁补偿安置公示制度,拆迁现场必须公示拆迁政策、拆迁许可证、拆迁范围、拆迁单位资历证书、拆迁工作人员情况、拆迁工作纪律和拆迁举报监督电话等。拆迁、评估工作人员必须持证上岗,无岗位证书的人员不得从事拆迁工作[①]。

2. 拆迁市场规范

落实拆迁招投标制度,建立拆迁行业信用系统和拆迁信息公开查询制度。坚持规范服务,文明拆迁。拆迁、评估和拆除单位都应制定文明拆迁守则,讲文明语言,不得使用威胁、恐吓、欺诈等不正当手段。要求拆迁和评估单位要在拆迁现场设立政策咨询和接待点,争取在现场和当地解决问题。

3. 强制拆迁

在强制拆迁的问题上,充分体现了谨慎性原则,在国土房管部门裁决后,被拆迁人经反复做工作仍拒绝搬迁的,裁决机关可以申请人民法院强制执行,也可以申请区县政府批准组织行政强制执行。除房屋拆迁管理部门依法裁决并由人民法院或者区县政府强制执行外,在拆迁当事人未达成拆迁补偿安置协议的情况下,任何单位和个人不得强行拆除被拆迁人的房屋。

4. 拆迁总量控制

为了贯彻国务院办公厅《关于控制城镇房屋拆迁规模严格拆迁管理的通知》的精神,北京市还曾一度暂停审批新的拆迁资质,控制拆迁公司的数量,缩小拆迁市场的规模,凡拆迁矛盾和纠纷比较集中的地区,除保证能源、交通、水利、城市重大公共设施等重点建设项目外,一律停止拆迁,集中力量解决拆迁遗留问题。

3.1.2 杭州市房屋拆迁政策

1. 补偿标准

2001年《条例》正式施行后,杭州市确立了以房地产市场评估确定拆迁房屋

---

① 李谱春,北京:拆迁政策现场公示,北京房地产,2004(8):64.

补偿安置标准的原则。合理评定被拆迁房屋的补偿价值,有利于保护被拆迁人的合法权益,同时也能有效地促进拆迁工作的顺利实施。

2. 拆迁评估

根据《杭州市城市房屋拆迁管理条例》的规定,并结合本地实际情况,制订了公开摇号、投票选择、全过程公证的办法来推荐、确定评估机构。杭州市按以上程序进行评估机构的推荐和确定,虽然增加了工作量,但由于该操作程序体现了公平、公正、公开的原则,得到了拆迁当事人双方的认可[①]。

3. 拆迁安置

在拆迁安置房的建设上坚持了"以人为本"的理念。层层建立拆迁安置工作责任制,积极推进"先建后拆,现房安置"模式。提高现房安置比例,扩大"就近"安置比例,逐步实现拆迁安置"房等人"。每年杭州市房管局都完成80%的安置任务,2001年至2007年6月底,已累计安置44 618户[②]。

4. 拆迁总量控制

由于拆迁工作涉及面广,政策性强,事关群众的切身利益和社会稳定,杭州市房管局对此的举措是严格控制拆迁规模,压缩拆迁总量。几年来,杭州市城市房屋拆迁量明显下降。2004年杭州市批准拆迁房屋面积42.06万平方米,较前一年同期下降35.08%。2005年批准拆迁面积57.2万平方米,2006年批准拆迁面积32.6万平方米[③]。

5. 公共建筑拆迁规定

为了控制房屋拆迁规模,避免盲目大拆大建的行为,杭州市政府出台了《杭州市重要公共建筑拆除规划管理办法(试行)》,对重要公共建筑的拆除做出明确规定,在国内尚属首创。重要公共建筑如果要拆除,必须经过严格论证审批并公告。未经过专家论证和社会公告程序而擅自批准拆除重要公共建筑,其批准文件无效。未取得房屋拆迁许可证或未按房屋拆迁许可证的规定擅自拆除重要公共建筑的,由房产行政主管部门依法处理。

---

① 杭州市房产管理局,杭州市拆迁评估机构推荐确定的办法及流程,中国房地产,2002(12):39.
② 住房保障"杭州模式"杭州市房产信息网:http://www.hzfc.gw.cn,2007年8月20日.
③ 景智娟,北京采取措施控制拆迁规模,北京房地产,2003(12).

6. 拆迁安置信息系统

杭州市在全国首创了城市房屋拆迁安置信息系统，以信息网络为平台，以公开、透明、高效、便民为主线，以实现拆迁安置"房等人"为目标的新型拆迁安置管理模式，对全国城市房屋拆迁管理工作的开展具有一定的示范意义，是信息化网络创新管理模式探索中的一项重要成果。该系统由"拆迁信息采集（公示）"、"安置房源冻结（安置房源公示）"、"拆迁许可审批"、"拆迁协议备案"、"被拆迁房屋产权注销及安置房办证"、"诚信档案"、"查询统计"七大功能模块组成。不仅创立了集项目信息、拆迁信息、安置信息于一体的拆迁安置信息系统，还与产权交易、住房监督、住房改革、公房管理等系统信息相关联，实现了数据共享、资源整合、综合审批、联合监督等多项管理目标。系统运行后，彻底改变传统拆迁安置模式下存在的诸如拆迁范围情况调查手段原始、数据采集不全、拆迁安置动态情况掌握难度大以及拆迁协议备案、拆迁户办理安置房产权手续繁杂等弊端。

3.1.3 广州市房屋拆迁政策

广州市政府在 2004 年出台实施了《广州市城市房屋拆迁管理办法》，这个《办法》共有 5 章 39 条，主要就城市房屋拆迁管理内容、程序和拆迁补偿方式以及拆迁人、被拆迁人在房屋拆迁补偿安置中的权利义务等进行规范，特别突出了被拆迁人的知情权和被拆迁人范围内居住人员的生活条件等内容。

1. 增加拆迁信息透明度

《广州市城市房屋拆迁管理办法》第 6 条规定："房地产行政主管部门应当将房屋拆迁公告在实施拆迁的区域内张贴，并且在公开发行的报纸上刊登。公告应该包括下列内容：拆迁的目的和依据；拆迁的地点和范围；拆迁期限；拆迁人、拆迁人委托的拆迁单位的名称；达不成拆迁补偿安置协议的法律救济途径；索取拆迁相关资料的地点；其他应该公告的事项。"

2. 保障被拆迁居民权益

《广州市城市房屋拆迁管理办法》第 14 条规定："拆迁期间，拆迁人应当保障尚未搬迁的被拆迁人、房屋承租人原有的供水、供电等基本生活条件。"并明确了政府主管部门对拆迁人履行该义务的监督责任，切实保障的被拆迁居民的权益。

3.1.4 成都市房屋拆迁政策①

1. 建立良好的运作机制

成都市按照"政府主导,市场化运作"的思路,坚持法制和人本并存,公平与效率并重的原则,以"化零为整、组合成群、成片拆迁、市场运作"的方式实施的大规模旧城改造与城市拆迁,形成了以"阳光拆迁"、"扶困救助"、"多轮驱动"为亮点的拆迁模式。具体操作流程如图3-1所示:

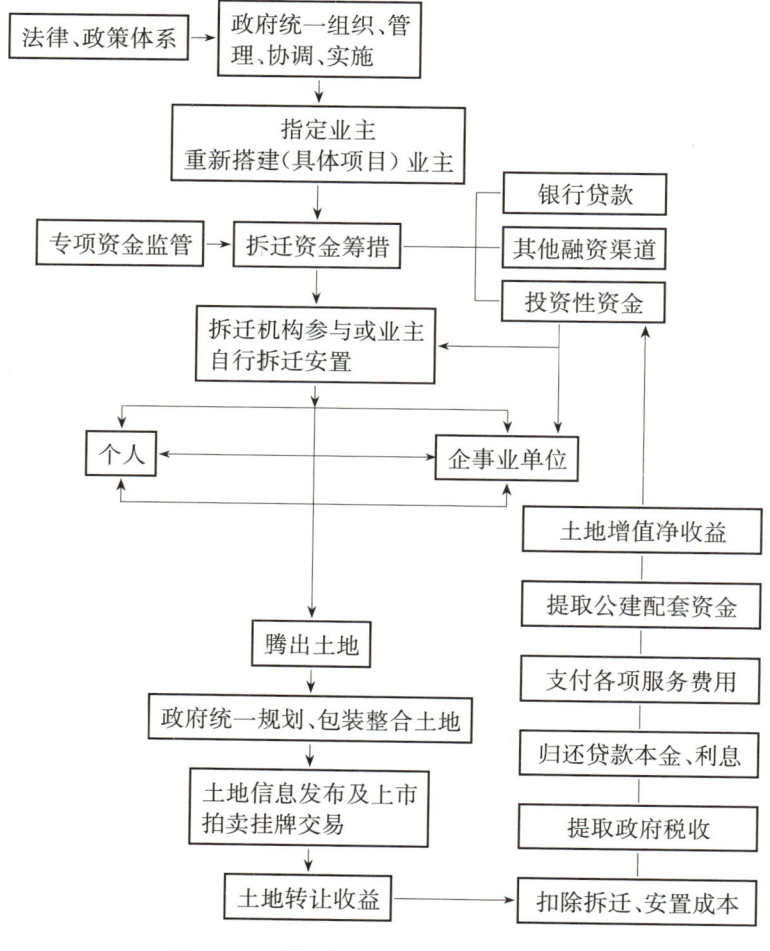

图3-1 成都市旧改与拆迁操作流程图

---

① 万勇,论上海中心城旧住区更新的调谐机制,同济大学博士学位论文,2005:44-48.

2. 坚持市场化运作优化各类资源配置

成都在旧城改造的拆迁安置资金筹集、拆迁后土地资源安排、房地产价值评估、安置房屋来源等环节中，都引入市场机制，通过各个环节和各种要素的资本化运作，最大限度地盘活存量、吸引增量。其中值得一提的是：成都创造性地提出了"总体授信，项目贷款，专户管理，封闭运行"的银行贷款模式，即把410万平方米危旧房地块打包成45个片区，以项目贷款的方式向银行融资，拆迁后土地进入一级市场拍卖，其收益优先偿还银行贷款本息。通过这种融资模式，政府指定的改造业主共获得多家银行总计120亿元的授信额度，这既解决了城市房屋拆迁的资金"瓶颈"问题，又调动了社会力量和民间资金参与旧城改造的积极性。

3. 建立扶困救助机制，解决旧改中拆迁矛盾

拆迁是旧城改造中最敏感、最复杂的"人心"工程。成都在旧城改造中坚持依法拆迁和"以人为本"相结合搞拆迁，实施了一系列维护被拆迁群众利益、扶助弱势群体的政策和举措。在危旧房屋改造中，住房困难家庭占较大比例，这部分居民如果按现行拆迁政策进行安置，虽然从房屋补偿安置价值上看实现了公平，但由于新房与旧房间的价格差异、楼房与平房间的使用面积差异等原因，使得有的被拆迁户的基本居住需要都无法得到保证，这便有违危旧房屋改造的本意。针对被拆迁困难人群，成都市以人为本，通过建立拆迁安置扶困救助备用金制度和在拆迁中引入廉租住房政策的方式，制定了一系列的"拼盘"政策对他们进行补贴和安置，以竭力维护群众尤其是贫困动迁户的切身利益。拼盘政策主要有：① 住房建筑面积在15平方米以下，他处无住房，并持有城市居民最低生活保障金领取证的拆迁户，在进行产权调换时，安置房屋为套一型的，按有关规定结算差价时，被拆迁人按应付补差额的30%向拆迁人支付（不再享受一次性付款的优惠）。实际上被减免了70%的补差额。② 拆迁私有自住房屋，被拆迁人房屋产权证记载建筑面积在15平方米以上，25平方米以下（含25平方米），他处无住房，并持有城市居民最低生活保障金领取证的，在实行产权调换时，凡安置一套住房（含一套二或一套三型住房）的，按照成都市人民政府令第88号规定结算差价时，被拆迁人按照应付补差额的50%向拆迁人支付（不再享受一次性付款的优惠）。③ 被拆迁"双困户"可申请廉租住房租金补贴。成都在拆迁安置中引入廉租住房政策，凡人均建筑面积16平方米以下，家庭年收入8 000元以下的城市居民户，均可优先申请廉租住房租金补贴，5年廉租住房租金一次性发放，首先用于冲抵购房款。④ 建立城市房屋拆迁安置扶困救助备用金。成都市规

定对符合领取城市最低生活保障金条件的低收入家庭,生活特别困难、原住房条件极差且无力全额支付购房补差款的家庭实行扶困救助。具体内容为:测算的各未开工项目中标总价之外预提的 10%—15% 的资金,由成都市危旧房屋改造指挥部办公室统筹平衡,用于各拆迁片区住房困难户的扶困救助。截至目前,已安排扶困救助备用金 1 297 万元帮助 535 户特困户顺利搬迁。⑤ 拆迁残疾人的房屋,应当本着方便生活的原则,在安置房屋楼层上给予适当照顾。支付临时安置补助费和搬家费时,对具有城市最低生活保障金领取证的残疾人,应当比规定的标准提高 20%;需对残疾人作过渡安置而其自行解决过渡房确有困难,拆迁单位应提供周转房妥善处理。⑥ 针对成都低洼棚户区自行搭建的无证房屋比例约占 80%,且绝大多数用于居住的实际情况,规定单位自建并由职工居住的宿舍、具有本城市正式户口的居民个人修建的自住无证房屋拆迁,以 1981 年 11 月 25 日市人民政府《关于坚决制止城市违章建设的通知》为时限,在此以前修建的如果建筑结构正规且被拆迁人他处无住房,经拆迁单位审查后,可参照有证房屋进行拆迁补偿;在此之后修建的,拆迁单位可酌情给予工料补偿(规划行政部门认定的违法违章建筑除外),妥善处理了房屋定性问题,化解了拆迁补偿矛盾。⑦ 引入银行按揭,解决购房一次性支付困难。拆迁户无论是选择货币补偿还是产权调换方式,都可以在购买的二手房或拆迁安置房时,通过成都市住房置业担保公司作担保抵押贷款,而且手续简便,速度快,费用低。⑧ 免除拆迁户子女转校费用,让被拆迁户无后顾之忧。为方便被拆迁户子女入学、转学,市教育局和市危旧房屋改造指挥部办公室联合出台了解决被拆迁户子女入学、转学问题的相关政策,为拆迁户子女就近上学提供了便利,同时规定城区各中小学不得以任何理由拒绝接受教育行政部门安排的拆迁户子女入学、转学,也不得向学生家长收取任何额外费用。⑨ 以房屋产权调换方式异地安置的营业性房屋,如因其安置小区入住率较低等客观条件导致被拆迁人在短期内暂时无法正常经营,拆迁人可酌情发给相应的补助费。另外,用于产权调换的住宅房屋,必须达到政府规定的修建标准和质量要求。

3.2 国外城市拆迁制度借鉴

国外的大部分国家将土地和房屋视为一个不动产,并以土地为主设计不动产关系,将房屋视为土地附着物。因此,西方市场经济国家一般只存在土地征用制度和土地流转制度，而不存在单独的房屋拆迁制度。国外关于城市拆迁的理论研究主要集中在补偿安置及拆迁对社会和环境的影响方面，这些是值得我国参考和借鉴的。下面就以美国、德国为例，分别介绍城市拆迁制度。

3.2.1　美国城市房屋拆迁制度

在美国，也存在和我国的房屋拆迁相类似的制度，叫做 Eminent Domain，一般翻译为强制征用或有偿征用[①]。美国实施城市房屋拆迁的法律依据是《重要空间法》，因公共利益的需要而依法对私人财产实施强制征收。强制征收是政府无须财产所有人同意而获取私人财产的权利。因公共利益的需要，政府可以使用其强制征收权，所有人无法阻止征收，但是可以获得财产补偿。在美国，根据联邦宪法第五条修正案，征收须具备三个要件：正当的法律程序，公平补偿，公共使用。

正当的法律程序包括：① 预先通告；② 政府方对拟征收财产进行评估；③ 向被征收方送交评估报告并提出补偿金的初次要约（被征方可以提出反要约）；④ 召开公开的听证会说明征收行为的必要性和合理性，如果被征收方对政府的征收本身提出质疑，可以提出司法申请，迫使政府放弃征收行为；⑤ 如果政府和被征收方在补偿金额上无法达成协议，通常由政府方将案件送交法院处理；⑥ 法庭要求双方分别聘请的独立资产评估师提出评估报告并在法庭当庭交换；⑦ 双方最后一次进行补偿金的平等协商，为和解争取最后的努力；⑧ 如果双方不能达成一致，将由普通公民组成的民事陪审团来确定合理的补偿价金额；⑨ 判决生效后，政府在 30 天内支付补偿价金并取得被征收的财产。

公平补偿主要体现在三个方面：① 主体的公平，即有权得到补偿的不仅包括财产的所有人，还应当包括财产相关的收益人，如房地产的承租人；② 客体的公平，即取得补偿的对象不仅包括房地产本身，还应当包括房地产的附加物，以及与该房产商有关的无形资产；③ 估价的公平，这是指法律要求补偿的价金应当以"公平的市场价值"为依据。

公共使用，是指政府征收的目的是为了公共利益，该规则排除了政府利用行政权力损害某一个体利益而使另一个体受益。区分公共使用和私人使用是由法院来判定的，在此过程中，法院会运用四个要件来区分公共使用和个人使用：第

---

① 张承银，中美城市房屋拆迁制度的比较与思考，城市房屋拆迁，2005 年第 8 期（总第 296 期）：54-57。

一,该目的影响的是与个人相对应的共同体;第二,法律左右征用后的财产使用;第三,由公共组织拥有财产所有权;第四,公共获取公共占有的利益,除了公共组织外没有人能够对该财产进行控制①。

3.2.2 德国城市房屋拆迁制度

战后德国基本法第 14 条第 3 款规定:"只有以公共福利为由才能占取财产。"而该法律须同时规定补偿之种类与范围。征收补偿之确定,应就公共利益与当事人利益为合理之衡量。关于征收补偿额度之争议,由普通法院管辖之。由此可见,德国征收需具备两个要件:① 首先决定征用或占取是否符合公共福利;② 对占取财产的补偿是否公正②。

1. 公共福利

在许可征收时必须经过一个"利益衡量"的方式,肯定了在征收后,该财产标的能予以社会、公众比原财产权人所使用的"更高"的公益价值。所谓"更高"的公益价值,并非是数量的问题,而是征收目的"质"的问题,而且这个更高价值的认定,是立法者的职责。

德国的征收公益的内容由司法机关进行审查。以其层次不同,司法审查分为宪法层次的,由宪法法院来审查决定征收公益类型的法律,有无违宪;行政层次的,由行政法院来审查,行政机关在实行征收之个案时,有无遵从征收法律的规定。在审查决定公益征收类型的征收法律时,宪法法院应该慎重考虑立法者的立法有无符合公益的急迫需求。必须将征收公益和重大、急迫公益之"一致性"获得肯定,以及对于人民财产权利之保障,已尽最大保障之能事后,该征收公益才属合宪。

2. 公正的补偿

在肯定财产的征用符合公共福利的情况下,根据德国基本法第 14 条第 3 款的规定,法院还必须确定财产受到征用的个人是否获得公正补偿。与战前的魏玛宪法相比,基本法对有关征收补偿的规定,主要有两个不同之处:① 征收之法律必须同时规定补偿的种类及额度;② 补偿之标准需公平地衡量公共及参与人

---

① 宋雅芳,试论财产征用的公共目的,河南社会科学,2005 年第 1 期:28-30.
② 张燕玲,城市房屋拆迁法律制度研究,山东大学硕士学位论文,2006.3.

的利益后决定。这种将征收和补偿条款同时规定在一个法律里通常被称为一揽子条款,联邦宪法法院在其判决中就表明,如果一部征收法律没有规定补偿规则,行政机关和法院不得补救,也不得直接依据基本法第 14 条第 3 款的规定提供补偿,该法律因违反一揽子条款而无效。

正因为征收法律必须同时规定补偿条款,才能有效存在和适用,有人形象地将补偿条款称为"唇齿条款"。"唇齿条款"主要有如下三个功能:① 具有"防卫性"功能,即保护公民权利的功能,使公民财产在被征收时,根据此规定获得补偿;② 具有普示立法者的功能,使其在制定有征收属性的侵犯公民财产权的法律时,必须认识到有国库补偿义务的存在;③ 具有权限划分的功能,可以确保议会的补偿权限和财政主权,排除行政机关特别是法院的独立补偿决定权。

3.3 国外城市更新的经验借鉴

随着人居环境观念的兴起,城市更新的理论与实践也进一步演变。20 世纪 70 年代开始,内容与形式单一的、以开发商为主导的大规模改造计划就逐渐被中、小规模、渐进式更新计划所取代。在旧城更新的目标、观念和内容更加丰富的同时,更新的形式也日趋多样化,如美国的社区发展计划、欧洲的历史街区修复等;旧城更新的方法也趋于多元化,出现了参与式规划、连续式规划、倡导性规划、渐进式规划等一些新的规划概念和类型。目前西方城市更新的理论和规划的主流趋势在于强调规划过程的连续性,注重多科学的参与,主张规划设计从单纯的物质环境改造转向社会、经济和物质环境相结合的综合人居环境改造,近几年还特别强调以人为本的城市设计,注重公众参与和社区建设,并在这方面取得了很大的成果。下面就以美国、德国和新加坡三个国家为例,借鉴它们在城市更新和住宅建设中的成功经验,同时避免不足之处。

3.3.1 美国城市更新计划

为了应对 1933 年经济危机,美国总统罗斯福推行"新政",开始转向实行凯恩斯主义的国家干预经济政策,其首要的任务就是制订公共住房计划,清除贫民窟,这导致 1937 年《住宅法案》的产生。该计划强调为"穷人"和"有色人种"服务,但对振兴城市经济来说仍存在许多局限。1949 年,在总结以前 10 余年"清除贫民窟"的经验教训的基础上,推出涉及面更加广泛的以城市复兴为目的的

《住宅法》(Housing Act,1949),这一法案被认为是美国官方城市更新计划的正式开始,为后来持续 25 年的城市更新奠定了基础。1954 年制定的新的《住宅法》被确定为清除衰败地区的城市更新(Urban Renewal)计划,城市更新作为专有名词成为城市规划的重要组成部分。但是在实际操作过程中,许多城市由于各种矛盾的激化甚至发生了城市暴动,知识分子对城市更新的批评也与日俱增。至此,美国国会被迫在 1973 年终止了城市更新计划。此前,为了调和社会矛盾,减少社会冲突,联邦政府也做出了一些努力①。

1974 年,美国开始了富有人文色彩的"住宅和社区发展计划"。该计划注重三个方面内容:① 多目标性;② 公众参与;③ 注重对历史环境的保护。这个多目标的计划代替了原来以振兴城市经济为单一目标的城市更新和以往各式各样的城市发展计划,专门投资,专项建设,注重于经济发展与城市低收入社区的重建,注重循序渐进并强调城市人文环境的保护与复兴。

1980 年,里根政府在城市社会和经济等方面的更新中采取"国营事业民营化",使企业拥有更大的自主权,城市进入企业化发展阶段。在城市企业化思想的影响下,一些城市政府希望通过社会救助使城市得以复兴。例如亚特兰大,每个贫民区都有一个像马特里奥、可口可乐和贝尔南方这样的当地大公司作为赞助者并提供一定的资金,并派一名专职高级行政人员协同当地社区领袖一起工作,这些指定的行政人员、社区领袖和公司其他志愿人士通过各种方法解决社会问题。这种机制的成功之处在于人权思想的深入渗透,不像以前那样进行拆建,而是为进行社会救助对建筑环境进行更新、改造与整修,前者更注重经济效应和环境效应,后者更注重社会效应;前者从物到物,后者从人、社会、文化到物质;前者侧重从经济上的投入,后者注重从社会上的投入,注重从社会调和的角度开展工作。在 20 世纪 80 和 90 年代,往昔政府大兴建公共住房已成为历史,公共住房数量日益减少,90 年代,公共住房政策逐渐转向老人和残疾人优先的政策。今天的美国,住房问题已经逐渐脱离了政府负担。

美国城市更新经历了从市场完全控制到政府介入再到城市企业化的反复过程,更新目标也从单一的经济复兴,逐渐发展到多重目标的复合。近年来,在满足商业社会获取最大财富的同时,以维护社会公平而不是利润为己任的政府再一次介入旧住区更新中来,社会救助、关注弱势群体重新成为新的热点。

---

① 万勇,论上海中心城旧住区更新的调谐机制,同济大学博士学位论文,2005.

3.3.2 德国城市综合更新

德国的埃姆歇地区是最重要的城市带鲁尔地区的一部分,面积为803平方公里,有17个城市,居住人口超过200万,它作为德国重工业的核心地区,成为二战后德国经济启动的发动机。之后,随着埃姆歇地区矿山工业趋萎缩,它逐渐沦为德国失业率最高,社会问题最多的地区,原先以矿区建立起来的居民点也渐渐失去了活力,1999年德国政府通过举办埃姆歇园国际建筑展来解决旧工业区更新的艰巨课题。根据该地区存在的问题和发展的潜力,埃姆歇园国际建筑展提出了以下的改造提案:景观重建,在杜伊斯堡和贝卡门之间建立一个贯通的公园;改建莱茵河,重建排水系统,形成集居住、就业和休闲功能为一体的滨水区;保护和重新利用工业发展的历史遗迹;清理工业废弃地,以建设拥有高质量的建筑和生态环境的经济开发区;提供全新的生活和居住空间,创造自我就业机会,实行自我救助[1]。

德国政府希望利用国际建筑展的轰动效应和向部分工程提供项目资助,来吸引大量的外来资金参与埃姆歇地区的综合更新,但目前实施的效果并不令人乐观。一些专家指出,即使耗费巨资建成这些大型工程,也可能只是产生海市蜃楼式的虚幻效应,不会使这里人们的生活有很大的改观。究其原因是因为没有考虑到当地居民的生活环境,没有遵循德国城市建设中公众参与制度。该项制度发源于德国宪法有关公民财产的规定,公众参与城市规划的根本目的一方面是为了确保公民的合法权利,另一方面则是要在最大的限度上增强城市规划方案的科学性、合理性和可操作性。公众参与城市更新,则是旨在保证公民的合法财产不受损失的前提下,通过城镇的再开发消除城镇的原有缺陷。德国城市建设中的公众参与具有牢固的法律基础、广泛的社会基础和有效的制度保障,因此得到了切实有效的贯彻执行,对于城市的良性发展起到了不可替代的重要推动作用,其不仅仅促进了城市物质文明的建设,也深深渗透到城市社会的精神之中。不过,也应该注意到的是,公众参与的确是一个繁杂的过程,无可避免地延长了城市建设的周期。尽管如此,事实仍然表明,付出这样的代价完全是合理的,在科学完善的方法指导下,德国的城市规划与城市建设切实兼顾了社会效率与社会公平,奠定了城市社会长治久安的基础。由此可以看出,城市的更新或再开发不能忽视居民的生活与住房问题,尤其是在旧城改造的过程中要以改善居

---

[1] 吴维佳,对旧工业地区进行社会、生态和经济更新的策略,国外城市规划,1999(3):18-23.

民的住房条件为宗旨,切实考虑到居民的困难,加强群众的参与性,帮助其解决居住问题才是成功进行城市更新的关键①。

3.3.3 新加坡公共住宅计划

新加坡的国土面积只有 685 平方公里,却要提供近 400 万人生产、生活和休闲的空间。新加坡建国初期,城市基础设施严重滞后,住房十分短缺,1959 年仍有 25 万人生活在棚户区,大量的市民只能交付低微的房租,居住在环境恶劣的贫民窟里。由于租金控制法令禁止房东提高租金,房东也不愿维修和改善其房产,只能等待建筑物的自然衰败。新加坡政府给予这样的哲学理念:如果一个人在一个国家拥有一套房产,他势必会保卫这个国家。于是新加坡政府在 1964 年开始实施"居者有其屋"的公共住宅计划,兴建政府组屋,一改污秽、拥挤和不卫生的居住环境,取而代之的是清洁、高雅的主楼居住环境。建屋发展局的成就是将有限的土地资源充分、合理地利用起来,通过土地征用法令,重画新加坡地图,完善规划、丰富规划,将住屋、商店与工厂适当分布在新镇内。以原始未开发的土地价格强行征用私有土地,用于纯政府投资的市政设施和组屋建设,重新安置贫民窟的居民搬迁到政府的组屋区。组屋的售价较低,这是因为政府实行了适当的津贴,此外,建屋发展局在降低建筑成本方面做了不少工作,如:改善承包商工地管理,鼓励更高的机械化程序,确保有足够的基本建筑材料和劳力资源,以及在建设局的指导下推广建设设计等②。

新加坡将解决住房的问题分为两个阶段,第一阶段主要解决新加坡居住困难,设施落后的矛盾;第二阶段在前者基础上提升人们的居住空间和环境。第二阶段的发展需求必须在首先解决了第一阶段自下而上需求的前提下,再给予考虑,政府首先关注的是第一阶段需求的人们,予以政策倾斜和资金扶持。这种稳健的居住发展计划是社会稳定、经济发展的坚实基础。而且在实施过程中,比较强调家庭意识和对年老一辈的照顾。三代同堂可以优先分配购买组屋,有意和父母或子女们就近居住者,政府也拨了款项资助他们购买组屋,这种尽量保存和推广传统的东方价值观念往往会被现代管理者忽略。新加坡政府通过近 20 年的不懈努力,不仅使全国 84% 的人口居住到政府新建的组屋中,也实现了城市的更新与改造,使新加坡成为一座环境优美的花园城市,其成功经验得到了世界

---

① 殷成志,德国城市建设中的公众参与,城市问题,2005(4):91.
② 卢邑,2005,城市拆迁运作机制研究,重庆大学博士学位论文,2005:28.

各国的赞许,在 1991 年获得了联合国颁发的世界居住环境奖。此外,在新加坡市政基础设施建设迈向城市现代化发展的历程中,有很多经验值得借鉴,尤其是新加坡的城市发展思路和具体管理方式,可与我国国情相结合,运用于上海市的规划、建设实践之中①。

3.4　本章小结

　　本章是实体章(Body Chapter),为比较研究部分。本章通过借鉴国内其他城市房屋拆迁政策,参考国外的城市拆迁制度和城市更新经验,为论文的对策建议部分提供经验借鉴。总的来说,本章得到如下结论:首先,从国内经验来看,一方面,城市拆迁应遵循谨慎性原则,需要对全市的拆迁总量进行控制,应该做到"量力而行、尽力而为",切忌好大喜功;另一方面,城市拆迁应建立良好的运作机制,保障拆迁工作的公开、公正和公平,并且充分保障被拆迁居民的利益。其次,从国外及台湾地区城市拆迁经验来看,因公共利益的需要,政府可以使用其强制征收权,所有人无法阻止此征收,但是可以获得财产补偿。同时,征收须具备三个要件:正当的法律程序,公平补偿,公共使用。最后,从国外城市更新的经验来看,一方面,城市更新是依据城市发展的内在规律,有计划、有目的地调整城市用地结构和用地方式,以适应城市社会、经济和文化发展的需求。对一个城市进行更新是首先要判断更新对象时间、空间问题以及更新"度"的问题②,还要避免更新过程中容易出现的盲目性、随意性和急功近利或低效益的现象;另一方面,以维护社会公平而不是利润为己任的政府应该介入旧城改造中来,并且社会救助、关注弱势群体重新成为公共政策关注的热点。

---

① 张涛,新加坡城市规划建设管理思考,中国建设信息,2003(9):34.
② 张其邦,马武定,时间—空间—度:城市更新的基本问题研究,城市发展研究,2006(4):46.

第4章
上海城市房屋拆迁政策的演变

制度变迁是一个错综复杂的过程,是实施制度的各个组织(包括自我实施)在相对价格或偏好变化的情况下,为谋取自身的利益最大化而重新谈判,达成更高层次的契约,改变旧的规则,最终建立新的规则的全部过程。本章从整体上对上海城市拆迁的运作机制进行了系统的研究,梳理历年来拆迁政策的发生背景、阶段性特点、演变过程和操作办法,尤其对拆迁补偿与安置制度进行了深入研究。本章的结构如下:第一节,对1991年前施行的计划经济模式下的城市拆迁政策进行分析与评价;第二节,对1991—2000年施行的经济体制转轨时期的城市拆迁政策进行分析与评价;第三节,对2001—2007年施行的市场经济体制下的城市房屋拆迁政策进行分析与评价;第四节,对2007年施行的《物权法》框架下国有土地征收后的城市房屋拆迁政策进行分析与评价;第五节,对上海城市拆迁政策的演变作结论性评价。

4.1 1991年前计划经济模式下的城市拆迁政策

4.1.1 政策背景和形成原因分析

1. 宏观环境背景分析

自新中国成立后至20世纪90年代初,计划经济在国家的经济体制中占据着主导地位。这一时期,我国的住房实行福利性低租金制度,而住房的建设以国家投资为主,土地实行无偿无限期划拨使用。当时,全国并没有专为拆迁工作制定的法律法规,而拆迁行为的发生往往是由于土地征用引起的,所以此时对于房屋拆迁补偿的规定都是涵盖在土地征用的规定当中。期间,1953年11月国家政务院颁布的《国家建设征用土地办法》是我国第一个涉及房屋拆迁的法规。其中规定:"因国家建设的需要,在城市市区征用土地时,地上的房屋及其附着物等,应按公平合理的代价予以补偿。"所谓"按公平合理的代价给予补偿"是指"在保证原来住户有房屋居住的原则下,给房屋所有人相当的房屋,或者按照公平原则发给补偿费。"这一时期,没有对城市房屋拆迁的补偿依据做出具体规定,只是笼统地按所谓"公平合理"的代价予以补偿[①]。

1987年党的十三大提出"国家调节市场,市场引导企业"的改革模式,突出了市场机制的重要作用。1988年修改的《中华人民共和国宪法》中明确规定:"城市的土地属于国家所有,土地使用权可以依照法律规定转让"。城镇土地使用权可以依法转让,使我国一贯实行的土地无偿划拨制度得到了彻底改变。这一阶段,土地有偿使用政策、房屋商品化、住房制度改革和房地产综合开发已经发展成为整个房地产业的四大支柱,房屋拆迁也开始进入从计划经济模式向市场经济模式的过渡时期。

2. 上海市政策形成原因分析

A. 1982年《上海市拆迁房屋管理办法》(以下简称1982年《办法》)出台的原因

建国后到70年代末,上海旧城改造的速度非常缓慢。到1980年,上海的人均住房面积仅仅为4.4平方米。有数千万平方米的住房质量低劣,基础设施落后,卫生环境极差。因此,80年代初期,改善旧城居住质量和环境成为上海市政府工作重心之一。为了配合旧城改建工作的进行,1980年10月20日《上海市拆迁房屋管理办法(试行)》应运而生,并于1982年正式出台《上海市拆迁房屋管理办法》,这是建国后第一部较为系统的拆迁法规。

1982年《办法》实行以原地实物安置为主导的安置方式的原因主要有以下两点:

(1) 80年代初上海公房占住房总数的大部分,如果不用实物安置而采用货币补偿,按照1982年《办法》,大部分的补偿款将由公房所有者获得,而对于没有房屋产权的公房承租人来说,只能拿到补偿款的微小部分。即使公房承租人得到足够多的补偿款,在住房市场尚未发展起来的年代,也未必能买到合适的住房。这无异于剥夺了公房承租人栖身的住所,因此用实物安置并维持

---

① 孔羽等,以人为本进一步完善我国城市房屋拆迁补偿政策,中国房地产,2007年第2期.

原来的租赁关系是最好的办法,政府与被拆迁人也更愿意采用实物补偿的形式。可以说,这种单一的实物补偿形式,是当时政策制定者考虑现实因素后的最佳选择。

(2) 在当时计划经济的背景下,土地使用尚未引入市场机制,区位对于土地经济价值的影响非常小。因此在1982年《办法》中,原地安置和异地安置的补偿标准的差别非常小(仅相差人均1平方米)。正因为不存在级差地租,政策不需鼓励异地安置,而是选择更容易操作的原地安置。

B. 1987年《上海市拆迁房屋管理办法》(以下简称1987年《办法》)对1982年《办法》修订的原因

1987年《办法》对1982年《办法》进行的最重要的修订在于提出了"产权交换"的概念,这与当时土地政策的演变是分不开的。

1982年《宪法》确立了土地所有权的"二元结构",即"国有土地所有权"和"集体土地所有权",明确了城市的土地属于国家所有。同时在房地产领域,不久又相继出台了诸如《城市私有房屋管理条例》、《城市规划条例》等法规。它们都同时强调一个原则,就是城市土地归国家所有,房屋归私房所有者所有。1986年6月25日,全国人大颁布了《中华人民共和国土地管理法》,该法承认房屋所有权,而所占用的土地仅享有使用权利。

C. 1988年《上海市拆迁房屋管理若干问题的规定》(以下简称1988年《规定》)出台的原因

1988年《规定》有两个重要特点:一是对以前补偿政策的细化;二是安置住房出现商品化的倾向。

1988年《规定》对以前补偿政策的细化,是为了配合始于80年代上半期的旧城改造。当时,上海的旧城改造进展较慢,处于酝酿和计划的时期。1982年8月,上海市人民政府做出加快住宅建设的决定,提出要有步骤地成片改建棚户简屋和危房。1984年上海市根据棚户简屋改建与人口疏解、市政公用设施改造相结合,配套建设公共建筑,提高居住生活质量的原则,编制了1984—1990年住宅改建基地规划,制定了天目路恒丰路、漕溪北路等23片重点基地的综合改建规划,同时各区人民政府对所属的棚户简屋区域也编制了改建规划。1984年10月,市建委印发《关于住宅建设参加市区改建若干问题暂行规定的通知》,指出:"市区7年改建基地布局规划,10个区23片(地段)建筑规模为1100万平方米,其中以肇嘉浜路漕溪北路、天目路恒丰路、四平路3个片(地段)为改建重点。"

1988年《规定》中,安置住房出现商品化的倾向,补偿政策趋于市场化,这和上海住房商品化的发展路线是分不开的。1984年5月,市政府批转市建委《上海市出售商品住宅管理办法》。1986年9月,市政府办公厅下达同意建设银行上海分行、市财政局、市建委"关于成立上海市商品住宅基金会"的通知。同年12月上海市商品住宅基金会正式成立。1988年3月,市政府发布《上海市外商投资房产企业商品住宅出售管理办法》。这也反映了市政府的宏观政策对住房拆迁补偿政策的影响。

4.1.2 政策内容

1982年《办法》中补偿安置的方法主要是:

① 补偿主要采用较为单一的实物补偿形式,有少量的作价补偿,但是两者不结合使用。

② 对于安置房和被拆迁房质量差不多的情况,补偿标准一般是1∶1。如果安置到郊区地段,面积增加1平方米/人。对于被拆迁住房是棚户简屋和旧里的情况,考虑到住房质量和设施水平的提高,补偿标准就低很多,安置房面积与原面积比例一般小于1,补偿标准设定上限为12平方米/人。

③ 用新建住房安置原来居住在老宅基地内自有自用砖木结构房屋的被拆迁户,因新建住房辅助面积增加,设备条件改善,分配居住面积应当有所调整,其标准定为:被拆迁户原居住面积每人平均超过13平方米、不到20平方米的,分配新建住房的居住面积每人平均不超过9平方米;原居住面积每人平均超过20平方米的,分配新建住房的居住面积每人平均不得超过12平方米。

④ 在拆迁公有住房的安置过程中,一般维持原租赁关系,针对承租者不考虑作价补偿。

⑤ 拆除私有房屋,也可参照市房地局规定的标准进行估价,由拆迁单位补偿给房主。拆除房地产管理部门管理的公有房屋,应当按照市房地局规定的标准进行估价,补偿给房地产管理部门,或者新建房屋进行安置。

⑥ 被拆迁房屋的补偿是按照市房地局规定的标准来计算的。

1987年《办法》对1982年《办法》进行了少量的修订,最为显著的是强调对私有住房的补偿办法,第一次提出"等价交换"与"产权交换"的概念,指出不仅可以用产权房安置加上差价结算的办法,还可以用单纯的货币来安置,指出货币安置就是原有产权出售。

1988年《规定》与1987年《办法》的区别在于：

① 对于私有房的拆迁，不仅可以用产权交换形式用产权房安置，还可以选择用公房安置和货币补偿。放弃产权房以及公房安置等实物安置办法而采用货币补偿的，能得到补偿金额以外的20%的奖励。

② 互换房屋在同面积范围内，新建房屋价格按房屋基价结算，其他房屋按《估价标准》结算。购买超出原面积部分的价格，按《估价标准》或新建房屋基价，增加50%结算。

综上分析，1980—1990年上海市拆迁补偿政策如表4-1所示[①]：

表4-1 1980—1990年上海市补偿政策简表

政策发展阶段	拆迁一般质量住房时的实物补偿	拆迁棚户简屋和旧里住房时的实物补偿（平方米/人）		被拆迁房屋类型与补偿方式及标准
1980—1990年：实物安置补偿阶段	原地或就近实物补偿：安置面积：原面积＝1∶1	原地或就近安置		**拆迁公有住房**：只能用公有住房来安置，安置面积标准按照左边两栏所述。公房租赁的关系继续维持。 **拆迁私有住房**： ① 产权交换。安置面积标准按照左边两栏所述。 ② 用公有住房安置加上货币补偿。安置面积标准同上，建立租赁关系，货币补偿额：估价标准单价×被拆住房面积。 ③ 货币补偿。补偿金额为：估价标准单价×被拆住房面积×120%。
		原有面积	补偿面积	
		＜4	维持原面积	
		4—7	4—5	
		7—10	5—6	
		10—13	6—7	
	市区边缘地段实物补偿：在上述补偿标准基础上酌情增加，不超过1平方米/人。	市区边缘地段实物补偿：在上述补偿标准基础上增加1平方米/人。安置面积上限为12平方米/人。		

4.1.3 政策分析

1. 执行效果

这一阶段的动拆迁工作虽然没有国家层面专门法律文件的规范与指导，但是取得了较好的成效，房屋拆迁基本上都可以比较顺利地完成。拆迁既改善了城市面貌，又提高了居民的居住水平，达到了一举两得的良好效果。究其原因，主要有以下几点：

---

① 郭挺，上海旧城改造中住房拆迁补偿政策的变迁及影响因素分析，同济大学硕士论文，2007.3.

第4章 上海城市房屋拆迁政策的演变

A. 顺应民意,得道多助

这一阶段的动迁主要是针对历史遗留下来的大量危棚简屋,这些房屋原本建设标准就低,加之日久失修,不但此间居民生活环境十分恶劣,小区内拥挤不堪、污水横流、蚊蝇孳生,甚至存在众多安全隐患。对这类房屋进行拆迁,一方面有利于改善市容市貌,提升城市整体形象;而另一方面,更为重要的是由于这类地区确实是最需要动迁的区域,拆迁行为是想百姓之所想、解百姓之所急、消百姓之所患,顺应民意,得到了广大居民的拥护与支持。

B. 原地安置,多方共赢

在当时计划经济的背景下,土地使用尚未引入市场机制,区位对于土地经济价值的影响非常小。正因为不存在级差地租,政策不需鼓励异地安置,而是选择更容易操作的原地安置。改造之后被拆迁户依然搬回原地,由所在单位进行职工分房。被拆迁户既不用离开原有的生活环境,也不用改变原有的生活方式,又获得了住房条件的改善。

C. 调富济贫,公平优先

这时候的补偿是以居住面积为单位,辅助面积赠送,每个人保证4平方米,大于4平方米,逢三进一,大约可达到人均4~7平方米,基本上是3套旧房子换一套新房子且最大不得超过人均12平方米。因此,并不是居住面积越大,得到的补偿越多。对于那些原面积比较大的房屋,其可以得到的安置面积实际是有限的,从一定意义上达到了调节贫富差距的效果。

2. 存在的不足

从当时具体的社会环境来看,这一阶段的拆迁政策,总体而言是比较成功的。在特定的历史时期,它发挥了其应有的作用并取得了很大的成绩,但从今天看来,当时的政策带着浓厚的计划经济色彩,以公平为主,拆迁安置后的人均住房面积相差很少,实物补偿的面积标准比较低。1982年《办法》的补偿标准制定的理由是,"相对于被拆住房,新建房屋辅助面积增加,设备条件改善"。在20世纪80年代,上海市人均住房面积为4~6平方米,被拆迁人尚能接受这种低标准的补偿方式,但是到了90年代,上海人均住房面积已达10平方米,维持这种低标准的补偿,让被拆迁人产生了遭受不公正待遇的感觉。同时,80年代的土地级差地租几乎不存在,而90年代土地级差地租已开始出现并日趋显著,被拆迁地区往往地价很高,继续维持原来低标准的补偿,缺乏对房屋价值的公平体现。

4.2　1991—2000年经济体制转轨时期的城市拆迁政策

4.2.1　政策背景和形成原因分析

1. 宏观环境背景分析

当时,房地产市场发生了深刻变化,市场模式逐渐成为主流,动拆迁过程涉及的政策、制度越来越受到市场价值观念的冲击,迫切需要国家层面的规范法律来引导。因此,1991年3月国务院出台了《城市房屋拆迁管理条例》(以下简称1991年《条例》)。这部行政法规对城市房屋拆迁的管理体制、审批权限和程序、补偿安置原则、法律责任等做出规定,使城市房屋拆迁有了政策依据。

2. 上海市政策形成原因分析

90年代的上海,正在继续推动80年代开始的旧城改造运动。90年代初期,上海市区还有1 500多万平方米二级旧式里弄以下旧住房,其中成片危、简房约365万平方米,"365危棚简屋"的概念也由此而来。1992年底召开的中共上海市第六次党代会确立了到20世纪末上海的居住目标,其中包括完成"365万平方米成片危棚简屋"改造(下文简称"365工程")。适逢此时,上海开始尝试有偿出让国有土地使用权,同时在旧区改造中引进社会资本。这些资金一方面用于危棚简屋的改造,另一方面用于市政基础设施建设。在基础设施得到改善的同时,居民居住水平也得到了根本改变,当时所谓的"百万居民大动迁"即反映了这一情形。在这种情况下,上海城市建设迅猛发展,国内外大批开发商涌进上海,旧区改造规模空前。

为了配合上海的城市建设,以1991年《条例》为指导原则,根据上海市经济、社会的具体情况,制定了《上海市城市房屋拆迁管理实施细则》(以下简称1991年《实施细则》),同时在实施中不断地对拆迁法规做进一步的补充和完善。

A. 1991—1997年实物安置为主结合作价补偿政策形成的原因分析

(1) 对旧政策经验的继承。1988年《规定》施行的效果较好,1991年《实施细则》很大程度上继承了其拆迁补偿政策。

(2) 对新政策创新的吸收。1991年《条例》第20条规定:"拆迁补偿可实行产权调换、作价补偿,或者产权调换和作价补偿相结合的形式。产权调换的面积按照所拆房屋的建筑面积计算。作价补偿的金额按照所拆房屋建筑面积的重置价格结合成新结算。"

上海1991年《实施细则》中的住房拆迁补偿方式与国务院1991年《条例》一致,说明国务院《条例》中关于住房拆迁补偿方式的核心内容,很大程度上催生了上海《实施细则》中的拆迁补偿方式。

B. 1998—2000年异地实物安置补偿政策形成的原因分析

(1) 缓解前一阶段政策实施所引发的矛盾

从1991—1997年上海旧城改造住房拆迁政策实施效果来看,产生了很多的矛盾,特别是危棚简屋或旧式里弄这一类房屋的拆迁补偿。按照1991年《实施细则》的补偿标准,拆迁危棚简屋进行实物补偿的面积标准太低。补偿面积与原面积的比例小于1,且原面积越大,这个比例越小甚至接近1/2,而且补偿面积还设置了人均12平方米的上限。

随着经济的发展,一方面,上海市普通居民的人均住房面积已经有了较大的改善和提高,因此,这种低标准的补偿引起了越来越多被拆迁户的不满;另一方面,不同地段土地的级差地租日渐显现,被拆迁地区往往地价很高,而被拆迁人的补偿仍然维持原来的低标准,政府通过出售土地所获收益与被拆迁人的补偿金额落差过大,很多拆迁纠纷因此产生了。

(2) 在20世纪末完成"365工程"

90年代初制定的旧城改造"365工程",到了1997年尚未完成,这时上海住房拆除量已达到顶峰,却又遭遇了亚洲金融危机。这对上海经济发展产生了较大冲击,不少外资房地产公司资金周转发生困难,其实施改造的地块也陷入了困境。与此同时,上海的商品住宅市场售价也从1994年、1995年的峰顶走到了历史的低谷,许多房地产企业资金被套。这些不利因素对"365工程"地块改造无疑是当头重击。资金的突然紧缩,使旧城改造的进程立刻减缓下来。上海市为了在20世纪末顺利完成这项旧城改造计划,出台补偿标准相对较高的《上海市危棚简屋改造地块居住房屋拆迁补偿安置试行办法》(以下简称1998年《试行办法》),期望促进旧城改造的进展。

(3) 消化空置商品住宅

由于1992—1997年经济投资的过热,商品房空置率增长过快,房地产由供不应求转变为供过于求。1995—1997年这三年中,每年上市供应的内销商品房分别为1 019.99万平方米、1 330.35万平方米和1 737.52万平方米,平均每年新增300万~400万平方米。上市的外销商品房从1992年的22.2万平方米增至1997年的161.5万平方米,增长了7.27倍,外销商品房中综合办公楼占主体,比例超过50%。由于商品房供给量急剧上升,加上房价高,市场在短期内难以消化,造成空置严重。1995年上海商品房空置量达到413.39万平方米,比1994年的175.33万平方米增加了1.4倍,1996年上升到629.9万平方米,1997年底,达到969万平方米,1999年空置商品房面积达到最高峰1 297.41万平方米,供大于求的矛盾相当突出。因此在商品房房价走低、商品房大量空置积压的情况下,1998年上海大幅度提高危棚简屋拆迁采用异地实物安置时的补偿标准,达到调控房地产市场的目的。

选择货币安置时的货币化安置款=四级地段空置商品住宅的平均售价×在四级地段安置应得的房屋建筑面积×80%,但是选择实物安置,就能在四级地段得到足额的安置面积。由于前后两种补偿标准明显是80∶100,相当大比例的被拆迁户都会选择后者。事实证明,鼓励异地实物安置的政策是非常有效的,1998—2000年间,旧城改造安置居民所消化的空置商品房达数百万平方米。

4.2.2　政策内容

1. 1991—1997年实物安置为主结合作价补偿阶段

1991年《实施细则》核心内容如下:

(1) 第28条第一次明确指出,拆迁补偿可实行产权调换、作价补偿,或者产权调换和作价补偿相结合的形式。产权调换面积按照所拆房屋的建筑面积计算。

(2) 第44条明确指出,计算安置面积标准时,以家庭上海市常住户口为计算标准。以户口计算安置标准的办法一直沿用,直到2001年《上海市房屋拆迁管理实施细则》(以下简称2001年《实施细则》)放弃使用这种办法。

(3) 对于公有住房的被拆迁人,在补偿方式上没有太多的选择,安置房补偿给公房所有者,公房所有者与原使用者的租赁关系继续。

(4) 对于拆迁住房与安置住房质量差不多的情况下,不管是拆迁私房还是公房,补偿的面积标准一般是1∶1。如果安置到郊区地段,面积增加2平方米/人。而对于被拆迁住房是棚户简屋和旧里的情况,因新建房屋辅助面积增加，设备条件改善，补偿标准就低很多，安置面积与原面积比例远小于1。如果安置到郊区地段，面积增加1平方米/人，补偿标准设置上限为12平方米/人。

（5）拆除私房采用产权交换的，参照被拆除房屋建筑面积，用新建房屋或其他住房互换产权，然后按照互换房屋面积、质量的差异结算差额价款。互换的新房在人均建筑面积24平方米以内、不超过原建筑面积的，按新房成本的三分之一出售；人均建筑面积24平方米以上、不超过原建筑面积的，24平方米以上的部分按新房的成本价出售。

（6）1991年《实施细则》被拆迁私房所有者的补偿政策继承了1988年《规定》，既可以产权调换用其他住房来安置，同时还可以放弃产权选择用公房安置，也可以放弃实物安置，用货币来补偿。选择货币补偿能获得额外的奖励，额度从原来的20%提高到50%。

（7）在80年代的拆迁办法中，被拆住房是按照市房地局规定的标准进行估价的，1991年《实施细则》中被拆房屋的估价标准是由市建委会同市物价局等部门按重置价格结合成新的原则制定的。

1993年，对1991年《实施细则》作了少量调整。第37条中，被拆迁私房所有者选择产权调换，新房人均建筑面积超过24平方米时，超出的部分"按新房的成本价出售"改为"按新房的市场价出售"。第39条中"被拆迁私房所有人不保留产权，要求用公房安置的，按估价标准给予补偿……"，修订为"被拆迁私房所有人不保留产权，要求用公房安置的，按估价标准的60%给予补偿……"从中可以看出，政策规定降低拆迁私房用公房安置时的补偿标准，这和上海市公房出售的宏观政策相一致。同时政策对放弃实物安置选用货币补偿的被拆迁人进行奖励，并一再增加奖励额度，表明政策鼓励货币补偿的意图。

1997年又对《实施细则》进行了少量的调整，在具体补偿政策方面几乎没有做出改变。

2. 1998—2000年异地实物安置补偿阶段

1998—2000年，上海实行异地实物安置为主、货币补偿为辅的补偿方式。1998年1月1日起，上海又开始施行针对危棚简屋改造地块的1998年《试行办法》。该办法是在1991年《实施细则》并未废止的情况下，增加的一个政策文件。

其核心内容如下：

（1）采用较高标准的"双轨制"。所谓"双轨制"就是指在实际操作中实物安置与货币补偿新旧两种标准共同执行。

（2）相对于1991年《实施细则》，拆迁公有住房时，增加了货币补偿的方式，补偿款用应安置的公有住房面积来计算。

（3）拆迁私房互换产权的，应当按照互换房屋面积、质量的差异结算差额价格。拆迁人以新建房屋与被拆迁私有居住房屋所有人互换房屋产权的，互换的新房价格应当按照成本价计算。但超过应安置建筑面积的部分，按照市场价计算。

（4）拆迁危棚简屋选择回迁安置或本地安置，安置住房面积与被拆迁面积为1∶1，最少不小于10平方米/人，最多不超过24平方米/人，这个补偿标准相对于1991年《实施细则》中小于1∶1且最多不超过12平方米/人的标准，有了大幅度的提高。

（5）拆迁危棚简屋选择异地安置时，面积标准显著增加，面积增加20%～80%不等。这个补偿标准相对于1991年《实施细则》中迁往郊区地段补偿面积最多增加2平方米/人的标准，提高了很多，并且将居民安置在不同地段时，安置房比原住房增加的面积百分率也不同。

（6）在1991年《实施细则》的基础上，改变了货币安置的计算方法。原方法中货币补偿额是用被拆住房的面积与估价标准来计算，而1998年《试行办法》中货币补偿额是用应安置的住房面积与市场价格来计算。

（7）规范了货币化安置的程序，对货币安置提出了一系列的管理规范。如第8条"互换房屋产权的价格"、第9条"货币化安置款的计算"、第11条"货币化安置协议的签订"、第13条"货币化安置款使用的限制"、第14条"购房款的支付"、第15条"购房差额款的处理"。

（8）住房价格标准的变化。四级地段空置商品住宅的平均售价，由市建委会同市物价局核定。新房成本价，由市建委和市物价局参照本市公有住宅出售的成本价制定。

综上，1991—1997年上海市拆迁补偿政策如表4-2所示，1998—2000年上海市拆迁补偿政策如表4-3所示[1]：

---

[1] 郭挺，上海旧城改造中住房拆迁补偿政策的变迁及影响因素分析，同济大学硕士论文，2007.3.

第4章 上海城市房屋拆迁政策的演变

表4-2 1991—1997年上海市补偿政策简表

政策发展阶段	拆迁一般质量住房时的实物补偿	拆迁棚户简屋和旧里住房时的实物补偿(平方米/人)			被拆迁房屋类型与补偿方式及标准
		原地或就地安置			
		原有面积	补偿面积		
1991—1997年：实物安置为主结合作价补偿阶段	原地或就近实物补偿：安置面积：原面积=1:1。互换的新房面积人均超过24平方米的，超过的部分按新房的成本价出售(1993年调整为市场价)。	<4	维持原面积		**拆迁公有住房**：只能用公有住房来安置，安置面积标准按照前面所述。公房租赁的关系继续维持。 **拆迁私有住房**：可用以下三种方式来补偿： ① 产权交换。安置面积标准按照左边所述。② 用公有住房安置。安置面积标准按照前面所述，建立租赁关系，同时拆迁人对被拆迁人货币补偿：估价标准单价×被拆住房面积×100%(1993年调整为60%)。③ 货币补偿。补偿金额为：估价标准单价×被拆住房面积×150%。
		4—7	4—5		
		7—10	5—6		
		10—13	6—7		
		13—16	7—8		
		16—19	8—9		
		19—22	9—10		
		22—25	10—11		
		25—30	11—12		
	市区边缘地段实物补偿：在上述基础上酌情增加2平方米/人以下。	市区边缘地段实物补偿：在上述补偿标准基础上增加1平方米/人。安置面积上限12平方米/人。			

表4-3 1998—2000年上海市补偿政策简表

政策发展阶段	拆迁一般质量住房时的实物补偿	拆迁棚户简屋和旧里住房时的实物补偿(平方米/人)			被拆迁房屋类型与补偿方式及标准
1998—2000年：异地实物安置补偿阶段	维持上述标准不变。	原地或就近实物安置时：安置面积/原面积=1:1，且人均安置面积不小于10，不大于24平方米。			货币安置时，货币化安置款=四级地段空置商品住宅的平均售价×在四级地段安置应得的房屋建筑面积×80%。
		异地实物安置时，安置面积增加的比例			**拆迁公有住房**： ① 用公房安置。安置面积按照左边两栏所述。公房租赁的关系继续维持。② 货币补偿。安置款按照上面所述计算。 **拆迁私有住房**： ① 产权交换。安置面积标准按照左边所述。② 用公有住房安置。安置面积标准按照左边所述，建立租赁关系。同时货币补偿额：估价标准单价×被拆住房面积×60%。③ 货币补偿。补偿金额按照左边所述计算。
		被拆迁房屋地段	异地安置房屋地段		
			四	五	六
		一、二、三	20%	40%	80%
		四	—	20%	40%

4.2.3 政策分析

1. 执行效果

1991年《条例》其最重要的意义在于在全国国有土地范围内有了第一部规范的关于国有土地房屋拆迁的最高级别的行政法规。在此之前,还并未针对拆迁工作制定过任何一部全国性的大法,只是由各地方的人大常委会、人民政府(包括上海)出台的一些法规、规章甚至只是规范性文件,显然它们所属层次都比较低。

根据1991年《条例》和1991年《实施细则》,1991年至1997年间主要实行"原地安置"与"异地安置"并存的补偿方式,但是因为"原地安置"与"异地安置"的安置面积相差不到2平方米/人,异地安置的阻力较大。

1998年《试行办法》采用较高标准的双轨制,被拆迁居民基本能够接受其提出的补偿标准,所以居民安置情况较好,社会矛盾较少。

正因为如此,到2000年底,上海顺利完成了"365工程"危棚简屋改造任务,还拆除其他旧里1800多万平方米,这包括约300万平方米二级旧里以下的危旧房(含黄浦、静安、卢湾三区所属的经市房地局认定的二级旧里以下的危旧房)。

2. 存在的不足

A. "人头"标准存在漏洞

1991—2000年间,拆迁安置补偿将"户口"作为计算安置面积的标准,拆迁同样面积的住房,如果家庭人口越多,人均面积越小,按照住房困难适当照顾的原则,最后得到的安置面积就可能越多。因此,在拆迁实施当中,在被拆地区产生了一些非正常的常住户口迁入,很多被拆迁户为了分配更多的面积,将亲戚户口临时迁入,或者夫妇临时离婚,以要求按照"两户"来进行安置,这些情况都增加了政府在拆迁过程中的成本。

B. 追求速度,牺牲质量

由于动迁量巨大,政府于1996年和1997年大量建造动迁房,而且由于时间紧迫,政府并未做充分的规划,所建造的房屋大多质量差、标准低,生活配套设施不足。此外,大量建造的动迁房增加了房地产市场的供给,破坏了房地产市场的供求关系,影响到房地产市场的正常运行。

C. 消化存量,似赢实损

由于前期商品房大量空置,1997年开始上海市停止建造动迁房。1998年《试行办法》又大幅度提高危棚简屋拆迁采用异地实物安置时的补偿标准,对于消化空置商品房发挥了重要作用。这种情况在2000年遇到了问题,一方面,由于未能正确估计城市发展的速度,以致动迁量不断增加,但动迁房由于停建却日益减少,接连告急,甚至连一些没有生活配套的房源都拿出来应急;另一方面,上海房地产市场发展迅猛,需求激增,供求缺口日益扩大,使得原本就已经举步维艰的安置房问题更加雪上加霜。

4.3 2001—2007年市场经济体制下的城市房屋拆迁政策

4.3.1 政策背景和形成原因分析

1. 宏观环境背景分析

十四大以后,我国在建立社会主义市场经济体制的深刻变革进程中,提出既要实现经济快速增长,又要对经济进行宏观调控的双重目标。全国人大常委会的主要任务就是尽快重新构建社会主义市场经济法律框架,因此对养老金制度、住房制度、医疗制度进行了一系列的改革,并于1998年取消了福利分房。

这一时期整个宏观社会背景发生了巨大变化,计划经济已经转变为市场经济,土地供给制度变了,住房制度变了,养老金制度变了,公积金制度诞生了。法律制度方面,1995年《城市房地产管理法》出台,1996年10月上海市人民政府发布了《上海市土地使用权出让办法》,规定从1997年1月1日开始,凡是六类经营项目使用的土地必须以出让的方式获得,在土地使用权出让的方式上可采取协议、招标、拍卖、市人民政府批准的其他方式。

在整个经济社会转型的过程中,拆迁补偿制度也不可避免地需要进行改革,因为1991年《条例》规定的住房性质仍为公房,而1997年后新造的房屋却大多为商品房,私人拥有其产权,这使得在房屋拆迁过程中发生了矛盾。因此不得不对1991年《条例》做根本性的修改,2001年《城市房屋拆迁管理条例》(以下简称2001年《条例》)正式出台。

这一时期的上海市在"365工程"的基础上开始了新一轮旧区改造。据2001年的统计,全市还有2 000万平方米的旧式里弄房屋需要改造,其中,位于市中心城区的就超过1 600万平方米,市民要求改造的呼声仍然十分强烈。上海市建委、规划局、房地局和原住宅局经过调查研究,提出了新一轮旧区改造的方式,并于2001年出台了第0068号文件。文件要求采取"政府扶持、市场运作、市民参与、有偿改替"的运作机制,分别采用"拆改留修"等多种方式,引导并加大旧区改造的力度。拆除改造的重点,从过去的危棚简屋过渡到中心城区旧式里弄房屋,特别是房屋结构和居住环境差的二级成片旧里。在动迁安置上,试行以异地实物安置为主并鼓励向原区域有偿回搬的多种安置方式。2001年11月,上海出台了新的《上海市城市房屋拆迁管理实施细则》(以下简称2001年《实施细则》)。从2002年10月份开始,根据当时上海房地产市场的情况,政府有关部门酝酿出台了进一步推进新一轮旧区改造的政策。旧区改造地块不再加以认定,发展商不再享受优惠政策。政策规定又有突破,逐步实现土地供应由协议出让、毛地出让向招标出让、熟地出让转变,整个资金平衡模式由就地改造、就地平衡向成片改造、综合平衡改变。改造的方式由房地合约的开发向土地储备开发转变,政策的倾斜由支持就地房屋改造向支持收购改变[①]。

2. 上海市政策形成原因分析

A. 1998—2000年,政策实施效果较好,使得2001年《实施细则》很大程度上继承了1998年《办法》。

B. 对公有住房承租人的安置标准提高的原因

根据1991年《条例》规定,对于拆除出租住宅房屋应当实行产权调换,原租赁关系继续保持。而2001年《条例》提出了对公有住房的新补偿原则:对房屋所有人进行补偿,兼顾对使用人安置,在对房屋所有人进行补偿的情况下,保障房屋承租人,特别是公房承租人的利益。公房拆迁补偿方式可以实行货币补偿,也可以实行房屋产权调换。上海住房政策鼓励有能力的公房承租人自行购买私房,减少公房管理的负担,以建立一个更为合理的公有住房系统。同时,这项政策与上海2000年进一步推进公房出售、完善低收入住房体制的政策是一脉相承的。

C. 2001年《实施细则》中住房补偿的对象从"人头"到"砖头"变化的原因

2001年《条例》,取消了1991年《条例》将户口因素作为确定安置面积的标准的规定。于是上海新的《实施细则》利用这个机会,也将住房补偿的对象从"人头"改到"砖头"。

4.3.2 政策内容

2001年《实施细则》核心内容如下:

---

① 万勇,论上海中心城旧住区更新的调谐机制,同济大学博士论文,2005.12.

(1) 归纳出三种补偿方式。拆迁补偿安置可以实行货币补偿，也可以实行价值标准房屋调换，还可以实行面积标准房屋调换。其中货币补偿并非创新，只不过货币补偿的单价现在变成了市场评估单价。其中面积标准房屋调换也不是创新，主要是继承了1998年《试行办法》的有关规定。只有价值标准房屋调换是典型的创新，体现了拆迁补偿市场化的大趋势。

(2) 拆迁未出租的私有住房的货币补贴金额为：（被拆除房屋的房地产市场单价＋价格补贴）×被拆除房屋的建筑面积。

(3) 公房承租人的利益得到了前所未有的保障。从2001年《实施细则》第37条可以看出，公房所有人如果选择价值标准补偿，公房承租人能按照"（被拆除房屋的房地产市场单价＋价格补贴）×被拆除房屋的建筑面积"的补偿金额，获得相应价值的安置住房的使用权。公房所有人如果选择货币补偿，承租人将得到的补偿额是：（被拆除房屋的房地产市场单价×80％＋价格补贴）×被拆除房屋的建筑面积。

(4) 对于被拆除住房属于旧式里弄住房、简屋以及其他非成套独用住房的，可以选择面积标准房屋调换。这继承了1998年《试行办法》第6条"异地安置增加面积标准"的补偿政策，但提高了面积增加的百分率，如从三类地段安置到六类地段，安置面积增加百分率由80％提高到了100％。

(5) 货币补偿金额的计算。拆迁居住房屋，货币补偿金额应当根据被拆除房屋的房地产市场评估单价和被拆除房屋的建筑面积确定。房地产市场评估单价低于最低补偿单价标准的，按最低补偿单价标准计算。最低补偿单价标准，为被拆除房屋同区域已购公有居住房屋上市交易的平均市场单价。

(6) 住房补偿的对象从"人头"到"砖头"变化。1991年《实施细则》、1998年《试行办法》，住房拆迁补偿的标准，都是以"人头"（家庭内上海常住户口的人数）为标准来计算的。2001年《实施细则》完全放弃这种计算方法，只通过数"砖头"即参考被拆迁房屋的面积来计算补偿标准。

按市场价值进行补偿安置的实际操作过程中，逐渐出现了新的矛盾。上海市拆迁中涉及大量里弄房屋，这些房屋面积小、居住条件差、评估价低，很多被拆迁房屋如按《实施细则》计算，每户所得的货币安置款实际上在市场上很难买到合适的住房。因此在拆迁中，如果不考虑弱势群体的实际困难，拆迁工作无法顺利进行。因此，上海市制定了人性化的拆迁补偿标准——"砖头＋人头＋有情操作"模式。

后来又出现了"全公开操作"的办法，即"阳光拆迁"。其本质上就是将原来不公开的有关"有情操作"的范围和标准全部公开，并将补助和补贴分离。近年来，许多拆迁公司都开始进行"全公开操作"；作为政府拆迁管理部门也一直在探索如何规范"全公开操作"的做法,并制定了一系列措施,将"全公开操作"制度化,在拆迁工作中实现"公开、公平、公正"。

2003年8月7日,上海市建委、市房地局《关于建立房屋拆迁工作有关制度的通知》首次规定:拆迁单位在拆迁基地设立公示栏,公示出被拆迁居民关心的有关拆迁政策、拆迁补偿方案、安置标准、评估单位名称、评估单位负责人、评估鉴定机构、拆迁公司名称、基地负责人姓名、拆迁上岗人员及上岗证号、公司和基地联系电话、各种办事制度等。

2005年3月29日,上海市建委、市房地局《关于完善房屋拆迁公示制度的通知》进一步增加了公示内容,要求2005年3月29日之后新开的基地都必须增加公开内容:被拆除房屋的基本情况、市场评估单价、安置房源情况和使用结果、被拆迁困难户认定条件和补助标准及签约进展情况等。这些制度的出台,要求全市拆迁基地都必须按照要求做到"全公开操作"[①]。

综上,2001年到2007年9月30日上海市拆迁补偿政策如表4-4所示:

表4-4 2001—2007.9.30 上海市补偿政策简表

政策发展阶段	拆迁一般质量住房时的实物补偿	拆迁棚户简屋和旧里住房时的实物补偿(平方米/人)				被拆迁房屋类型与补偿方式及标准
2001—2007.9.30年:货币化补偿阶段	按照右面所列标准来进行补偿	回搬(原地)安置:拆一还一部分,按公有住房出售政策购买,超出部分按当地市场价购买。				货币补偿金额为:(被拆除房屋的房地产市场单价+价格补贴)×被拆除房屋的建筑面积。**拆迁公有住房**:① 价值标准补偿,按照上述补偿金额,获得相应价值的安置公有住房的使用权。② 面积标准房屋调换。按左边的面积标准,用公房安置。③ 用货币补偿。公房承租人和公房所有人分配货币补偿款。**拆迁私有住房**:① 货币补偿。② 价值标准房屋调换。按照补偿金额获得相应价值的安置住房。③ 面积标准房屋调换。如果拆除的是棚户简屋和旧里住房,补偿面积按照左边所述。
		异地实物安置时,安置面积增加的比例如下:				
		被拆迁房屋地段	异地安置房屋地段			
			四	五	六	
		一、二、三	30%	60%	100%	
		四	—	40%	70%	

---

① 沈剑萍,上海拆迁实行"全公开操作",中国房地产,2006年第7期.

4.3.3 政策分析

1. 执行效果

2001年《条例》实施至今已有6年,这部法律在当时看来有一定的超前性,它遵循社会主义价值规律、市场供求关系、民事关系的原则制定,用民事关系的等价有偿、平等自愿原则处理拆迁问题,"数人头"变为"数砖头",与宪法和大的宏观经济背景相呼应。

在2001年《条例》实行的开始几年中,受到大部分被拆迁户的欢迎。这是因为2001年《条例》实行价值互换的补偿方式,从实物到价值实际是一个巨大的飞跃,因为实物安置并没有提供被拆迁人很多自由选择的余地,价值互换却可以充分体现被拆迁人的选择权。此外,经过1998年亚洲金融危机,上海房地产市场元气大伤,货币补偿使得被拆迁人有能力且必须去市场购买商品住房,这在一定程度上也促进了房地产市场的恢复。

2. 存在的不足

(1) 一元标准,遗患众多。2001年《条例》虽然考虑了"人头",但是标准过度一元化——就是价值。它以价值规律为线索,贯穿始终,但任何一部法律不能涵括价值规律所有内容。因此它虽然在以价值作为标准的同时也考虑到了救济、扶贫的问题,但并没有以其为标准。由于2002年后上海房地产市场发展迅猛且原住房基础差,加上原福利分房取消以后的遗留问题众多,这些尽管在条例和细则中已经考虑,但却不能完全解决。

(2) 偏重补偿,忽视安置。由于货币补偿流程简单,便于操作,因此,拆迁人大多倾向于此种方式。虽然法规规定,必须保证具有一定量的安置房源。但目前动迁房普遍地段偏远,质量不高,周边公共配套不足,无论生产生活都较为不便。

(3) 行政过度,司法缺位。在城市拆迁当中,由于时间和效率的关系,当拆迁人与被拆迁人无法达成协议时,上海市乃至全国大多数城市采取的都是行政强迁而不是司法强迁的做法。对于公信力来讲,大多数居民认为行政强迁不如司法强迁。

4.4 2007年《物权法》框架下国有土地征收后的城市房屋拆迁政策

4.4.1 政策背景和形成原因分析

随着我国经济的快速发展,工业化、城市化水平的提高产生了大量的建设用地需求,地方政府为了发展当地经济,经常通过房屋动拆迁获得市中心土地并高价出让;而拆迁单位为了在规定时间内完成政府制定的工作计划,往往采取较为激烈的手段进行拆迁,从而致使强行征地、野蛮拆迁、损害被拆迁户利益的事件时有发生。

纠纷频发,法律的缺失是一大根本原因。2003年以后,国务院开始逐步完善动拆迁相关法律法规,如:2003年9月国务院办公厅发布的《关于认真做好城镇房屋拆迁工作维护社会稳定的紧急通知》、2004年6月国务院办公厅发布的《关于控制城镇房屋拆迁规模严格拆迁管理的通知》,规定征地过程中要进行专家论证、公开招标、社会公示等程序,保护被拆迁户利益等等。这些行政规章法律效力不高,并且缺乏稳定性。因此,它们只能发挥暂时性的法律效力,并且在实践的执行中很容易引起异化。

2004年3月,《宪法》第四次修正案规定,国家为了公共利益的需要,可以依照法律规定对土地实行征收或者征用并给予补偿。但是宪法的规定只是原则性的规定,社会各界对条文的理解各不相同。如果缺乏具体的执行规范,修宪的精神极易被曲解。因此,要从根源上解决动拆迁矛盾、协调动拆迁各方的利益配置,宪法之下、行政法规与规章之上,唯有《物权法》最能制约非法拆迁问题。

2007年3月,十届人大五次会议通过了《物权法》,第4章第42条规定:"为了公共利益的需要,依照法律规定的权限和程序可以征收集体所有的土地和单位、个人的房屋及其他不动产,……征收单位、个人的房屋及其他不动产,应当依法给予拆迁补偿,维护被征收人的合法权益;征收个人住宅的,还应当保障被征收人的居住条件。任何单位和个人不得贪污、挪用、私分、截留、拖欠征收补偿费等费用。"《物权法》强调平等保护原则,细化了拆迁补偿的范围与原则,然而却没有对公共利益的内涵做出规定,即没有对拆迁目的的合法性做出规定。

《物权法》的颁布使得2001年《条例》在立法宗旨、拆迁原则方面都面临很大的修改。2007年,国务院发布了《新条例征求意见稿》,以《物权法》为背景的这项草案对公共利益前提下的土地征收做出了详细规定。它不但采用列举法规定公共利益所包含的范围,还将征收和补偿分为两个阶段来进行,并通过征收实施阶段的群众参与、专家论证来保证拆迁目的的公共性。

至此,动拆迁法律体系基本成形,形成了一个由基本法(《宪法》、《物权法》)到主体法(2007年《新条例征求意见稿》)的法律体系,拆迁目的的合法性和补偿细则的标准化等方面得到进一步完善。

4.4.2 拆迁合法性暨公共利益界定

动拆迁过程的许多纠纷都源于对拆迁权的理解不一致以及由此引发的各个法律主体利益的不均衡。由此可见,理顺法理势在必行。这项工作是多方面、多层次的。首先,是要理清引发纠纷的矛盾根源所在;其次,要通过实地调查来探究拆迁法律关系各个主体对此的观点和看法;最后,结合法理分析和调查研究的成果,揭示拆迁权的本质。

1. 拆迁合法性

近年来,尤其是《物权法》颁布以来,拆迁权的合法性问题,屡屡在群众中热议、在专家中研讨,在全社会引起了很大的反响。对于社会全体成员而言,公共利益是处于首要地位的,但公民的私有财产权利也越来越受到重视,不可随意侵犯。实施拆迁的目的,正是为了实现社会全体成员的公共利益,这就不可避免地对个人利益形成某种限制。那么,公共利益应当如何界定才能保证其不被滥用,同时又能真正地符合国家发展、社会进步的要求。此外,当公共利益和个人利益发生冲突时,又将如何协调两者的关系才能使个人利益在让步的同时也得到了应有的补偿?《物权法》的出台,是社会进步的标志,但是它对于"公共利益"的界定并不清晰,必然给未来动拆迁推进进程埋下隐患。

房屋拆迁的目的是为了获得土地使用权,因此,房屋拆迁权的合法性应当从属于土地征用权的合法性,而我国土地征用权的合法性在多部法律法规中均有涉及。

首先《宪法》第10条第3款规定:"国家为了公共利益的需要,可以依照法律规定对土地实行征用";其次,《土地管理法》第2条第2款规定:"国家为了公共利益的需要,可以依法对集体所有的土地实行征用",并同时在第58条第1款第1项规定:"国家因为公共利益需要使用土地的,可以依法收回国有土地使用权";第三,《城市房地产管理法》第19条规定:"在特殊情况下,国家可以根据社会公共利益的需要,依照法律程序提前收回出让土地使用权";第四,《城镇国有土地使用权出让和转让暂行条例》第42条规定:"在特殊情况下,国家根据社会公共利益的需要,可以依法收回土地使用权。"

显然从宪法、法律到行政法规,"公共利益"都成为了征用土地、收回土地的前提条件,并且在概念使用上都是一致的。然而,1991年《条例》第2条规定:"在城市规划区内国有土地上实施房屋拆迁,并需要对被拆迁人补偿、安置的,适用本条例",其中并没有提到"公共利益"的字眼,而是出现了"国家建设"和"城市建设"两个内涵不同的概念。2001年《条例》第2条规定仍然没有涉及城市房屋拆迁的前提条件,对拆迁行为的合法性未做出任何限制性规定。

综上所述,1991年、2001年《条例》与《宪法》、《土地管理法》、《城市房地产管理法》等法律表述上的差别给拆迁合法性的界定带来了困难,也引发了对于拆迁合法性——这个拆迁本源问题的争议。毫无疑问,解决这一问题关键在于明确公共利益的内涵。

2. 公共利益的界定

房屋拆迁权从属于土地征用权,而土地征用权属于政府特有的权利,并且权力的行使具有强制性,所以房屋拆迁权就自然具有政府征用权一样的强制力,它不需要被拆迁人同意就能够产生法律效力。由于这项权力的行使以国家权力作为后盾并涉及私人房屋所有权的保护,因此,应当首先在法律上设置一个标准,用以评判一项具体的拆迁行为是否合法,平衡房屋拆迁与保护房屋所有权和土地权利之间的利益冲突。笔者认为这项标准就是政府行使征用权的基础——公共利益,这也是国家创新拆迁法律制度的理论依据。

一般来说,各国关于土地征用的法律有三种形式来定义公共利益:

(1) 仅确立国家因公共利益而征地的一般原则。这种方式往往给予国家行政极大的法律解释权。如美国和菲律宾的宪法规定,私人财产不得征收,除非给予公正的补偿。

(2) 排他性列举法,即以法律的形式明确规定公共利益的内容和范围。并规定国家在这些列举范围之内方可行使土地征用的权利。这种方法极大地限制了行政和司法部门的自由量裁权,对动态变化和复杂项目缺乏应对能力。

(3) 包容性列举法,即前两种方法的组合。这种方式一方面尽可能详细地列出公共利益的内容,同时也规定对列举内容之外符合一般原则的情况同样可以行使征用权,是比较折中的方式。如巴西法律规定,如果需要将土地用于法律列出的"公共事业",如国防、公共医疗设施、公共设施和国家垄断企业,可以对土地进行征用,同时,如果目的是属于一般原则的"社会利益",国家也可以进行征地。

A. 公共利益的内涵

公共利益是抽象的、相对的概念。在立法上,不同的国家和地区视其经济发展水平和社会进步程度都有不同的规定。但有一点值得注意的是:几乎所有的国家都没有对公共利益做出详细的界定。对许多发达国家和发展中国家征地法律的调查显示,公共利益的范畴通常包含下列内容:

(1) 公共交通用途,如道路、桥梁、机场、码头等;
(2) 公共建筑物建设,包括学校、图书馆、医院、政府机构等;
(3) 国防军事用途;
(4) 公用事业需要,如给排水、电力、通信、能源、防洪等;
(5) 公园、公共体育场、公墓等;
(6) 土地改革等。

在我国,对土地征收中公共利益的立法采取了包容性列举法的形式,内容主要包括在2007年《新条例征求意见稿》第3条中。其中常规性规定包含在第1到第6款,具体为:"国家机关办公设施建设和国防设施建设;城市基础设施建设;国家重点扶持的能源、交通、水利等基础设施建设;教育、科学、文化、卫生、体育等社会公用和社会福利设施建设;环境与资源保护、文物保护以及防灾减灾等社会公益项目建设;保障性住房建设。"

列举内容之外的一般原则由2007年《新条例征求意见稿》第3条第7款提出。这是由于我国不同地区社会经济发展水平有很大差距,而公共利益的范畴又是历史的、具体的,不同地区、不同经济发展时期,它的涵义都是不同的。为了更好地促进全国各地不同层次的地域经济发展,出于灵活的考虑,在前6款之外又规定:"国务院或者省、自治区、直辖市规定的其他社会公共利益项目建设也属于公共利益的范畴。"

B. 公共利益的层级性

由于《物权法》限制了政府的行政权,强调了公民私权的保护,却又没有给出公共利益的详细解释,因此目前国内对公共利益含义的认识参差不齐、差别很大。这种认识上的差距又导致了基于拆迁权合法性的争议不断。从实地调研中笔者发现,针对公共利益的认识主要有以下几种:

(1) 市政重大工程建设;

(2) 公众所要求的利益(如果拆迁项目得到大多数人的认可,那么此类项目属于公共利益);

(3) 有利于改善市容市貌的拆迁行为。

诚然,上述几种认识各有可取之处,却又各有缺陷。第一种认识不够全面;第二种认识不够具体,对公众的范围没有规定;而第三种认识又太宽泛,对于具体应用没有可取性。但从上述三种认识,笔者发现社会各方对于公共利益的认识是有层次的,大家普遍认为市政重大工程建设属于公共利益包含的范围,而对于其他一些建设项目的归属却存在争议,尤其对于市政建设项目中包括的商业拆迁是否属于公共利益存在争议。因此,根据社会认识的分层以及建设项目本身计划审批的效力将公共利益涉及的范围分为以下几层[①]:

(1) 高层级的公共利益。它是用国家预算内基本建设拨款进行固定资产投资项目用地拆迁具有的利益层级。主要包括:国家机关办公设施建设和国防设施建设;国家重点扶持的能源、交通、水利等基础设施建设以及其他国家重大工程建设。如世博园区建设用地、南水北调等工程建设用地。

(2) 中层级的公共利益。它是地方用国家预算内各项机动财力安排的基本建设固定资产投资项目用地拆迁具有的利益层级。主要包括:城市基础设施建设;教育、科学、文化、卫生、体育等社会公用和社会福利设施建设;环境与资源保护、文物保护以及防灾减灾等社会公益项目建设;保障性住房建设等。

(3) 低层级的公共利益。它是各地企事业单位用国家预算外资金、自筹资金和银行贷款安排的基本建设项目拆迁用地具有的利益层级。主要是指由省、自治区、直辖市认可并由企事业单位筹建的社会公益项目建设。

上述三层拆迁建设用地中,第一、第二层的公共利益建设用地拆迁,属前述"国家建设用地"拆迁范畴,直接、明了地表示具有一般意义上的公共利益性,不会引起歧义,且得到了社会的普遍认同。而第三层的公共利益建设用地拆迁,显然建设主体已经多元化,国家通过为数众多的不同经济形式主体实现国家的建设目的。并且市场经济体制本身也将各类所有制的企业置于独立核算、自主经营和自负盈亏的生产者和经营者的法人地位。因此,如果国营、私营、外资等企业参与的建设项目能有效提高项目所在区域人民的物质、文化生活水平,服务于整个社会,那么也应算作公共利益的范畴。

---

① 颜晨等,房屋拆迁中公共利益的界定——浅析《物权法》在城市房屋拆迁中对私有财产的保护,法学论坛,2007年第3期:104-105。

C. 公共利益的层级对房屋拆迁权的影响

公共利益的层级性,影响着房屋拆迁权行使的基本规则,概括起来有以下三项:

(1) 低层级的公共利益的房屋征收,应当满足并服务于高层级的公共利益征收。国家计委、原国家国土局《关于建设用地计划管理暂行办法》第3条对于编制用地计划应遵循的原则规定:"对各项建设用地实行统筹规划、综合平衡、保证重点、兼顾一般。"原国家国土局《关于国家建设用地审批工作的暂行规定》第4条规定:"建设项目用地实行计划指标控制,首先保证国家重点建设项目……"这两条规定揭示了一个共同原则,即高层级公共利益的建设项目土地征收优先于低层级公共利益的建设项目土地征收,高层级的公共利益建设项目征收用地计划制约低层级的公共利益建设项目征收用地计划。

(2) 相同层级的公共利益的房屋征收,无相互排斥或抵销对方的效力。即同一层级公共利益的建设需要征收同一处房屋时,应以向县级以上人民政府提出征收申请的时间先后顺序为准。

(3) 公共利益的层级越低,房屋征收权的强制力就越弱。根据此规则,第一类和第二类征收具有最完整、最强大的强制力,第三类征收的强制力则较弱,它同以直接公共利益为特征的第一、第二类建设项目的征收是无法相提并论的。为了使房屋征收尽量做到符合社会公共利益,可以考虑适当引进西方的公众参与制度,例如决定城市某个区域是否改建、如何改建时,可提前征询公众意见,让公众参与决策。在制度的设计上,今后应以第一、第二类的公共利益建设用地征收为主,第三类的公共利益建设用地征收为辅。

D. 以公共利益为导向的上海城市房屋拆迁范围界定

哈耶克(Friedrich August Von Hayek)将社会公共利益称为普遍利益(General Interests),"普遍利益,乃是由那些被我们认为是法律规则的目的的东西构成的,亦即整体的抽象秩序:这种抽象秩序的目的并不在于实现已知且特定的结果,而是作为一种有助益于人们追求各种个人目的的工具而存续下来"。在美国,与我国的城市房屋拆迁相类似的制度叫做 Eminent Domain(强制征用)。强制征收是政府无须财产所有人同意而获取私人财产的权利。因公共利益的需要,政府可以使用其强制征收权,所有人无法阻止征收,但是可以获得财产补偿。

对上海而言,部分二级旧里及危棚简屋原本建设标准就低,加之日久失修,不但此间居民生活环境十分恶劣,小区内拥挤不堪、污水横流、蚊蝇滋生,甚至存在众多安全隐患。对这类房屋进行拆迁,一方面有利于改善居民的居住条件;另一方面有利于提升城市整体形象、推动城市经济发展。因此,二级旧里(含危棚简屋)拆迁改造应当归属于公共利益的范畴。同时,其他有利于上海经济社会发展、有利于上海居民整体利益的项目也应当归为公共利益,但具体的认定应当通过法定程序来进行,这种程序既要体现上海发展的大局,又要充分保障拆迁居民的合法权益。

4.4.3 新旧房屋拆迁政策对比分析

1. 房屋拆迁管理

A. 主管部门

(1) 2001年《条例》的相关规定

2001年《条例》中对于拆迁工作的行政管理部门分为主管部门和拆迁管理协助部门,即国务院房地产行政主管部门负责全国城市房屋拆迁工作的管理;县级以上地方人民政府负责管理房屋拆迁工作的部门(以下简称房屋拆迁管理部门)对本行政区域内的城市房屋拆迁工作实施监督管理;县级以上地方人民政府有关部门依照2001年《条例》规定,相互配合,保证房屋拆迁管理工作的顺利进行。

可以看出,我国拆迁管理工作主要有以下特点:

① 拆迁管理属于行政管理的范畴,在管理上政府部门占主导地位。即我国房屋拆迁资格管理和操作管理主要是由行政主管部门监督、指导、审核。主管部门的管理工作重点主要是房屋拆迁许可证的颁发以及拆迁工作的监督等。

② 在管理方式上,政府部门主要以行政手段通过颁布的行政法规和部门规章等约束和规范拆迁行为。

上述管理特点是由现阶段的拆迁市场状况所决定的。目前我国拆迁市场还处于发展初期,市场欠成熟,无论是内部自身的建设还是外部环境的发展都不够完善,以及其他一些客观因素都要求行政部门参与动拆迁的管理,在拆迁工作中起指导性的作用。

但这种管理也存在一定的问题,主要表现在:房屋拆迁涉及政策、法律、经济、社会、家庭等多方面因素,仅仅依靠行政管理很难将各类问题解决好,难以提高工作效率,而且行政管理带有浓厚的计划经济色彩,会对群众造成一种思想误导,使得动拆迁客体认为在拆迁中出现的问题都应找政府部门处理,导致政府部

第4章 上海城市房屋拆迁政策的演变

门疲于应付,与目前政府职能转换的要求不符;而且目前有些拆迁单位与政府部门具有行政隶属关系,存在各种利益关系,这也不利于拆迁市场的公平竞争和健康发展。

(2) 2007年《新条例征求意见稿》中的相关规定

2007年《新条例征求意见稿》中对国有土地征收人和具体实施部门等进行了规定:"依法决定征收房屋的县级以上地方人民政府作为征收人;县级以上地方人民政府负责本行政区域征收房屋与拆迁补偿安置工作。县级以上地方人民政府负责征收房屋与拆迁补偿安置的部门(简称征收拆迁部门)具体实施征收房屋与拆迁安置工作。县级以上地方人民政府有关部门应当依照本条例的规定和本级人民政府规定的职责分工,互相配合,保证征收房屋和拆迁补偿安置工作的顺利进行。"

与2001年《条例》相比,2007年《新条例征求意见稿》在拆迁工作的管理方面做了很大的改变,主要体现在:

① 2007年《新条例征求意见稿》摆脱以往的行政监督管理方式,明确了政府以征收人身份,成为拆迁的主体之一,并明确了县级以上地方人民政府负责本行政区域征收房屋与拆迁补偿安置工作。

② 2001年《条例》中政府的房屋拆迁管理部门是监督管理机构,而在2007年《新条例征求意见稿》中政府的房屋拆迁实施部门,是征收工作的实施机构,具体实施征收房屋与拆迁安置工作。

③ 2007年《新条例征求意见稿》明确政府作为负责人,更加强调各个部门的职责分工以及加强职能部门之间的有效合作,保证征收房屋和拆迁补偿安置工作的顺利进行。

同时,由于新旧条例在上述方面的不同,致使房屋拆迁工作涉及的参与主体也发生了相应变化。如表4-5所示:

表4-5 新旧条例参与主体的对比

新旧条例 \ 主体	人民政府	拆迁工作监督管理部门	实施部门	建设单位	居民/企业	动拆迁公司、评估公司等
2001年《城市房屋拆迁管理条例》	监管方	房屋拆迁管理部门	建设单位	拆迁人	被拆迁人	第三方
2007年《新条例征求意见稿》	征收人	上级人民政府	征收拆迁部门	申请人	被征收人	第三方

通过对比分析不难看出：

① 在2001年《条例》中，政府没有作为直接主体参与；在2007年《新条例征求意见稿》中，政府作为直接主体参与，并对征收工作负责。

② 2007年《新条例征求意见稿》中虽然规定了县级以上地方人民政府负责征收房屋与拆迁补偿安置的部门（简称征收拆迁部门）具体实施征收房屋与拆迁安置工作，但应属于哪个具体部门并没有明确的规定。

③ 在2001年《条例》中，政府房屋拆迁管理部门对动拆迁工作实施监督管理，而2007年《新条例征求意见稿》中对动拆迁工作的监督指导是：上级人民政府加强对下级人民政府征收房屋与拆迁补偿安置工作的监督管理，但监督的实施方面并没有明确的规定。

2. 主要流程

根据2001年《条例》的相关规定，动拆迁工作主要流程如图4-1所示：

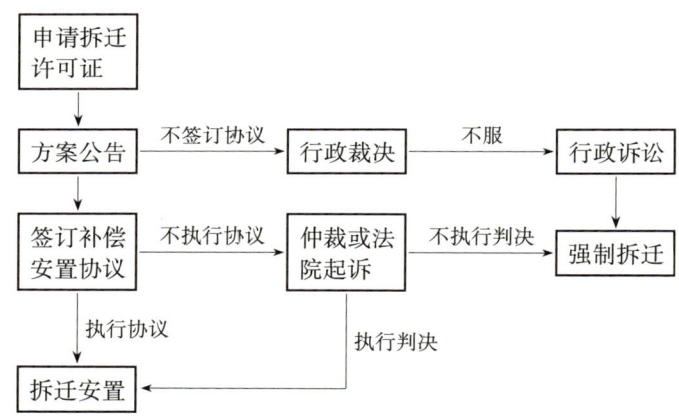

图4-1　2001年《条例》规定的动拆迁工作主要流程

根据2007年《新条例征求意见稿》，动拆迁工作主要流程如图4-2所示。

通过上述两个流程的对比，新旧条例的动拆迁流程差异很大，其中最突出的差异就在于增加了被征收人在整个过程的参与机会，主要表现在动拆迁工作之初就是否应该动拆迁以及拆迁方案进行协商，这也正是动拆迁工作公平、公正、透明原则的体现。

第 4 章 上海城市房屋拆迁政策的演变

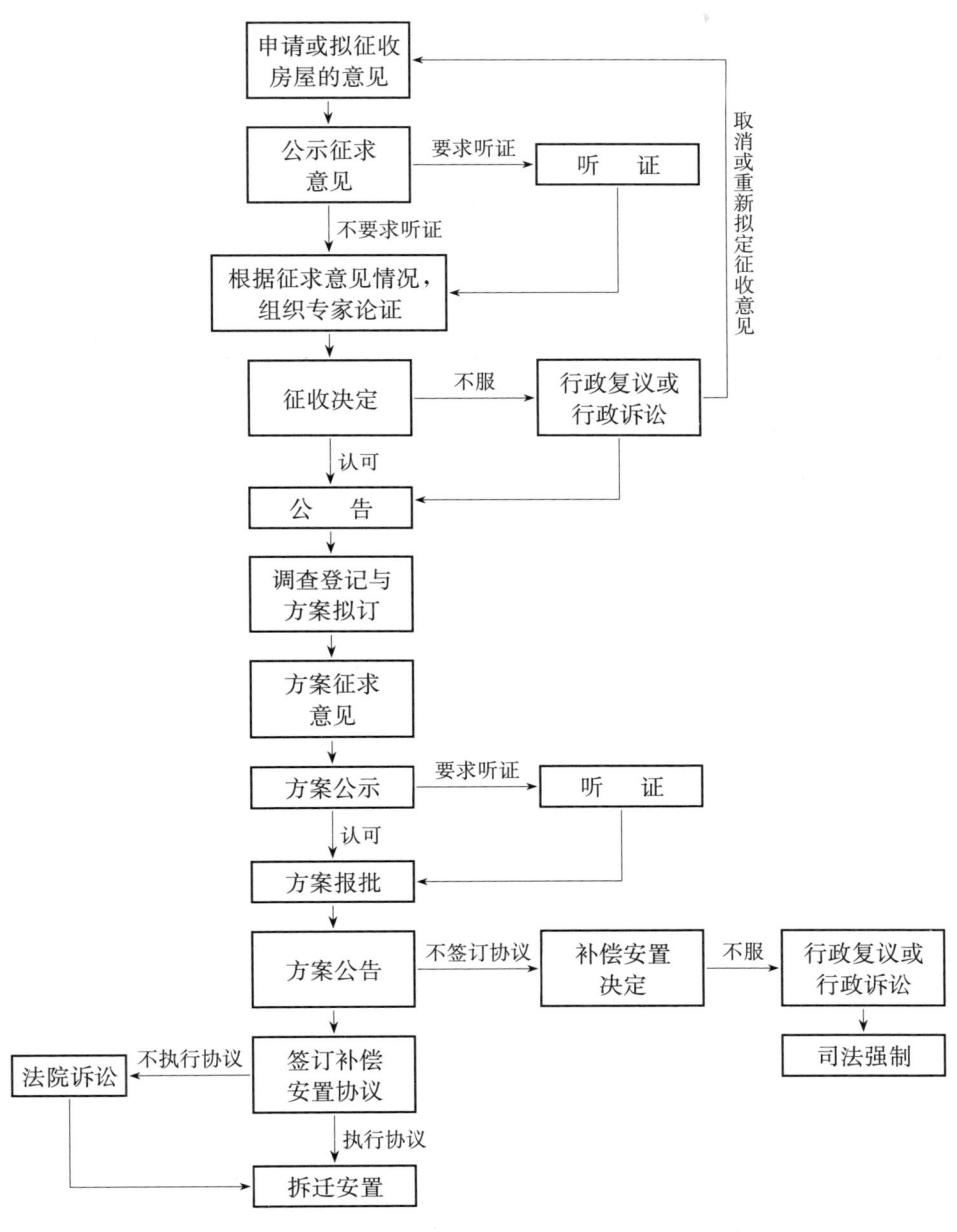

图 4-2 2007 年《新条例征求意见稿》规定的动拆迁工作主要流程

4.5 本章小结

本章是实体章(Body Chapter),从整体上对上海城市拆迁的运作机制进行了系统的研究,是论文的政策梳理部分。本章将上海城市拆迁政策的演变分为四个阶段:① 1991年前施行的计划经济模式下的城市拆迁政策,这一阶段的动拆迁工作虽然没有国家层面专门法律文件的规范与指导,但是动力大、阻力小,房屋拆迁基本上都可以比较顺利地完成。拆迁既改善了城市面貌,又提高了居民的居住水平,达到了一举两得的良好效果;② 1991—2000年施行的经济体制转轨时期的城市拆迁政策,这一阶段的动拆迁工作中异地安置的阻力较大,但被拆迁居民基本能够接受政府提出的补偿标准,所以居民安置情况较好,社会矛盾较少;③ 2001—2007年施行的市场经济体制下的城市房屋拆迁政策,这一阶段的动拆迁工作实行价值互换的补偿方式,在开始几年进展较顺利,受到大部分被拆迁户的欢迎,但偏重补偿,忽视安置,动迁房普遍地段偏远,质量不高,周边公共配套不足,无论生产生活都较为不便,使得后期动迁难度、补偿金额逐渐提高;④ 2007年施行的《物权法》框架下国有土地征收后的城市房屋拆迁政策,这一阶段的动拆迁工作更强调对居民物权的保护,并且拆迁决策过程更公开、透明。本章通过梳理上海城市房屋拆迁政策的形成背景、演变过程、执行效果,为论文的对策建议部分理清政策脉络。

第5章
上海城市房屋拆迁现状调研

城市房屋动拆迁是城市建设与旧城改造中必不可少的重要环节,涉及多方利益,这不可避免地带来补偿、安置等一系列矛盾,围绕着城市房屋动拆迁出现的冲突已成为当前敏感的社会问题。本章通过分析上海存量拆迁基地情况,结合城市房屋拆迁中相关主体与典型拆迁基地的实地调研,得出当前拆迁中存在的主要问题及其产生原因。为论文的对策建议部分奠定现实基础。本章的结构安排如下:第一节,对上海存量基地情况进行了细致梳理与分类分析,分析了当前上海存量拆迁基地的特点以及拆迁难的原因;第二节,对城市拆迁中相关主体(包括被拆迁人、政府、拆迁公司、评估公司、开发商)的调研情况进行了分析;第三节,对典型的拆迁基地进行了案例分析,并详细分析了不同拆迁基地的成功经验与不足之处;第四节,在前述调研的基础上综合分析当前上海城市拆迁中存在的主要问题及产生原因;第五节,对上海城市房屋拆迁现状进行结论性评价。

5.1 上海存量基地情况梳理

根据上海市房地局提供的数据,截至 2007 年 7 月,全市在拆基地数共 842 个,拆迁总户数达 217 085 户,分布在各个区县。基地的情况各异,规模从几户到几千户,已拆户数比例从不足 1‰ 到超过 95% 不等。新政策的出台,必然会影响存量基地的消化,而存量基地的消化情况又将直接影响上海市的整体动拆迁工作。因此,如何加快消化存量动拆迁项目是新政策下动拆迁工作的一个重要课题,也是缓解土地供应吃紧问题的重要手段。

5.1.1 存量基地的定义

从经济学上来说,存量是指在某一时点上所保有的数量。如果把现在看作这个时点,那么按照经济学定义,所有已经核发拆迁许可证的项目都可以称之为存量拆迁项目,这是从广义上定义的存量拆迁项目。但是,分析发现各个基地的拆迁许可证颁发时间相距较大,因此,并不是所有的在拆基地都需要加快消化。2007年核发拆迁许可证的存量基地约占14%;同时,拆迁许可证已经过了有效期的存量基地,表明消化速率存在极大问题,继续拆迁的合法性亦受到质疑,应直接停止这些基地的拆迁,或者延长其许可证的拆迁时限。所以,为了研究需要,本书将定义一个狭义上的存量基地概念:指在2006年底之前颁发拆迁许可证并处在拆迁有效期内的,根据基地规模、拆迁开始时间、拆迁执行情况等指标的综合分析得出其拆迁消化速度较慢的,拆迁工作处于艰难期的在拆基地。

5.1.2 存量基地分类分析

1. 按基地所处区域分类

根据存量基地所处的区域,本书将其分为市区和郊区两大类,其中市区按行政区域细分为杨浦、虹口、闸北、普陀、静安、长宁、徐汇、卢湾、黄浦、浦东10个区域,郊区按行政区域细分为闵行、宝山、嘉定、青浦、金山、松江、奉贤、南汇、崇明9个区域。上述各个区域截至2006年底在拆的基地总体情况如表5-1所示:

表5-1 上海存量拆迁基地情况汇总[①]

区域	区县	基地个数	有限期内	总户数	已完成户数	按基地性质分		按项目性质分				按核发时间分			
						一般	旧改	市政	商业	公益	其他	2001以前	2001—2002	2003—2004	2005以后
市区	杨浦	35	34	23 887	14 878	30	5	4	12	1	18	0	9	10	16
	虹口	31	31	12 541	8 175	11	20	3	24	2	2	1	4	11	15
	闸北	24	24	21 055	14 840	9	15	4	11	1	8	0	1	11	12
	普陀	32	32	12 480	7 037	11	21	5	27	0	0	6	13	13	
	静安	17	17	6 970	4 815	4	13	1	15	0	1	0	2	4	11
	长宁	21	20	9 256	8 094	19	2	4	16	1	0	7	7	7	

① 数据来源:上海市房屋土地资源管理局(金山、奉贤两区的基地数据缺失)。

续 表

区域	区县	基地个数	有限期内	总户数	已完成户数	按基地性质分		按项目性质分				按核发时间分			
						一般	旧改	市政	商业	公益	其他	2001以前	2001—2002	2003—2004	2005以后
市区	徐汇	23	23	8 454	6 405	14	9	7	10	0	6	0	5	6	12
	卢湾	9	9	5 050	2 317	1	8	1	4	1	3	0	1	2	6
	黄浦	20	20	19 629	12 312	5	15	1	17	2	0	3	1	8	8
	浦东	179	179	36 147	29 810	167	12	75	57	26	21	0	9	37	133
小计		391	389	155 469	108 683	271	120	105	193	33	60	4	45	109	233
郊区	闵行	79	79	11 929	8 917	79	0	10	52	4	13	0	2	18	59
	宝山	42	42	6 593	4 346	42	0	3	37	1	1	0	3	14	25
	嘉定	43	43	4 363	3 252	42	1	6	24	3	10	0	2	14	27
	青浦	21	20	2 638	2 095	18	3	2	14	1	4	0	0	8	13
	金山	13	0	0	0	13	0	1	3	0	9	0	0	0	13
	松江	33	33	1 506	571	33	0	3	27	3	0	0	0	4	29
	奉贤	12	0	0	0	12	0	0	11	0	1	0	0	0	12
	南汇	85	81	13 089	9 103	84	1	17	33	0	35	0	1	16	68
	崇明	15	15	2 011	1 919	13	2	0	4	3	8	0	0	5	10
小计		343	313	42 129	30 203	336	7	42	205	16	80	0	8	79	256
全市合计		734	702	197 598	138 886	607	127	147	398	49	140	4	53	188	489

从表 5-1 中可以看出,全市存量基地个数合计 734 个,其中市区 391 处,郊区 343 处,基地数量上相差不大,如图 5-1 所示:

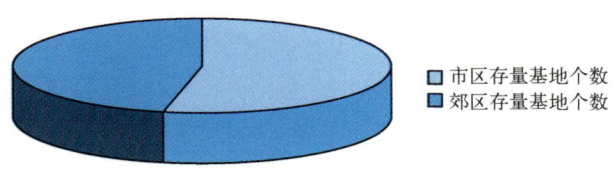

图 5-1 上海存量基地数量分布

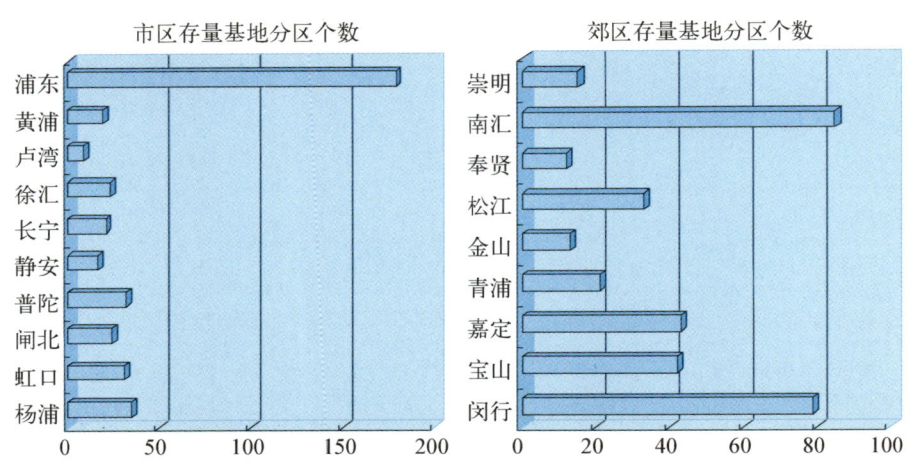

图 5-2　上海各区存量拆迁基地数量

从图 5-2 各个细分区域的基地个数上发现,市区存量基地的分布均呈现出少数区域集中、其他区域平均分散的格局。例如,浦东新区在拆基地 179 个,占市区全部在拆基地数的 45.8%,而其他九个区域的总和只有 55%左右的份额。郊区情况与市区相比略有不同,呈现的是阶梯状分布,同一梯级的区域在拆基地个数相差不大,不同梯级区域则有一定差距。例如,闵行和南汇两个区域位于第一梯级,在拆基地个数相差不多,共计 164 个约占郊区全部在拆存量基地的 50%;松江、嘉定、宝山位于第二梯级,各区基地个数占郊区总量的 10%左右;崇明、奉贤、金山位于第三梯级,各区基地个数仅占郊区总量的 5%左右。因此考虑到目前上海市拆迁政策具有较强的区域性质,各个区县执行的拆迁补偿政策不尽相同,结合以上区域存量基地个数分布的分析,加快消化存量基地个数应该抓住区域重点,规范重点区域的拆迁补偿安置工作,集中力量解决重点区域当前拆迁工作出现的问题症结,进而逐步辐射到区域其他存量基地数量较少的区县,推动区域整体拆迁工作的深入。

尽管市区与郊区的基地个数相差不多,但基地的拆迁户数却存在较大差异。市区的总拆迁户数达到 155 469 户,平均每个基地 398 户;而郊区的总户数仅有 42 129 户(不含金山和奉贤),平均每个基地 133 户,不管是总体规模还是平均规模市区的基地都是郊区的三倍以上。考虑到市区的地价和房价一般高于郊区,而且市区内可安置的房源较少,因此市区拆迁工作遇到的困难和阻力一般要高于郊区,市区存量基地的消化是上海当前加快消化存量基地的重中之重,是关键瓶颈所在,如图 5-3 所示:

第5章 上海城市房屋拆迁现状调研

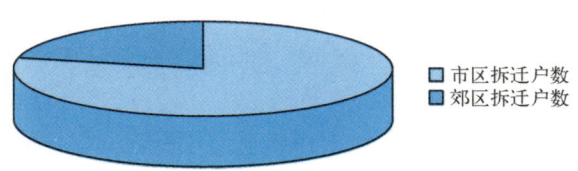

图5-3 上海拆迁户数分布比例

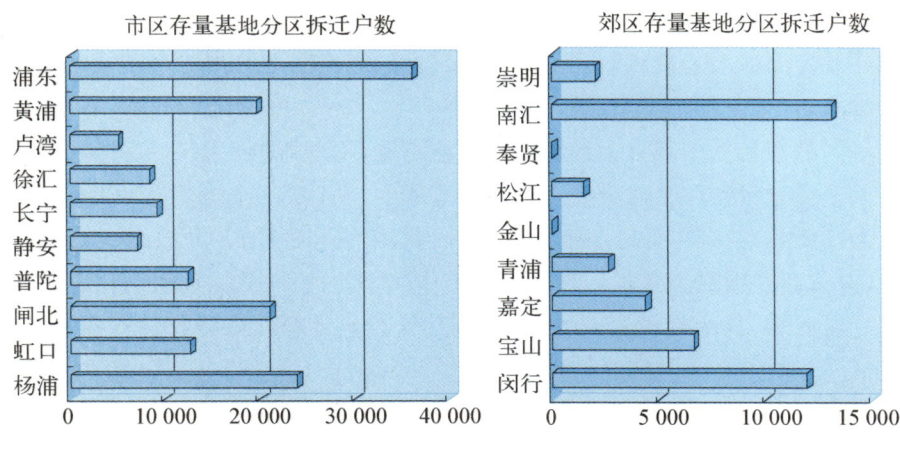

图5-4 上海各区拆迁户数量

从图5-4市区和郊区各个细分区域的拆迁户数图中发现,与细分区域的存量基地个数类似,各区县的拆迁户数也表现出少数几个区县规模集中的特点,例如市区的浦东、郊区的南汇和闵行,这三个区也是存量基地数量集中的区域。因此加快推进这些区域的拆迁工作将能起到极大的促进和带动作用。而与细分区域的存量基地个数分布特点不同的是,市区其他区县的拆迁户数明显存在相对较大的数量差异。例如市区的黄浦、闸北、杨浦三区,基地个数与其他区域相差不多,但拆迁户数却明显多出不少,其重要性仅次于浦东。除南汇和闵行以外的郊区其他区县中,宝山和嘉定拆迁规模较大,与其相对较多的基地个数相应,可作为郊区加快拆迁工作的次一级重点区域。

2. 按基地性质和项目性质分类

根据各区县上报的在拆基地情况汇总,截至2006年底全市在拆基地中,按基地拆迁性质划分,一般性质基地607个,旧城改造性质基地127个;按项目性质划分,市政项目的拆迁基地有147个,商业项目398个,公益项目49个,其他类型项目140个。

通过分析发现,旧城改造性质的127个基地中有120个都在市区,这与旧城改造的本质基本吻合。其中有89个基地是商业项目的建设用地,还有30个基地是非市政、非商业、非公益的其他项目用地。从目前上海市的拆迁工作实际操作情况了解到,按市场价格补偿的价款一般不足以购买拆迁基地周边的商品房,而市区内也没有足够的安置房源,这与被拆迁户较为普遍的就地安置想法形成极大的差距,也是存量基地拆迁工作停滞不前的主要原因。因此,政府相关管理部门在制定旧城改造规划时,有必要换位思考,考虑旧城区市民分享城市建设利益的诉求,合理安排,科学规划,公平分配。

不同的项目类型其社会经济效益往往不同,用地规模也有一定差别。例如:市政和公益项目往往会对全社会产生影响作用,利益涉及面较广,而商业项目的利益涉及面相对狭窄,但经济效益明显,因此城市拆迁工作应优先考虑市政公益项目、兼顾商业项目。考虑到当前拆迁工作面临的种种困难,加快消化存量基地可以先易后难,从小规模基地入手,实践加快推进的新政策、新机制,积累经验,进而推广到规模较大的存量基地。

表5-2 上海不同规模的存量基地数量及其所占比例

基地规模	小于20户	20—40户	40—100户	100—500户	500—1 000户	1 000户以上
基地个数	106	88	162	247	65	39
所占比例	15%	12%	23%	35%	9%	6%

从表5-2可以看出,全市小于20户的基地有106个,占到全部存量基地的15%。对于这类小规模基地,基地面积不会很大,补偿安置标准容易统一,宣传、说服等工作也易开展,拆迁工作的难度相对较小,可以按照优先考虑市政公益、兼顾商业的原则分类有序推进,在减少存量基地数量的同时也能够实现社会经济利益的最大化。

拆迁户数在1 000户以上的39个基地,主要集中在市区,以黄浦、闸北、杨浦、普陀等区为主,郊区的闵行、南汇也有分布。进一步分析各基地的进展情况,发现有30个基地已经完成全部拆迁任务的50%以上。对于此类大规模基地,尽管其补偿安置标准复杂难以统一,拆迁工作的难度和阻力极大,但考虑到已经投入的巨额补偿安置费用以及巨大的社会经济效应,也有必要作为加快推进完成的重点基地,根据各基地当前的进展情况,相应地采取有效措施,如根据当地房价上涨速度适当提高补偿标准、完善安置用房的配套建设、沟通对话缓和拆迁双方矛盾对立情绪等。

3. 按拆迁许可证核发时间分类

根据各区县上报的在拆基地情况汇总,截至 2006 年底全市在拆的基地中,2001 年以前核发拆迁许可证的基地有 4 个,2001 年至 2002 年间核发的 53 个,2003 年至 2004 年间核发的 188 个,2005 年至 2006 年间核发的 489 个,其中 2005 年核发的 196 个,2006 年核发的 293 个。从图 5-5 中不难发现,拆迁许可证核发时间较早的存量基地个数较少,随着拆迁许可证核发时间的临近,存量基地的个数在快速增加。这一方面反映出上海市拆迁工作近几年的展开速度在加快,大量新的拆迁基地出现,给消化存量基地的工作增加了新的负担,从加快存量基地消化的角度出发可以考虑控制新增基地的数量,限制存量基地数量快速增长,缓解加快推进存量项目的压力;另一方面也反映了拆迁工作需要一定的时间展开,随着持续时间的延长,拆迁进度会逐步完成。

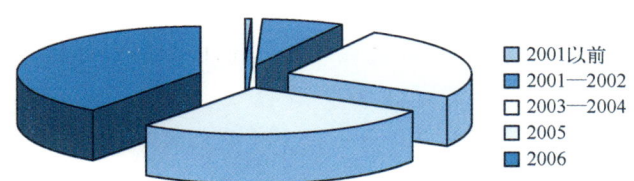

图 5-5 上海存量基地按拆迁许可证核发时间分类数量分布

对按拆迁许可证核发时间分类的深入分析,首先应围绕其时间特性展开。例如拆迁许可证的有效期限,对于拆迁许可证已经过期的存量基地,继续进行拆迁的法律基础已经丧失,更不应作为加快推进的存量基地。对于拆迁许可证接近有效期限的部分基地,要结合其拆迁进度区分对待。

根据上海市各区县上报的在拆基地情况汇总可以发现,拆迁许可证在 2001 年以前核发的 4 个存量基地都在市区,分布在黄浦和虹口,其中有 3 个基地都仅剩一户尚未拆迁,拆迁进度接近 100%,而另外 1 个基地也只有 19 户尚未拆迁,拆迁进度达到 70%以上。尽管其拆迁工作已经持续了七八年时间,但其拆迁进度也已接近尾声,因此可以针对这些基地的具体情况采取有效措施以便在拆迁许可证有效期内尽快完成。

拆迁许可证在 2001 年到 2002 年之间核发的 53 个基地中,有 37 个基地(约 70%)的拆迁进度达到 80%以上,且拆迁规模均在 200 户以上,也有上千户的大基地,但截至目前剩余拆迁户数多在 20 户以内;有 8 个基地拆迁量不足 50% 或刚好一半,有的甚至至今一户未拆。

拆迁许可证在 2003 年到 2004 年之间核发的 188 个基地中,有 106 个基地(约 56%)的拆迁进度达到 80% 以上,其中 85 个基地剩余拆迁户数不足 20 户,30 个基地只剩余 1 户;有 28 个基地拆迁进度不满 40%,剩余户数均在 50 户以上。因此,在 2001 年到 2004 年之间核发拆迁许可证的基地需要区别对待,拆迁进度趋于完成的基地继续推进的难度相对较小,可作为加快推进的重点关注基地,针对基地的具体问题研究制定具体的拆迁策略和方法,而拆迁进度较为缓慢的基地难度相对较大,需要根据基地和项目的具体性质、社会经济效益等多方面评价因素做出加快推进或维持现状或暂缓推进的战略决策。

拆迁许可证在 2005 年核发的 196 个基地中,有 109 个基地(约 61%)的已完拆迁比例在 80% 以上,这其中有 101 个基地的剩余拆迁户数在 20 户以内;30 个基地的已完拆迁比例不足 40%,剩余户数多在 20 户以上,基地整体拆迁情况优于 2003 年到 2004 年的基地。

由于拆迁许可证在 2006 年核发的 293 个基地拆迁情况汇总数据中有部分缺失,从目前获得的数据中可以看出大体与上述几个年份的情况类似,但相对完成比例较低,约 40% 的基地完成 80% 以上的进度,约 20% 的基地进度不足 40%。

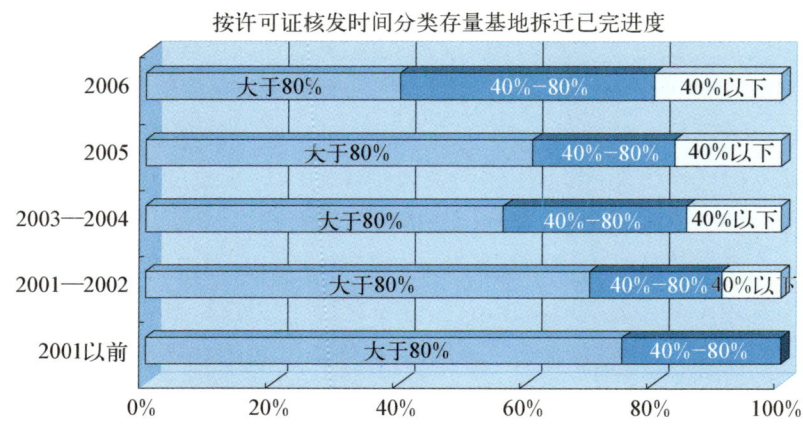

图 5-6　各类存量基地完成比例分布

通过以上分析,可以看出随着时间的推移,拆迁基地的完成进度在逐步深入,从图 5-6 中可以看出,各时间段内已完进度大于 80% 的基地比例基本上随着年份从前到后逐步降低，而已完进度不足 40% 的基地比例则逐年增加，这证明城市拆迁工作确实需要一定的时间来消化进度。

从狭义存量基地内涵的角度出发，对于按拆迁许可证核发时间分类基地的深入分析还可从存量基地当前的消化速度着手进行分析。理论上存量基地的拆迁工作应该有一个正常的消化速度，即在拆迁许可证有效期以内按此速度进行可以完成全部拆迁任务。当某存量基地实际的消化速度明显慢于正常的消化速度时，有必要通过外力作用推动其拆迁工作的持续进行。但从目前可能收集到的所有相关数据资料，难以对存量基地的正常消化速度做出准确估计，对基地当前的进展情况以及遭遇的阻力也没有及时准确的资料。因此建议拆迁工作相关管理部门建立信息网络平台，完善拆迁基地监控指标体系，加强日常数据资料的收集整理更新工作。

5.1.3 存量基地的特点

存量基地有不同于增量基地的特点，下面将从上海在拆基地的统计数据分析以及现实情况分析两方面着手，分析存量基地的特点。

1. 统计特点分析

根据对上海现有的 800 多个基地的宏观统计数据分析，存量基地有以下几方面的特点：

A. 空间分布散乱

截至 2007 年 7 月，全市的在拆基地数为 842 个，总户数为 217 085 户；其中市区拆迁基地为 438 个，拆迁户数 170 876 户；郊区 404 个，拆迁户数 46 209 户。郊区的 46 000 多户拆迁户分散在 400 多个基地，较为零散。从目前的完成情况来看，市区和郊区已完成的拆迁户数分别为 114 923 和 32 363 户，完成工作量分别达到 67% 和 70%[①]。

B. 消化速度缓慢，拆迁期限长[②]*

从拆迁许可证核发的时间看，有 72% 的在拆基地在 2005 年以后核发拆迁许可证（其中 2007 年颁发拆迁许可证的 14%），2003—2004 年间核发的占 21%，2001—2002 年之间核发的为 6%，2001 年之前核发许可证的基地有 4 个。

---

① 此处的数据根据上海市房地局提供的在拆基地汇总表统计得到。
② *标记以下部分的数据根据各区县的具体拆迁基地数据汇总得到。

2005年之前核发拆迁许可证的基地的,拆迁时间超过两年,但在在拆基地中所占比例将近30%,这说明拆迁消化速度存在一定的问题,拆迁延续时间较长。

C. 各基地拆迁实施情况差别大

通过对各区县在拆基地的统计,全市约有35%左右的在拆基地的已拆户数比例达到90%以上,约有45%左右的在拆基地的已拆户数比例达到80%以上。从各时间段来看,2001—2002年之间核发拆迁许可证的基地完成90%以上拆迁量的约占两年内全部核发拆迁许可证的基地的60%,2003—2004年约占40%,2005—2006年约占30%。同时,2001—2005年核发拆迁许可证的基地中,拆迁量不到30%的基地将近50个,将近20个基地都不到10%,有些甚至一户未动。拆迁量已达80%的基地,尽管仍陷在动拆迁难的困境中,但剩余比例已不多,而且又有前期工作的经验与基础,可以作为重点突破对象。

D. 基地规模差距大

从整体分布上看,市区拆迁基地平均规模远大于郊区。市区的拆迁基地数占全市拆迁基地数的52%,而拆迁户数占到79%。全市基地平均规模为258户,其中市区的基地平均规模达到380户,郊区基地平均规模为114户,市区基地规模是郊区基地规模的三倍以上。拆迁户数超过1 000户的基地超过40个,主要集中在市区,以黄浦、杨浦、闸北为最多。杨浦、闸北、黄浦和浦东新区各区的总体拆迁户数超过20 000户,其中浦东新区更是超过40 000户。从个别基地情况看,规模大的基地有4 800多户,规模小的基地仅几户,有的甚至只有一户。从全市来看,有140多个基地的拆迁户数小于20户。对于小规模基地,工作量小,可以作为重点突破对象。

E. 商业项目占据半边天

436个属于商业项目,约占全部在拆基地的50%以上;市政项目有182个,占20%以上。从2007年市级重大工程拆迁情况看,涉及总户数33 296户(包括居民29 845户,单位3 450个),总建筑面积1 000多万平方米,一半以上的居民和单位已经完成拆迁。少数几个区,如普陀、闸北、长宁、杨浦等,已完成80%以上。

2. 现实特点分析

从各基地的具体现实情况看,存量基地又存在着以下的特点:

A. 现有矛盾对立严重

拆迁涉及城市建设和发展,也涉及居民的切身利益,矛盾众多在所难免。矛盾的实质是利益的矛盾和冲突。作为拆迁客体的不动产房屋,是被拆迁人赖以生存的最基本的居住空间和物质载体,是被拆迁人最主要的家庭财产。在拆迁中,一方面,安置房屋的面积、层次、朝向、地点和环境各不相同,其价值在房地产市场上也有着明显的差异,被拆迁人必然竭力争取更多利益,但由于受政策和客观条件等方面的限制,被拆迁人的要求不可能全部得到满足;另一方面,拆迁人也可能因为自身利益压低补偿。在这种情况下,拆迁人与被拆迁人之间难免产生矛盾和冲突。

在存量基地拆迁中,拆迁工作可能产生的众多矛盾都已经显露出来。特别是拆迁工作长期处于停滞阶段的基地,由于长期形成的对峙局面,拆迁双方对立严重。这种长期形成的不满情绪不仅出现在被拆迁人中,也使拆迁人失去耐心,这更使拆迁工作陷入僵局,难以突破。

B. 拆迁纠纷往往已带有群体性

每个拆迁项目通常有几十户甚至几百户以上的被拆迁户,虽然具体情况各不相同,但在争取更多的补偿这一点上是相同的。共同的利益诉求,会使他们形成利益群体。这种情况在存量基地,特别是陷入拆迁困难期的基地,更为普遍。因此只要有一户处理不好,就会牵一发而动全身,增加更多被拆迁人的不满和对立情绪。

C. 不信任感与心理排斥严重

拆迁纠纷的被拆迁一方处于相对被动的弱势地位。拆迁双方只有拆迁方积极主动,而被拆迁方是被动应付,但不管被拆迁方愿不愿意拆迁,在一定时间内都必须拆迁,否则拆迁方将按规定申请司法或行政强制执行。这种强势对弱势的局面容易增加被拆迁人的排斥心理。

拆迁工作中的区别对待是造成这种不信任感的重要原因,特别是在存量基地中。所谓的"前后一致"并没有实施到位,被拆迁人在实际情况中看到的依然是"晚走多得益"。在同一个存量基地中,对于愿意早搬迁的人,其他被拆迁人就会将其归为"关系户",不公平感的加深加剧了不信任感,使拆迁工作越来越难。

同时,参加拆迁工作的拆迁公司,对于那些让他们长期无法完成拆迁任务的存量基地也会心存不满,进而对这些基地的拆迁工作产生排斥心理和倦怠心理。而从事拆迁工作是需要耐心的,否则不可能顺利完成。

通过对全市十几个存量拆迁基地的实地调研,笔者发现拆迁经办人与被拆迁户之间存在较强的排斥心理,双方的信任度很低,这也是存量基地拆迁面临的重要难点之一,迫切需要重新建立交流基础,甚至更换一批拆迁经办人员。

D. 拆迁纠纷的时效性和长期性并存

拆迁的时效性在于拆迁必须在规定的期限内完成,否则就只有通过强制手段来解决纠纷,达到完成拆迁的目的。但由于是通过强制手段解决的,被拆迁方必然心里不服,纠纷依然存在,甚至使纠纷更为激烈,处理时间更长,这说明拆迁纠纷又具有长期性。而对于存量基地来说,长期没有得到解决的纠纷很有可能是通过强制手段解决的,这势必会使拆迁纠纷长期化,越积越深。所以,缓解存量基地中已经产生的种种纠纷,化解其长期性特征带来的危害,是加快消化存量拆迁项目的前提和切入口。

E. 剩余未拆迁户中人员构成复杂,生活困难者较多

存量基地拆迁出现瓶颈的重要原因之一是,剩余的被拆迁户中的确存在许多生活困难的住户,这使得拆迁工作越到最后越难。特别是在老城区,大部分被拆迁人是经济困难户和住房小面积户,有的是"老弱病残"者,有的几代同堂,经济无来源,生活无着落,所得拆迁补偿款又无力购置合适的住房。这给拆迁补偿安置工作带来很大困难。

关心和帮助困难群体是社会的责任,但拆迁工作并不等同于社会扶贫,只是许多一直隐藏着的问题在拆迁中暴露出来。这就需要政府进行多部门协调,将出现的问题正确归位于各职能部门,切实保护困难群众的利益。解决了这部分被拆迁人的生活问题能使拆迁工作前进一大步。

F. "半完工基地"已造成一定社会经济损失

所谓的"半完工基地"就是指拆迁到一定程度无法继续进行的基地。政府或者开发商已经在这些基地中投入了一定的人力、财力、物力,投入的成本是沉没成本,无法挽回。如果放弃这些基地,就意味着开发商之前的投入化为乌有。如果继续拆迁,又困难重重,没有把握,开发商不敢贸然投入更多资金。这使许多拆迁基地一直悬而未决。

同时,对于仍居住在拆迁基地的被拆迁户来说,也会造成一定损失。许多拆迁基地的居住条件差,卫生条件差。对于居住在已拆除房屋周边的居民,更是如此,居住舒适度受到影响。有些房屋结构破坏较为严重的居民,寻求拆迁公司或者政府的帮助未果,只能自己花钱整修,这也造成了他们的经济损失。

5.1.4 存量基地拆迁难的原因

1. 信息不对称造成被拆迁人不满

有些存量基地,在拆迁伊始,就没有将拆迁政策宣传到位,也没有将有关情

况进行公示,单一个"拆"字怎么能使老百姓拆得心服口服。信息的不透明、不"阳光"使被拆迁人心生不满。笔者在调研中发现,有的拆迁基地,公示中说明基地性质是公益性用途,被拆迁人积极配合市政拆迁工作,但实际上该基地的性质却是商业用途。这种前后不一致往往使被拆迁人心生不满,产生"被欺骗"的感觉。在该基地后续的拆迁工作中,易出现信任感缺失的情况,使双方难以友好协商,这显然不利于存量基地的加快消化。

2. 历年积淀的矛盾未得到及时处理

在拆迁房屋中,存在一些年代较长但无产权证的房屋、多年的违章建筑或早已过时的临时建筑、随意破墙开店作为营业用房、房屋产权不明或有纠纷的房屋。这些房屋带来的问题,本不该由拆迁单位解决,但被拆迁人却往往希望通过拆迁来解决历史遗留问题。

由此可以看出拆迁工作牵扯出许多长久积淀下来没有得到及时处理的矛盾。这些矛盾本不应由拆迁人来承担,但由于之前有关部门未妥善解决,使这些问题在拆迁时才暴露出来。拆迁工作原本就繁琐,再加上众多不属于拆迁应解决的问题,加快消化存量基地的工作难度相当大。

3. 拆迁管理未能适应当前拆迁工作新情况

一是拆迁市场缺乏有效管理,面上不平衡,前后不一致。所谓"面上不平衡",指的是各个区县在拆迁补偿政策上各自为政。由于其社会经济发展情况不同,故制定的补偿标准也不相同,一区一政,政策混乱,最终导致地区间拆迁补偿不公平,这必然引起被拆迁户间的攀比,导致收益少者心理的不平衡,从而引起诸如上访等一系列问题。"前后不一致",指的是拆迁补偿标准并未做到"早走多得益,晚走少得益,不走不得益",反而是"不走最得益",最终导致政府丧失公信力与政策严肃性。二是拆迁工作人员队伍素质不高,部分拆迁工作人员文化程度低、经历单一,又不善于总结经验,缺乏做好新形势下拆迁工作所必备的工作方法和艺术,还有少数拆迁工作人员作风不踏实、服务意识淡薄。

在存量基地拆迁过程中,反映出来的拆迁管理问题更为直接:有些拆迁公司的工作人员工作责任意识差,态度不端正,并未发挥协调人的作用,在被拆迁人处碰到钉子就轻易放弃;个别存量基地的拆迁期限前后已达两三年,而经办人员只与被拆迁人接触过一到两次;有些甚至协商过一次碰壁就放弃;经办人责任意识不够,服务意识淡薄等。这些都不利于拆迁工作的推进。

4. 拆迁补偿标准争议多

拆迁人与被拆迁人争议最多的问题就是拆迁补偿金额问题。从拆迁人的利益角度出发,总是希望降低补偿标准以获取更多利益。部分基地的确存在补偿标准过低,被拆迁人利益得不到保护的问题。从被拆迁人的利益角度考虑,有些人会对拆迁的期望值过高或对政策有误解。在老城区的一些被拆迁人中,既盼拆迁、又怕拆迁的心理大量存在。他们寄希望于拆迁来改善住房条件,但自身购买力有限,因此一遇拆迁又表现出不愿拆迁不愿配合的情绪;有的对拆迁政策不了解,甚至有误解,对拆迁补偿安置抱有过高的期望值,一旦得不到满足,心理就严重失衡,从而抵制拆迁;还有部分"钉子户"想通过拆迁迅速致富,提出过高要求,不达目的不搬迁。

拆迁持续时间长的存量基地,更容易出现补偿金额方面的矛盾。房地产市场的迅速发展,使房价不断上涨,而同一基地拆迁持续的时间长,势必会遇到补偿金额前后是否一致的问题。从房地产市场评估的角度考虑,由于房价的上涨,补偿金额增加理所当然。但这又会引起前期已拆迁的住户的不满。即使是由于房价上涨所引起的正常补偿金额的增加,也会使早期的被拆迁人认为前后补偿标准不一致,从而引起新的矛盾,增加存量基地拆迁工作的困难。

5. 对造成被拆迁人的生活不便考虑不周

拆迁安置房的位置相对比较偏僻,一般距被拆迁人原先居住的地方较远,这势必会影响被拆迁人原先的生活,在工作和学习上造成不便。特别是原先居住在老城区的居民,生活相对便利,而安置房所在地往往生活配套并不成熟。在对存量拆迁基地的调研中发现,有部分被拆迁人担心子女教育问题,认为安置房所在区域的学校质量不佳,而不愿搬迁。在存量基地剩余的拆迁户中,对安置方案不满的人占很大比例,这也是造成存量基地拆迁难的重要原因之一。

拆迁纠纷如不能及时得到有效解决,就易于激化,从而产生存量拆迁项目越来越难拆的问题。拆迁工作难以进行下去的存量基地所产生的多方面影响是显而易见的:一是有损政府形象。虽然有的拆迁活动主要是一种民事活动,但由于拆迁行为须经行政审批许可,拆迁政策由政府制定,且房屋拆迁具有政府规定的强制性,同时,也由于人们长期受"计划经济"等观念的影响,从而使得社会和群众普遍把拆迁活动看成是一种政府行为。因此,拆迁纠纷的增多,势必造成群众与政府对立,影响政府的良好形象;二是影响社会安定。大量的拆迁矛盾和纠纷,已成为市民和社会关注的焦点和热点。矛盾和纠纷处理不好将成为普遍的社会问题;三是阻碍城市建设的顺利进行。房屋拆迁是城市建设中重要的前期工作,必须在规定的时间内完成,否则将使建设项目无法进行。因此,拆迁纠纷如不能妥善处理,最终将影响城市建设的步伐。这些影响的存在,使加快存量基地消化的任务更加紧迫。

5.2 城市拆迁中相关主体调研情况

5.2.1 被拆迁人调研情况

2007年7—9月,笔者选取杨浦、虹口、静安、普陀等十个基地,通过访谈与问卷调研相结合的方法进行实地调研。累计向被拆迁居民、拆迁公司累计发放了300份问卷(其中,向被拆迁居民发放问卷200份,向拆迁公司发放问卷100份),共回收283份问卷,其中有效问卷277份(回收被拆迁居民有效问卷186份,回收拆迁公司有效问卷91份)。根据对回收问卷的统计分析,笔者得出如下结论:

1. 多数被拆迁居民愿意动迁,但亦有近四成居民热情度不高

通过对调研结果的统计发现,约有63%的居民愿意动迁,25%的居民不愿意动迁,其余12%的居民对此持无所谓的态度。居民不愿意动迁的主要原因是拆迁补偿过低、安置地点偏远,拆迁带来的就医、上学、上班等诸多不便,而且也离开了原来熟悉的生活环境。如图5-7所示。

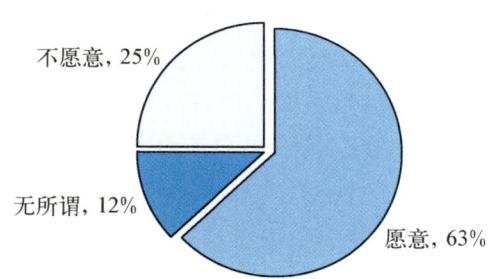

图5-7 动迁居民对动迁的态度

2. 各区各基地被拆迁居民获得的补偿标准不一致

在拆迁补偿中,不同地区不同基地的补偿标准不一致,如杨浦区人均补偿在15万~20万元之间,虹口区人均补偿约为22万元左右,静安区人均补偿在22万~30万元之间,闸北区人均补偿在18万~25万元之间,普陀区人均补偿在7万~20万元之间。

3. 被拆迁居民期望补偿与实际补偿有差距

调查中,大部分被拆迁居民期望人均补偿可以达到25万~30万元。不同区县的被拆迁户对补偿的期望值也不相同,但都希望获得的拆迁补偿能够在原住址附近购买合适的二手房。以三口之家的被拆迁户为例,他们期望能在附近买到二室一厅的住宅,以改善居住条件。但也有个别居民提出人均补偿100万元的要求,这种要求与实际补偿标准相差甚远。

4. 超过五成被拆迁居民对政府部门工作不满意

约53%的被拆迁居民对政府部门工作不满意,35%不太满意,只有12%对政府部门工作基本满意。如图5-8所示。

这种不满意主要集中在补偿标准过低、安置房源过于偏远、拆迁过程没有做到公开透明、拆迁政策前后不一致等方面。

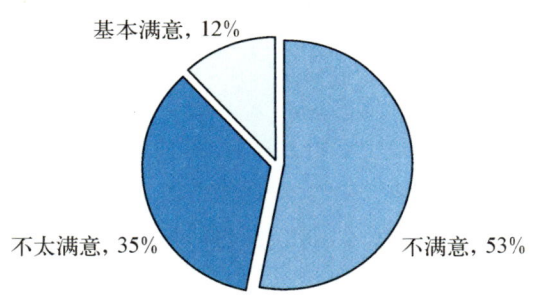

图5-8 被拆迁居民对政府部门工作满意度

5. 几乎所有被拆迁居民均表示对拆迁公司不满

被拆迁居民对拆迁公司的不满主要是由于部分拆迁公司在拆迁过程中使用了不正当手段,如停电、停水、恐吓、欺骗、暴力、使用空白协议、强行拆房等。这些卑劣野蛮行径,无视法律法规,严重损害了被拆迁居民的合法权益,影响了被拆迁居民的正常生活,极端地甚至导致居民患病、受伤、死亡,在居民中造成了极其恶劣的影响。如图5-9所示。

此外,拆迁基地环境卫生状况普遍较差,被拆迁户的基本生活和人身安全得不到保障。调研中,几乎所有居民均认为应加强对拆迁公司的监管,规范其行为。

第5章　上海城市房屋拆迁现状调研

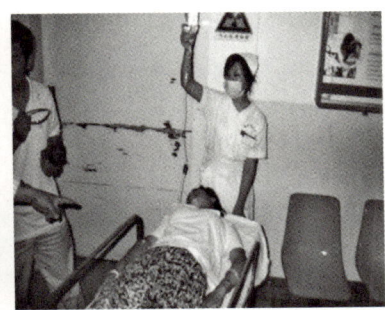

注：左图反映居民家中房屋被破坏情况，上图反映居民与拆迁人员冲突导致住院。

图 5-9　被拆迁居民与拆迁人冲突示意

6. 近九成被拆迁居民对评估结果不认可或不完全认可

对于评估公司评估的房产价格，约 68% 的居民不认可，19% 的居民部分认可，只有约 13% 的居民认可。居民不认可主要是因为估价人员未实地考察，以及评估价格未遵循市场价或估价时点过早，过多的从拆迁人角度考虑问题等。如图 5-10 所示：

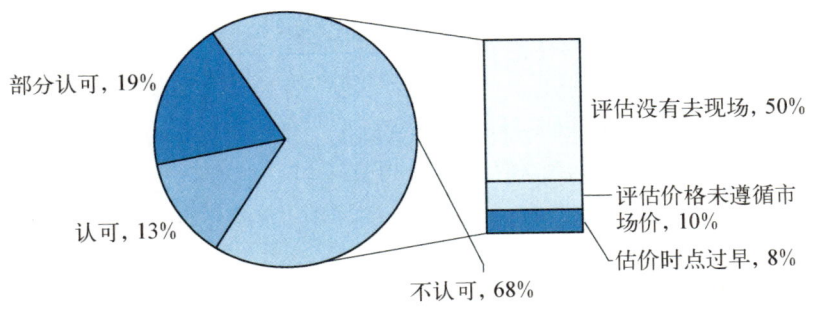

图 5-10　被拆迁居民对房屋评估结果认可度

7. 几乎所有被拆迁居民均不赞成强制拆迁

从调查结果来看，所谓"钉子户"的比例大约占被拆迁户总数的 5% 左右，强

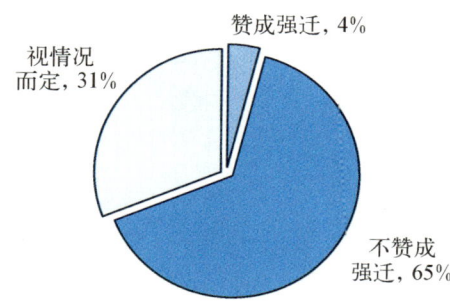

图 5-11 动迁居民对强制拆迁的态度

迁户约占 0.5%—2%。对于强迁,65% 的居民不赞成,认为其违反人权;31% 的居民认为应视情况而定;对无理取闹者应该强迁,只有约 4% 的居民赞成强迁。很多居民因为强迁失去了生活来源和工作机会,承受了巨大精神压力,最终可能会影响社会的安定与和谐局面。如图 5-11 所示。

5.2.2 政府调研情况

在调研中发现,政府部门对拆迁工作的看法可以概括为以下几点:

1. 动拆迁工作的中心问题在于各方的价值标准不同

改革开放之后,我国居民的思想越来越理性化、法制化、市场化,私有财产不容侵犯和私有财产应受保护的观点已逐渐深入人心,但是政府的旧城改造、城市动拆迁政策仍带有较强的计划色彩。另外,对于居住房屋的价值,居民除了考虑其现有价值,还会考虑其升值潜力,对自己工作、生活、今后发展前途的影响等多方面问题,而政府通常只考虑房屋本身的市场价值。政府将房屋补偿标准简单化,而居民却有方方面面的考虑。居民和政府价值标准不一样、不统一,必然产生问题和矛盾。因此,对被拆迁房屋的价值应有重新的认识,不应片面地只按照市场价值认定。拆迁补偿不但要重新衡量居民外在物质损失的价值,而且应该依据一定标准对居民的各方面损失做出合理补偿。

2. 在建设项目可行性研究阶段就应充分考虑土地动拆迁的成本

目前建设项目可行性研究阶段很少考虑动拆迁问题。但实际上,动拆迁问题是大多数建设项目都需面对的难点,成本巨大且不确定性很高。因此,政府应改变官本位作风,树立正确的政绩观,在动拆迁问题上三思而后行,在建设项目可行性研究阶段就应对动拆迁问题充分考虑、细致分析,全面衡量建设项目的风险和收益,而后做出决定。

3. 正确引导社会舆论的方向

目前动拆迁工作基本上是"老鼠过街,人人喊打",社会各界对房屋拆迁抱有不同程度的成见。被拆迁户作为弱势群体,理应得到社会舆论更多的关注与同情,但这中间常常忽视了政府应有的合法利益,有些矫枉过正。笔者认为:一方面,应鼓励社会舆论揭露动拆迁工作中的问题、不足甚至是阴暗面;另一方面,也应正确引导社会舆论的方向,中立、客观地看待问题。政府的强势与被拆迁居民的弱势是常态,但不是定态,在某些问题上,强势的政府也可能变成弱势群体,其正当合法权益也会受到损害。

4. 2007年《新条例征求意见稿》将带来拆迁工作根本性变化①

2007年《新条例征求意见稿》是在《物权法》之后制定的,因此和2001年《条例》相比,会发生根本性的变化:

(1)拆迁的出发点发生变化。现行的条例主要围绕建设项目制订,其出发点是保障建设项目的顺利进行;而2007年《新条例征求意见稿》以"公共利益"为拆迁的唯一依据,其目的在于限制政府行为,消除政绩观、注重短期效应等不良倾向。因此,2007年《新条例征求意见稿》的出台使得拆迁的出发点发生根本性的变化,使得拆迁工作受到更多的约束,从而最大限度地保障了被拆迁人的合法权益。

(2)拆迁主体发生根本性变化。2007年《新条例征求意见稿》明确规定土地征收的主体只能是国家,而不能是建设单位或开发商。因此,今后的国有土地征收工作只能由相应政府机关进行。政府的角色将由以前的"裁判员"转变为"运动员"。

(3)行政强制色彩将更加浓厚。现行条例采取"行政拆迁+民事补偿"的手段,而在2007年《新条例征求意见稿》实行后,拆迁将以行政手段为主,民事手段只起辅助作用。因此,尽管2007年《新条例征求意见稿》出发点很好,但如果缺乏对政府有效的监督手段,那么被拆迁居民的"私权"面临更大地被侵害风险。

5.2.3 拆迁公司调研情况

在目前的拆迁管理中,拆迁公司受拆迁人委托,是拆迁工作的实际执行人,是处于一线直接与被拆迁人接触的主体,因此必然掌握大量信息并对拆迁政策及其执行过程有自己的理解。对拆迁公司的调研主要采用实地走访与调查问卷相结合的方式,经过分析,拆迁公司对拆迁工作的看法可以概括为以下几点:

---

① 本部分内容主要根据上海市杨浦区房地局曹福麟副局长访谈资料整理。

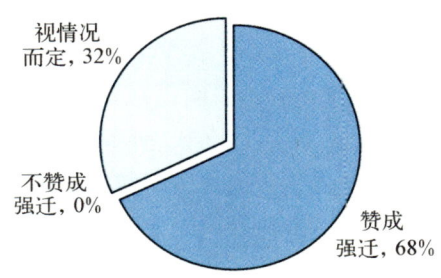

图 5-12 拆迁公司对强迁的态度

1. 一致赞同强迁,与居民态度截然相反

对于强迁的看法,拆迁公司与居民的态度恰恰相反,约68%的受访者表示赞成,32%的受调查者表示视情况而定,而反对的凤毛麟角。强迁前,拆迁公司应该做好充分准备,开导居民思想,说清利害关系,并严格按法律程序操作。如图5-12、图5-13所示。

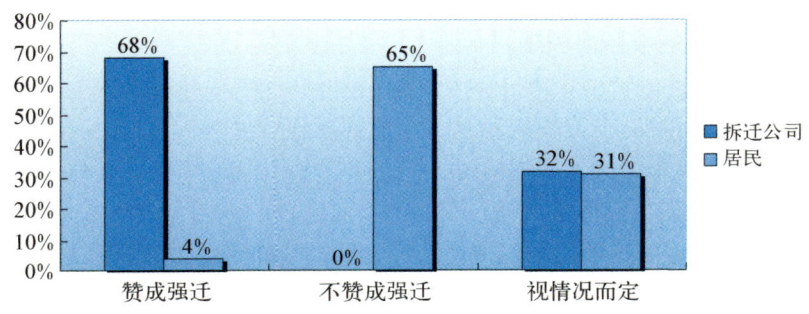

图 5-13 拆迁公司与居民对强迁看法的比较

2. 对于居民采用多种不正当手段获取超额补偿的行径束手无策

拆迁公司反映,相当一部分拆迁居民利用各种不正当手段以获得更高补偿,如大量迁入户口、"假"结婚、"假"离婚、开具非法怀孕证明等。目前,对这些行为,拆迁公司还没有很好的解决方法。

3. 拆迁经办人员素质亟待提高

目前参与一线操作的部分经办人员是下岗工人出身,文化程度普遍不高,开展拆迁工作呆板僵化,容易造成矛盾激化。因此,应加强对经办人员的培训与指导,使其充分理解拆迁政策,改进工作方法,最大限度地减少拆迁矛盾的产生和激化。

5.2.4 评估公司调研情况

房地产评估公司作为独立的第三方服务机构,在拆迁工作中担负着对被拆迁房产进行价值评估的责任。经过分析,评估公司对拆迁工作的看法可以概括为以下几点：

1. 评估价格无关大局

现阶段拆迁房屋的评估价格仅仅是作为实际补偿价格的参考，实际补偿价格主要还是由拆迁公司与居民协商谈判确定。因此，拆迁评估价格无关大局，只存在程序上的意义。

2. 市场比较法在拆迁评估中有其片面性

拆迁估价的价值标准为公开市场价值，评估过程中主要运用市场比较法对被拆迁房屋进行评估。但是在运用市场比较法进行评估的过程中，被拆迁人的土地使用权在补偿中难以得到充分显化。而如果按照最佳最高使用原则来评估，以新地价与折旧后的房屋现值相加，这样的评估价格又会使得拆迁成本激增且其依据不足。而且，运用市场比较法评估，没有考虑拆迁造成的被拆迁人生活、工作不便等因素。

3. 2007年《新条例征求意见稿》的实行将使评估公司走向前台，并承担更多责任①

随着国务院2007年《新条例征求意见稿》的出台，对于符合公共利益的土地征收将完全转变为政府的行政行为，此时评估价格必然将作为拆迁补偿的最重要依据。因此，可以预见，由于房屋评估价格直接影响到居民的补偿的切身利益，届时它将会成为被征收房屋的居民与征收人共同关注的焦点，评估公司有可能会取代拆迁公司而成为拆迁矛盾爆发的前沿阵地。另外，如果今后商业用途的建设项目采取完全的民事平等协商制，其必与因公共利益的行政征收存在一定补偿上的差异，那么评估结果将变得更加敏感。

5.2.5 开发商调研情况②

笔者采用访谈的形式对开发商进行了调研。从调研中发现，开发商认为当前拆迁面临的主要问题有：

---

① 根据上海房地产估价师事务所有限公司朱飞访谈材料整理。
② 根据由由集团等多家房地产公司调研资料整理。

1. 按"砖头"补偿,但仍需考虑"人头"

虽然2001年《条例》规定按所拆房屋面积进行补偿,但是在实际操作中,人口仍然是补偿必须考虑的因素。不少拆迁房屋虽然面积不大,但是户籍人口众多,对"人头"的考虑又造成拆迁成本居高不下、难以控制。

2. 违章建筑补偿无法回避

按照2001年《条例》,违章建筑不予补偿。但在实际操作中却无法落实,目前的做法是按补偿标准的50%进行补偿。然而这样的操作无疑使得违章搭建行为愈演愈烈。

3. 商业用房补偿安置是难点

一方面,商业用房能够获得稳定收益,被拆迁人往往要求原地回搬,但大多都拒绝支付之间的巨大差价;另一方面,如果拆迁区域建设规划没有商业用途,并且异地安置房源又不足的话,商业用房拆迁补偿标准往往超过住宅拆迁补偿标准的3—4倍,如此高的成本使商业用房的补偿安置成为难点。

4. 拆迁成本不断提高

调研发现,对于开发商来说,执行强制拆迁的门槛以及成本都较高。因此,对于被拆迁人高于原标准一定范围内的补偿要求,出于成本的考虑,开发商基本上采取能"放"就放、息事宁人的妥协策略。这使得在商业开发的拆迁中,最后的"钉子户"所得到的补偿远远超过原有补偿标准。在这种情况下,拆迁成本在某些区域甚至超过土地成本,其占开发项目总成本的比例逐渐提高,如表5-3、图5-14所示:

表5-3 部分旧城改造项目的拆迁成本比重

项目 \ 比重	项目总投资(亿元)	拆迁补偿(亿元)	拆迁成本所占比重
北京平安大道	21	17.6	83.8%
济南中心广场	11	7	63.6%
厦门鹭江道	2	1.38	68.2%
武汉汉阳旧城	17.4	9.2	52.9%
上海世茂滨江	47	22	46.8%

资料来源:蔡文韬,旧城改造存在投资机会.房地产报 2007-9-24.B14-15版.

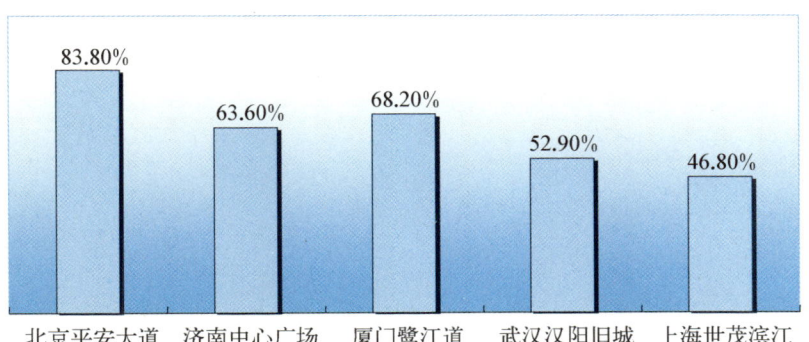

图 5‑14　拆迁成本占项目总投资的比重

5.3　典型拆迁基地调研情况

5.3.1　浦东世博动迁基地调研情况

1. 基地概况

浦东不仅承担上海世博 60％的动迁量,包括 10 660 户居民和 142 家企业,还承担着建设超过 110 万平方米的安置房任务。截至 2005 年底,完成了 99.88％的动迁率,远远超过了既定目标的 80％,2006 年 4 月 30 日,历时近 11 个月,动迁工作全部完成,受到了上海市政府的高度评价。为了在动迁中维护广大居民的合法利益,从而维护社会的和谐,从 2004 年浦东新区世博办成立后,就马上开始了全方位的调查摸底和不间断的政策口径研究,并通过几次"地毯式"摸底和向其他地区借鉴经验,制定了浦东世博拆迁补偿安置的政策口径,并在实践中不断完善。同时,通过"九公开"政策,把涉及世博动迁的法律文书、政策口径、动迁工作人员情况、被拆迁人的基本情况、评估结果、安置房源、房源使用情况、特殊困难群体认定条件、安置结果等内容以制度的形式成文并全部上墙公开,从而实现了拆迁过程的全程制度化、公开化。在这样的环境下,被动迁居民做到了心中有数,减少了矛盾的产生和激化。

浦东世博动迁安置基地总计 110 万平方米,包括三个主要地块:三林世博家园、南平小区、永泰花苑。世博动迁基地充分考虑了生活配套设施的建造,兴造了三林世博家园市民中心等一批商业、文化、教育等公建配套房屋,居民的居住条件在动迁前后发生了明显的改善。如图 5‑15、图 5‑16 所示:

图 5-15　世博动迁基地原状图

图 5-16　三林世博家园安置基地现状图

2. 补偿安置政策

A. 政府监督，信息公开

世博动迁管理中，政府负责监督并参与拆迁工作，同时基层街道办事处作为独立第三方参与拆迁工作，其主要职能是负责协调居民、拆迁公司和政府三者之间的关系，监督拆迁公司的行为，并且还参与前期具体拆迁政策和方案的制定。

在拆迁工作正式开始前，拆迁方做了大量的动员和宣传工作，将动迁工作各

个流程与细节全部公开,让居民充分掌握信息。

B. 前后一致,彰显公平

在世博拆迁过程中,改变了原来拆迁公司的包干制。拆迁过程中,只有当拆迁公司与被拆迁人签订补偿协议之后,政府财政才会给予相应拨款,拆迁公司同时获得相应的劳务报酬。这种模式,克服了包干制中拆迁公司对被拆迁人补偿"先紧后松"的问题,最大限度地做到前后一致、彰显公平。

C. 人性操作,深得民心

在世博拆迁过程中,实行"人头+砖头+有情操作"的人性化补偿安置政策。内容包括:① 建筑面积低于人均(核定的应安置人口)16 平方米,并且人均货币补偿款低于 10.3 万元的,不足部分给予补足;② 对提前拆迁发放奖励费和速迁费,最高合计可达 2 万元,此外还有相应的过渡费、搬家补助费、家用设施移装费等;③ 对帮困对象,安置房屋户型面积超过应安置面积的部分,可予以减免(原则上最高不得多于 5 平方米)其中差额,减免原则为就近靠档;④ 对于未出生的胎儿,只进行补偿,不进行安置;⑤ 拆迁补偿中,不进行二次安置,即以前曾在拆迁中安置过的人口,不再作为安置人口。

D. 全公开操作

世博拆迁秉承办博宗旨,最大限度地维护被拆迁户的合法利益,在此基础上确保世博项目顺利实施。坚持依法拆迁,做到监督有效,实行公开、公平、公正原则;坚持世博园区拆迁工作统筹协调一致,运用事务公开原则,在拆迁中实行"全公开操作"。

(1) 被拆迁人基本情况公开

浦东世博园区公示栏张贴的被拆迁人基本情况主要包括:姓名、被拆除房屋地址、被拆除房屋性质、被拆除房屋的见证面积、未见证面积、评估单价、实际居住人数、拟安置人数等,并且提出了公开操作程序有关具体措施。具体措施包括:各动迁公司在动迁办公室设立公示栏及举报箱;举报箱由专人负责,每天定时检查举报情况;举报人如在"被拆迁户人户情况公示"的公告公布之日起 7 日内向动迁公司提出书面异议,动迁公司在与所在地居委会协商后,与举报人取得联系,进行进一步核实与处理;首次公示期满 7 天后,拆迁公司负责将调整后的公示情况再次贴出,两次公示不同处用记号标出,二次公示期满无异议的,即可作为今后实施拆迁的依据等。

(2) 安置房源公开

安置房源公开内容主要包括:地点、数量、房型、层次及价格、使用情况、已签约人等。公开操作的措施包括:安置房源将根据房型、层次进行合理搭配,一次性推出;由安置小区开发商负责制作安置房楼书,并保证被拆迁居民每户一册;公开张贴安置房源总体信息等。

同时世博拆迁还公示了拆迁奖励费、速迁费等奖励标准和方法,以求加快拆迁工作的进度。如表5-4所示:

表5-4 拆迁奖励费、速迁费标准

时 间	奖 期	奖励费(元)	速迁费(元)
第一个月	第一奖期	8 000	12 000
第二个月	第二奖期	8 000	7 000
第三个月	第三奖期	8 000	2 000
半年内	奖期外	5 000	无
半年后		无	无

E. 弱势群体保障措施多样

世博会拆迁制定了保障弱势群体利益的政策,包括规定了每人最低补偿面积和最低补偿价格,在进行货币补偿时加入"有情操作"这一环节,产权调换的以市场优惠价来结算差价等。除此之外,浦东新区、上海世博会浦东新区事务协调工作领导小组办公室对拆迁中的特殊帮困群体也制定了相关政策。

特殊帮困群体的范围主要是:① 享受民政部门救助的社会孤老、社会孤残、社会孤儿中的独立户;② 自2004年7月5日以来,享受城镇居民最低生活保障家庭中的成员有下列情形之一的:经劳动能力鉴定机构鉴定为完全丧失劳动能力和大部分丧失劳动能力;符合《上海市城镇基本医疗保险办法》规定的身患大、重病对象(须由区级以上医院开具证明);经残疾程度评定机构评定为重度残疾的无业人员;③ 生活困难并已离退休的省、市级(含)以上劳模;④ 生活困难的烈属家庭(持证人)、因公牺牲军人家属(持证人)、病故军人家属(持证人)、伤残军人;⑤ 经有关部门通过规范程序认定的其他特殊困难家庭等。

另外,在拆迁补偿的具体实施过程中,对以上人员实际安置房屋的建筑面积因安置房屋户型面积原因超过应安置面积的部分,可予以减免(原则上最高不得多于5平方米)[①]。

---

① 崔霁.城市拆迁中补偿问题的研究.同济大学硕士论文,2005.

1. 存在的问题及不足

尽管浦东世博动迁工作取得了巨大的成功,但其中仍然存在一些问题与不足,总体来说包括如下六点:

(1) 安置房源及其差价问题。由于安置房源各房型需求比例无法预估,安置房屋户型面积超过应安置面积的情况时有发生,此时被拆迁人理应按规定支付差价,但很多被拆迁人无法承担这笔费用或者根本不愿支付。此外,不同基地的安置房源在地点、品质等方面存在差异,容易引起被拆迁人心理失衡。

(2) 人户分离问题。户籍更迁属自愿行为,不少居民虽然房屋被拆,但户籍仍在原址,造成人户分离,带来今后管理上的困难。

(3) 物业管理问题。被拆迁人中部分收入微薄且素质不高,因此当其搬入安置小区后,拖欠、拒付物业管理费的情况时有发生。

(4) 二次安置问题。在世博动迁中,原则上不进行二次安置。但实际运作过程中,不少被拆迁房屋本身是过去拆迁的安置房屋,由于当时的补偿标准过低,如果不进行二次安置明显有失公平。对于这种问题,应根据实际情况进行安置。

(5) 拆迁公司人员组织不稳定问题。由于拆迁工作人员具有较大的流动性,致使其存在为自己个人工作业绩与收益而违规操作的短期行为。

(6) 动迁公司违规问题。拆迁公司由于利益驱使,与居民串通,在为其牟取更多补偿的同时,自己也获得更高的提成收入。

4. 启示

浦东世博拆迁工作获得了多方认同,其补偿安置政策为居民所接受。政府切实保障了弱势群体的利益,拆迁改善了居民的居住条件和生活,为其他拆迁项目提供了很好的借鉴,同时也体现了世博会"城市让生活更美好"的主题。

5.3.2 佘山动迁基地调研情况

松江区佘山镇的拆迁工作有其独特的做法。在拆迁主体上,佘山镇由镇政府全面主导拆迁工作。镇政府下属的拆迁办公室扮演着拆迁人的角色,负责拆迁补偿和安置方案的制定并进行直接的管理及实施。而拆迁公司实际上有名无实,只是附属机构,是具体的政策执行单位。

1. 补偿安置政策

拆迁补偿安置政策主要由政府制定,其指导思想可以概括为"轻补偿,重安置",即一方面进行货币补偿;另一方面着眼于对居民的安置,着重保障百姓有房可住。

在政策的制定中,镇政府始终秉持两个原则:一是标准尽量定高。制定高规格补偿标准,充分照顾老百姓利益,在可能的范围内政策用足用尽;二是标准坚决统一。维护政策的严肃性、权威性,保证拆迁的公平、公正。

在具体的操作上,主要包括以下几点:

(1) 安置房由政府自建,资金主要来源于政府出让其他土地所取得的收益。采用所谓"低进低出"的方式,一方面政府低价补偿被拆迁户,减轻财政压力;另一方面,辅以安置房屋低价出售的措施以达到二者平衡。这种做法实际上是"政府暗贴",与补贴开发商建造动迁房殊途同归,但由政府主导却更能保证动迁房的质量。

(2) 现房安置,货币结算。佘山镇通过购房凭证将住房安置和货币补偿结合起来。一方面可直接按约定,低价购买安置房;另一方面,如果对安置房不满意,则可将其卖出,并用房屋出售收益以在市场上重新购买其他住房。

(3) 安置房分配方法。举例说明,如果应补面积为 30 平方米,而最低安置面积 60 平方米,则安置房面积则取大值 60 平方米;如果应补面积大于最低安置面积,设为 90 平方米,而被拆迁户希望获得更大面积的住房,则其有权以优惠价格购买一定范围内(如不大于 120 平方米)的差额面积。这既保证了住房条件,尊重了被拆迁户的自由选择权,也最大限度地显示了公平。

2. 经验

(1) 政府统一运作,拆迁公司具体执行。佘山镇拆迁管理中,以政府为运作主体,拆迁公司负责事务性工作而没有拆迁补偿安置的权力。政府拆迁办的统一操作,易于控制拆迁补偿安置标准,达到区域平衡和先后一致。且避免了多头领导、补偿安置标准难以统一等多方面问题。

(2) 做到"两个到位":手续到位,补偿到位。由于政府在拆迁中处于绝对主导和支配的地位,而被拆迁人处于相对弱势。这要求政府必须做到这"两个到位",首先做到自己在拆迁过程中问心无愧,才能让老百姓心服口服。

(3) 采用"软硬兼施"的工作手段。"软"的方面在于充分考虑并保障被拆迁户的利益,在动迁前以及动迁中大力进行宣传,充分与百姓沟通,切实关心百姓的生活疾苦,在制定补偿标准时最大限度地给予百姓优惠,保障百姓的合法利益;"硬"的方面在于补偿安置方案一旦确定就不轻易更改,对于无理要求坚决不妥协。

（4）重视宣传工作。重视拆迁宣传工作,利用基层党组织对动迁户进行说服教育并随时向上级领导反映,及时处理出现的有关问题。

（5）其他。动迁后成立非正规就业组织,切实解决动迁户的就业问题;根据各地块的不同特点做补充规定等。

3. 启示

佘山镇拆迁补偿的实践重新诠释了补偿与安置之间的辩证关系,既相互独立,又有内在联系。对于补偿,应该设定市场化的标准与规范,遵循价值规律、等价有偿、杜绝弹性操作;而对于政府在拆迁中应该担负的救济职能、保障职能,则可以在"安置"中考虑——这里的"安置"不一定指的都是住房,可以是关乎"民生"的各项内容。佘山的经验亦有其独特性。佘山镇地处郊区,安置基地与原拆迁基地距离相近,基本不存在"异地安置"的问题,镇管辖区域易于整体控制。而市中心区域拆迁过程中,房源偏远,难以做到就近安置,此外,中心城区不同区域间难以统筹协调。因此,佘山的经验尽管很好,但较难在全市大面积推广。

5.3.3 闸北动迁基地调研情况

1. 基地概况

闸北区苏州河北岸1街坊拆迁基地是一个矛盾比较尖锐的基地。该基地接连发生居民上访、群访的现象,且居民与拆迁公司矛盾较深,甚至曾爆发一定规模的冲突。

2. 存在问题及不足

根据该基地居民反映,拆迁中主要存在以下问题:

（1）拆迁许可证问题

拆迁许可证与另一份"彭浦村村办企业安置用地"拆迁许可证编号重号,均为闸拆许字(2006)第13号。对此,闸北区房地局的答复为"彭浦村村办企业安置用地"拆迁许可证编号并非13,乃是电脑输入时的手误。但这张13号许可证与之后颁发的14号许可证日期顺序却不相符。因此,居民对此解释普遍不满。如图5-17所示:

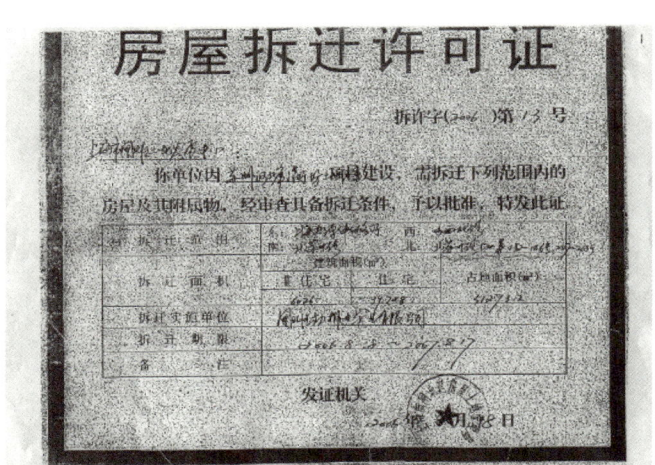

图 5-17　闸北动迁基地许可证

(2) 拆迁管理问题

该地块是闸北区人民政府和上海城市投资开发总公司以土地储备名义进行的旧区改造项目。在拆迁中，由临时成立的"苏州河动迁指挥部"全权负责管理，但是指挥部的组织合法性及其职能、权力范围受到居民的质疑。同时作为拆迁人的闸北区土地发展中心是一家原属闸北区房地局的事业单位，而按照上海市土地储备办法，它并不具有土地储备资格，居民对此反应强烈。而且拆迁许可证标明的动迁公司为上海闸北动迁有限公司，它是北方集团的下属单位，北方集团实际是该地块的所有者，这又与居民产生了很多矛盾。

(3) 动迁过程不公开、不透明问题

拆迁仍然实行已被废除的拆迁公司大包干方式，导致拆迁公司在利益的驱使下，违规行为层出不穷，如已签协议内容不公开、拆迁协议存在鸳鸯件，甚至不给动迁户协议书等。

(4) 评估问题

评估公司在评估被拆迁房屋价值时没有亲临现场、没有勘查记录、没有拍摄照片就出具了评估报告，评估结果让居民无法信服。

(5) 强迁问题

在拆迁中，未与居民达成协议的，由闸北区房地局进行行政裁决，但裁决前并不举行裁决听证。在强制拆迁前听证会中，只限三人在场，且直接由经办人宣读裁决书，被拆迁居民未及陈述听证会就草草收场。同时在行政强制拆迁实施中，执行人员不是国家机关工作人员而是动迁经办人，其工作方式野蛮粗暴，为达目的无所不用其极。

(6) 拆迁基地的安全、环境问题

拆迁公司签一家拆一家,拆迁基地现场一片狼藉。未搬迁居民生活在一片废墟中,垃圾成堆、蚊蝇成群。拆迁基地的居民失窃现象时有发生,安全隐患、火灾隐患、卫生隐患潜伏。

3. 启示

苏州河北岸1街坊拆迁工作中存在诸多不合理因素,居民与拆迁公司、政府管理部门的矛盾尖锐,动迁工作难以有序推进。因此,在今后的拆迁过程中,应当严格执行公开、公正、公平的原则,对拆迁过程进行有效监督,以避免野蛮拆迁、不合理拆迁等现象的发生。

5.3.4 普陀动迁基地调研情况

1. 基地概况

普陀区轨道交通七号线长寿路拆迁基地,位于普陀区长寿路、常德路、新会路交界处。房屋拆迁人为上海轨道交通七号线发展有限公司,房屋拆迁实施单位为上海中盛房屋动迁有限责任公司。拆迁居民936户,基地面积28 000平方米。

2. 补偿安置政策

以新会路312弄一户居民为例:其房屋性质为公房,居住面积10平方米,建筑面积15.4平方米。经评估单价为9 015元/平方米。以货币补偿计算,根据普陀区人民政府"普府(2004)24号"、"普府(2005)75号"文规定,此拆迁基地区域属普陀区A类,最低补偿单价为每平方米建筑面积5 330元,价格补贴系数为25%,按2001年《实施细则》的有关规定,拆迁货币补偿款为117 398.05元,计算公式:[9 015×80%+(5 330×2−9 015)×25%]×15.4;按照基地拆迁方案,户籍人口为4人,核定安置人口4人,被拆迁房屋建筑面积人均不足10平方米可照顾至10平方米/人,实际货币补偿款为304 930.00元,计算公式为[9 015×80%+(5 330×2−9 015)×25%]×40。若选择房屋调换的,安置房源为嘉定区南翔地区、宝山区盛桥地区,并按实际情况结算差价。

3. 存在问题及不足

轨道交通七号线长寿路拆迁基地,是属于上海市重大工程项目,但沪房地资安[2002]410号规定①,长寿路常德路居住地块市属旧区改造地块的八街坊,又根据沪规政[2005]1198号规定,上海轨道交通7号线长寿路站《建设用地规划许可证》及规划图中所列的动迁地块为列入轨道交通7号线长寿路站的用地规划②,又根据普规规[2007]12号③表明此动迁地块实为商业开发,即新华南里地块综合开发项目。如图5-18所示:

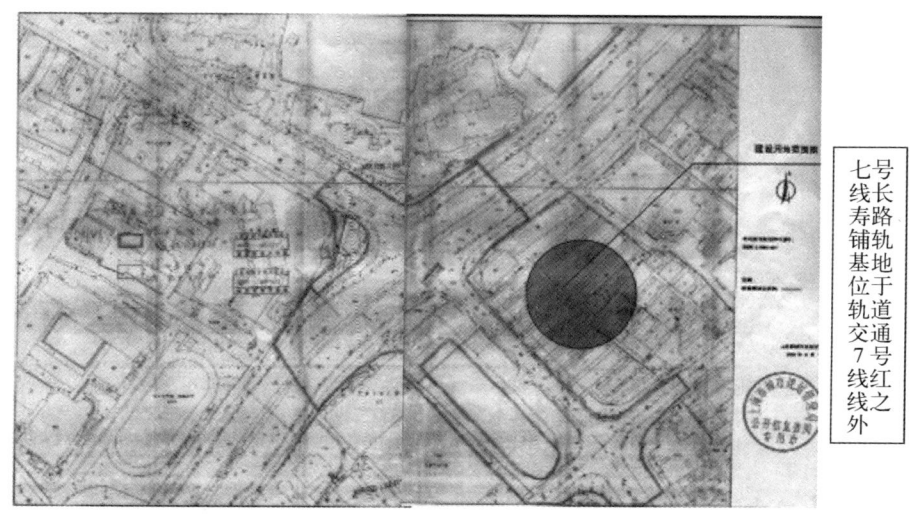

图5-18　长寿路拆迁基地区位示意图

(1) 补偿标准低

以上文新会路312弄一户居民为例,其房屋评估单价为9 015元,而考虑价格补贴系数后单价为9 015×80%+(5 330×2-9 015)×25%=7 623.15元,价格补贴后单价甚至低于评估单价。由此可以看出,其最低补偿单价偏低,此补偿标准乃是普陀区2004年度上半年房屋拆迁的标准,因此必然远远低于2005年12月的二手房市场实际成交价格。按基地补偿方案,被拆迁房屋建筑面积人均不足10平方米可照顾至10平方米/人,照此计算的人均补偿单价在7.5万左右。

(2) 拆迁过程没有做到公开、公正和公平

居民要求公开已搬迁的被拆迁户补偿费用,而实际上拆迁公司要求已签约居

---

① 上海市普陀区新华南里地块确认为新一轮旧区改造地块的函。
② 参见上海市政府轨道交通7号线长寿路站建设用地规划许可证,上海市轨道交通7号线长寿路站建设用地规划图(红线图)。
③ 参见轨道交通7号线长寿路站新华南里地块综合开发建设项目选址意见书的通知。

民对实际补偿额保密。在拆迁补偿中,拆迁公司甚至还有"打白条"现象发生[1]。

拆迁过程依然充斥着各种野蛮行径,停水、停电属于家常便饭。甚至有居民为此割腕自杀,在其死亡证明中,还有两种不同的说法,死亡确认书上所述死亡原因为自行切割脉臂导致失血过多死亡[2],而殡葬证上的死亡原因却变为疾病死亡[3]。拆迁公司之胆大妄为、无法无天可见一斑。拆迁基地环境状况依然相当恶劣,污水横流、蚊蝇孳生,未搬迁居民基本生活受到很大影响。基地拆迁情况如图5-19、图5-20所示:

图5-19 长寿路拆迁基地环境状况

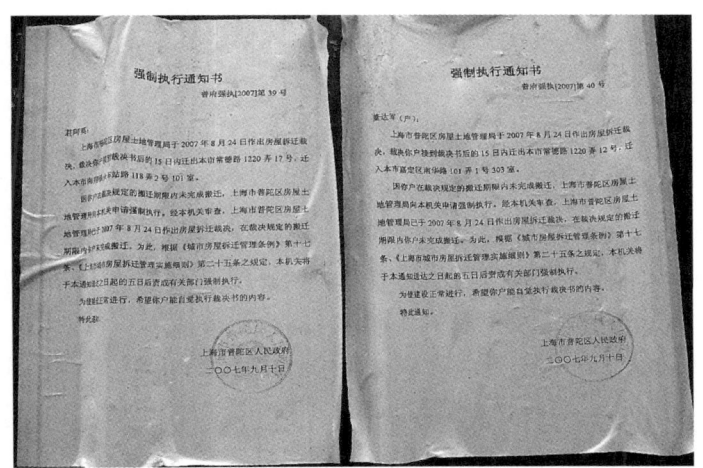

图5-20 强制执行通知书示例

---

[1] 沪中盛(长寿)拆协字第203号,及张兆琴手写"白条"。
[2] 上海市公安局普陀分局,居民死亡确认书,编号0001075。
[3] 上海市公安局淮海中路派出所,居民死亡殡葬证,编号009375。

4. 启示

普陀区轨道交通七号线长寿路拆迁基地拆迁矛盾非常突出，不难发现其矛盾根源依然是拆迁补偿标准低、安置房源偏远、政府和拆迁公司在拆迁过程中存在不合理做法等方面。因此，制定合理的补偿安置标准、规范政府和拆迁公司的行为是彻底解决此类问题的唯一选择。

5.4 拆迁中存在的主要问题及其产生原因

5.4.1 主要问题

1. 补偿标准不统一

当前，拆迁补偿标准都是根据所在区县和拆迁基地实际情况制定，致使不同的区域、不同基地之间拆迁补偿标准不一致。即使是相邻的基地，由于项目的不同或是所属区域不同，拆迁政策也会千差万别。

补偿标准的不平衡包括两种情况：一是相邻基地不同区县之间补偿标准不平衡。各个区县在拆迁补偿政策上各自为政，而由于其社会经济发展情况不同，制定的补偿标准也不相同，最终导致地区间拆迁补偿的不公平。二是同一基地不同时期搬迁的居民补偿标准不平衡。调研发现，在同一拆迁基地内，基地从拆迁开始到结束补偿标准虽然一样，但实际上不同时间段搬迁居民所获得的补偿数额并不相同，且有加速递增趋势。

2. 部分基地拆迁资金不足

拆迁工作存在诸多不确定性，而部分基地在拆迁过程中缺乏对此问题的正确认识。当拆迁成本超过预算时，后续资金不到位，拆迁工作就此搁置。也有拆迁基地，拆迁许可证已经颁发，而拆迁工作因资金不足而实际上并未展开。在对拆迁基地的调研过程中，笔者发现此类问题非常普遍，如在闸北、普陀、静安等不少拆迁许可证已颁发的基地，居民反映拆迁公司实际上从未和他们有过接洽。

3. 安置房源短缺

在调研中，居民普遍反映拆迁安置房源地点偏远，一些市中心区域的动迁基地，其安置房源却在偏远的郊区，如南汇航头、嘉定南翔、松江泗泾等。安置基地与原居住地在生活设施、交通、医疗、教育等配套设施方面的差距很大，使得居民不愿意搬迁。即便如此，安置房源仍然普遍不足。合适安置房源的短缺，是造成动迁难度增加、动迁进度缓慢的主要原因之一。在调查中发现，拆迁公司提供的安置房质量参差不齐、新旧不一，且产权复杂，甚至有些安置房的产权已被抵押，产生这些问题的根源还在于缺乏合适的安置房源。

4. 政策执行不到位

在实际操作中拆迁补偿安置协议基本上是以政策价为基础（称之为"公开协议"），以"有情操作"为补充（称之为"补充协议"）。在拆迁政策执行中，往往会对困难家庭进行额外补助，即所谓"有情操作"。这原本是党和政府对困难家庭的特殊照顾，但是"有情操作"缺乏统一的操作口径和认定标准，而且超出政策补偿的范畴，拆迁公司掌握较大的主观裁量权，同时"有情操作"内容没有做到公开透明。这就难免会造成居民的猜忌与不理解。"有情操作"不公开，使被拆迁户感到自己处在一个严重的信息不对称状态中，他们不知道究竟什么样的"有情"、多少"有情"才是公平合理。因此，在"有情操作"的具体实施过程中，"有情"逐步异化为"有份"，"有限"变为"无限"，几乎所有的被拆迁居民都可以享受"有情"补贴，补贴金额也节节攀升。目前，在拆迁户中流传着一句话："不怕拿得少，就怕拿得比别人少"，这句话道出了被拆迁户的真实想法。事实上被拆迁人基本都认可对拆迁困难户进行补助，但正是由于对"困难户"的认定没有统一标准，才导致被拆迁人因为害怕自己"吃亏"而迟迟不肯签约。

这种政策执行中的不到位造成了拆迁补偿的不公平、不一致、不公开，也是造成目前拆迁混乱、被拆迁户心理扭曲、拆迁氛围日趋紧张的主要原因之一。

5. 上访矛盾激化

近年来，拆迁矛盾层出不穷，恶性事件时有发生。特别是商业性项目的拆迁，拆迁人与被拆迁人之间的利益矛盾不断激化，带来一系列的社会问题。与此同时，许多原本支持房屋拆迁和旧区更新的居民，出现了明显的思想变化，居民心态日渐失衡。"动迁户——钉子户——强迁户——上访户"的路线成为少数被拆迁人获取不正当利益的途径。

由于上访成本与其收益的不对等性，使得上访人员不断增加、上访矛盾不断激化。回流上访、串访、群访等问题日益成为干扰各级政府工作的顽疾。另外，上访人数作为政府政绩考核的重要指标，迫使地方政府在处理此类问题时投鼠忌器，会尽量满足上访户的要求，其中相当一部分的要求其实并不合理。这使得上访户在与政府博弈中占有着相当大的心理优势。最终的结果是政府诚信度与公信力逐渐降低。

5.4.2 产生原因

1. 各方利益诉求不一致

笔者在调研过程中发现，各方利益诉求不一致是产生动拆迁矛盾的主要原因之一，这种不一致主要表现在如下几个方面：① 居民与政府对房屋价值认识的不一致。对于居住房屋的价值，居民除了考虑其价值，还会考虑其升值潜力，对自己工作、生活、今后发展前途的影响等多方面问题，而政府通常只考虑房屋本身的市场价值。政府将房屋补偿标准简单化，而居民却有方方面面的考虑。居民和政府价值标准不一样、不统一，必然产生问题和矛盾；② 居民的补偿要求与政府资金实力不一致。对于被拆迁人来说，大多都希望获得的拆迁补偿能够在原地购买合适的房屋，以改善居住条件。但政府财力有限，不足以支付如此高额的补充标准，这难免产生矛盾；③ 居民与拆迁人的利益诉求不一致。居民大多希望通过动拆迁改善自身的居住条件，并不愿意去相对偏远的安置小区居住，而拆迁人希望按时完成政府（或开发公司）的委托，通过动拆迁获得经济利益。因此，拆迁人有时采取某些不正当手段逼使居民迁走，损害了被拆迁居民的合法权益，这难免产生矛盾；④ 居民与开发商利益诉求不一致。居民出于利益最大化考虑大多希望通过动拆迁获得足够的补偿，而开发商出于自身利益最大化的考虑，会尽量降低成本，这难免产生矛盾。

2. 房价上涨使得拆迁补偿标准水涨船高

1996年之前，我国居民的住房消费能力不高，市场有效需求不足，因此房地产价格始终在低位运行。之后，随着经济发展城镇居民经济收入不断提高，特别是政府采取了一系列增强居民住房消费能力的政策和措施后，有效需求不断增长，市场出现供需两旺的盛况。2000年以前，上海房地产市场以自住性需求为主，商品住房主要以消费品形态存在；2000年以后，房价的持续上涨使得投资及短期投机行为不断增加，商品住房逐渐成为投资品。此时，房地产市场需求的过度扩张，导致商品住房价格不断上涨[①]。

---

① 季进成，崔光灿，宏观经济视角下的上海房地产市场，上海房地，2007年第3期.

根据戴德梁行研究部 DTZ 上海住宅租金及售价指数,2000 年后上海的房地产市场波动,如图 5-21 所示:

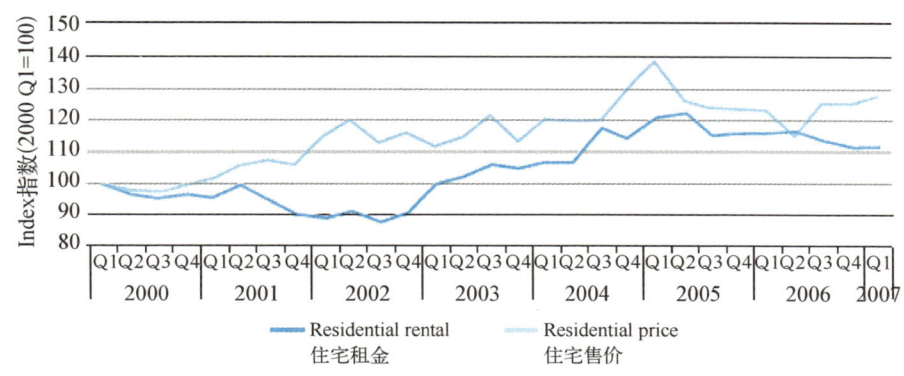

图 5-21　DTZ 指数——上海住宅租金及售价

资料来源:戴德梁行研究部,《二零零七年第一季上海住宅市场报告》

一方面,房价的不断上涨使得拆迁补偿金额水涨船高;另一方面,拆迁补偿金额的提高又提升了开发商的建设成本,引致了房价的进一步上涨,并且大规模拆迁产生了大量被拆迁户的刚性住房需求,旺盛的需求又加速了房价的提升,陷入了恶性循环。

3. 地方政府行政干预

首先,现行的政府考核指标中最重要的就是经济指标,因此地方政府往往以经济视角来对待旧区改造以及拆迁问题,在区域发展中表现出片面追求效率、追求 GDP 等倾向,而对其中所涉及的社会问题缺乏慎重考虑。

其次,政府对其在社会转型过程中所肩负责任和执行能力的认识过于简单化,特别是在所谓"经营城市"的理论推动下,政府成了"经营城市"的主体,但对于政府怎样在城市高速度发展过程中处理效率、公平和社会和谐的关系,着笔比较少;在行动中如何充分体现"以人为本"、科学发展的思想,还存在认识滞后于实践的情况。

再次,在处理拆迁矛盾以及解决上访问题中,有些政府部门基于社会稳定的考虑,对一些提出无理要求的被拆迁人妥协和退让,尽量满足其要求以息事宁人。这使得政府政策的严肃性、权威性、连续性受到损害,使得部分被拆迁户更加得寸进尺、肆无忌惮、漫天要价,并提高了其他被拆迁居民的期望补偿标准,从而进一步增加动迁工作难度。

4. 居民的补偿预期不断提高

在当前的拆迁中，动迁居民普遍存在唯恐吃亏而片面高估应得利益的心理。部分动迁居民甚至将拆迁看成是致富捷径，漫天要价、无理取闹，不达目的不罢休。分析动迁居民心态失衡的原因，主要有以下三个方面：

（1）以往房屋拆迁补偿安置政策的惯性效应。长期以来，上海房屋拆迁补偿安置政策客观上已形成了住房解困、生活解困的双重效应，越是收入低、居住困难的动迁户，这一效应就越明显。在相当部分动迁居民尤其是"双困家庭"中，已经形成了将房屋拆迁作为改善住房水平和提高生活条件的普遍期望。

（2）补偿安置方式与标准混乱。目前，拆迁补偿安置政策实际上采用"数砖头"和"数人头"的双轨制。对一些人口多、居住面积小的居民按人头进行保底安置，这使得部分动迁居民钻户口管理政策的空子，纷纷将一些非常住人员的户口迁入动迁房，由此造成很多矛盾。另外，各区县和基地之间补偿标准不同，也引起相互攀比。

（3）大环境的负面影响。现在社会上对拆迁问题大有"痛打落水狗"之势，在被拆迁居民当中流传着"早搬迁少得益、晚搬迁多得益，老实守法少得益、会吵会闹多得益"顺口溜。不少动迁居民采取拖延战术，有的甚至公开表示希望被强迁。此外，还有一些动迁居民片面理解《物权法》，认为《物权法》生效后私人财产会受到全面保护，因此可以得到更高的拆迁补偿。被拆迁居民对拆迁工作心态的扭曲，已经成为制约动迁工作顺利推进的一个重要原因。

5.5 本章小结

本章是实体章（Body Chapter），为现状调研分析部分。通过对被拆迁人、拆迁公司、拆迁管理部门、拆迁评估公司等利益相关者的大量调研，结合对上海市多个典型拆迁基地的摸底分析，本章得出如下结论：第一，"十一五"期间，为迎接2010年上海世博会的召开，上海市政基础设施建设、城市空间布局的调整进程将进一步加快。与此同时，拆迁项目集中，拆迁量较大，动迁难度增大，使得现行的拆迁政策暴露出一定的问题与局限，延缓了城市建设的步伐；第二，现行的拆迁政策暴露出一定的问题与局限，延缓了城市建设的步伐；第三，商业动拆迁行为有时也打着社会公共利益的旗号，政府不同程度地参与强制拆迁也影响了其公信力，这些都不可避免地带来一系列社会问题；第四，当前上海动拆迁问题主要集中在如下几个方面：① 补偿标准不统一,② 部分基地拆迁资金不足,③ 安置房源不充裕,④ 政策执行不到位,⑤ 上访矛盾激化；第五,动拆迁问题产生的原因主要有以下几点：① 各方利益诉求不一致,② 房价上涨使得补偿标准迅速提高,③ 地方政府的行政干预,④ 居民的补偿金额预期不断提高。

第6章
《物权法》框架下房屋拆迁主体行为博弈分析

　　博弈论(Game Theory)又称对策论,是研究决策主体行为发生直接作用时候的冲突和合作的学科。从20世纪70年代后期起,博弈论突破了传统的微观经济学在分析个人决策时的局限性,研究存在相互作用外部经济条件下的个人选择问题,研究人与人之间行为的相互影响和作用,以及人们之间利益的冲突与一致、合作与竞争等问题。城市房屋拆迁是一项涉及众多相关利益当事人的博弈活动,且各参与方的利益诉求不一致。因此,在理性人假定的基础上,笔者研究了拆迁活动中个人理性和集体理性之间的矛盾,尝试探讨在《物权法》框架下,通过设计一种激励相容的城市拆迁补偿制度,使个人理性自我实现并自发地达到集体理性。

　　本章的结构安排如下:第一节,对《物权法》框架下的房屋征收与拆迁补偿安置进行简要分析;第二节,引入演化博弈理论,建立了城市拆迁补偿的演化博弈模型,对拆迁主体行为的博弈要素、博弈过程、博弈均衡进行分析,分析了不同收益值情况下的演化稳定策略(Evolutionary Stable Strategy,ESS);第三节,提出了一种"区域内改建回搬"的拆迁安置政策,以此政策为城市房屋拆迁补偿与安置的共生策略,并在演化博弈模型中对此进行了博弈分析;第四节,基于实地调研案例,对城市拆迁补偿、安置政策效果进行演化博弈模型实证分析;第五节,在模型分析与实证的基础上,提出相应的完善我国城市房屋拆迁补偿机制的对策建议;第六节,对本章进行结论性评价。

第6章 《物权法》框架下房屋拆迁主体行为博弈分析

6.1 《物权法》框架下的房屋征收与拆迁补偿安置

6.1.1 《物权法》对房屋拆迁主体的规定

房屋拆迁是由于收回国有土地使用权或者征收集体所有土地,进而征收单位、个人的房屋而产生的。土地征收是指行政主体出于公共利益的需要,依据法律、法规的规定,强制性地取得行政相对人的财产所有权,并给予合理经济补偿的一种具体的行政行为。这就是说,只有行政主体才能作为拆迁人征收房屋,而企业是没有这种权力的。这就颠覆了现行的拆迁法规的有关规定。房屋拆迁权利的主体只能是政府土地管理部门,今后房屋拆迁只能由土地管理部门作为拆迁人。

6.1.2 《物权法》对补偿安置的规定

《物权法》规定,物权包括所有权、用益物权、担保物权,用益物权又包括占有、使用、收益权。而现行的房屋拆迁法规规定的拆迁补偿,主要是针对被拆迁房屋的所有权。如2001年《条例》第30条,对拆迁设有抵押权的房屋的规定,兼顾了担保物权,但对占有权却没有涉及。2007年《新条例征求意见稿》将占有权、收益权纳入补偿范围。另外,《物权法》第四十二条规定,征收个人住宅的,还应当保障被征收人的居住条件。根据这一规定,在拆迁补偿时,不仅要考虑被拆迁房屋的交换价值,还要考虑被拆迁房屋的使用价值。有时补偿给被拆迁人的房屋虽然与被拆迁房交换价值相等,但居住条件反而不如原来的房屋,这就说明了使用价值反而降低了。以后对什么是保障居住条件,应当怎样在拆迁补偿中体现,都必须在拆迁法规中明确。在此情况下,补偿范围扩大了,拆迁成本会更高。

6.2 拆迁主体行为博弈分析

6.2.1 演化博弈模型

在《物权法》出台的大背景下,国务院出台了2007年《新条例征求意见稿》,其中明确表示:为了公共利益的需要,征收人对国有土地上房屋(以下简称房屋)实行征收以及对被征收人给予拆迁补偿安置的,适用本条例。即以公共利益为目标的城市房屋拆迁以政府行政征收方式为主,而以商业利益为目标的城市房屋拆迁以民事协商方式为主。本书主要研究政府行政征收方式下的城市房屋拆迁补偿与安置,并以政府强势群体 A 和被拆迁群众弱势群体 B 构造非对称二元"鹰鸽博弈"模型,收益矩阵见表 6-1[①]:

表 6-1 二元鹰鸽博弈收益矩阵

		政府	
		A1	A2
拆迁户	B1	V_1-C_3,$-V_1-C_1$	D_1-C_4,$-D_1-C_2$
	B2	V_2,$-V_2$	D_2,$-D_2$

其中:A1、B1 分别表示二者的斗争策略;A2、B2 分别表示二者的妥协策略。V_1、V_2、D_1 和 D_2 表示两方相应策略下政府付给拆迁户的拆迁费用。C_3、C_4 表示拆迁户采取斗争策略时所需要的斗争成本;C_1、C_2 表示拆迁户采取斗争策略时政府采取相应对策所需要的成本。根据实际情况,上述量值之间存在下述不等式关系:

$$\begin{cases} V_1 > V_2 & D_1 > D_2 \\ D_1 > V_1 & D_2 > V_2 \\ C_1 > C_2 & C_3 > C_4 \end{cases} \tag{6-1}$$

认为政府采取策略 A1 的概率为 q,采取策略 A2 的概率为 $(1-q)$;拆迁户采取 B1 策略的概率为 p,采取策略 B2 的概率为 $(1-p)$。那么政府采取 A1 策略的边际期望收益:

$$U_{A1} = (-V_1-C_1)p - V_2(1-p) \tag{6-2}$$

采取 A2 策略的边际期望收益:

$$U_{A2} = (-D_1-C_2)p - D_2(1-p) \tag{6-3}$$

政府的期望收益:

$$U_A = U_{A1}q + U_{A2}(1-q) \tag{6-4}$$

就拆迁而言,政府的收益是以支出的形式的表示的,这里采用负的收益表示

---

① 唐代中,马卫锋,基于演化博弈的城市拆迁补偿机制研究,财贸研究,2007.6:25-28.

支出。拆迁户采取 B1 策略的边际期望收益为：

$$U_{B1} = (V_1 - C_3)q + (D_1 - C_4)(1-q) \tag{6-5}$$

拆迁户采取 B2 策略的边际期望收益为：

$$U_{B2} = V_2 q + D_2(1-q) \tag{6-6}$$

拆迁户的期望收益：

$$U_B = U_{B1} p + U_{B2}(1-p) \tag{6-7}$$

根据演化博弈理论，认为一个策略的增长率等于它的相对适应性，只要一个策略的适应性比平均适应性高，那么这个策略就会发展。由此得到拆迁户采用斗争策略的增长率为：

$$\frac{\mathrm{d}p}{\mathrm{d}t} = p(U_{B1} - U_B) = p(1-p)[(V_1 - V_2 + D_2 - D_1 + C_4 - C_3)q \\ + D_1 - D_2 - C_4] \stackrel{\mathrm{def}}{=\!=\!=} F(p, q) \tag{6-8}$$

政府采用强势政策的增长率为

$$\frac{\mathrm{d}p}{\mathrm{d}t} = p(U_{A1} - U_A) = q(q-1)[(V_1 - V_2 + D_2 - D_1 \\ + C_1 - C_2)p + V_2 - D_2] \stackrel{\mathrm{def}}{=\!=\!=} G(p, q) \tag{6-9}$$

6.2.2 博弈模型分析

为了讨论简便，将上述微分自治系统改写成如下形式：

$$\begin{cases} \dfrac{\mathrm{d}p}{\mathrm{d}t} = p(1-p)(M_p q - N_p) \stackrel{\mathrm{def}}{=\!=\!=} F(p, q) \\ \dfrac{\mathrm{d}q}{\mathrm{d}t} = q(q-1)(M_q p - N_q) \stackrel{\mathrm{def}}{=\!=\!=} G(p, q) \end{cases} \tag{6-10}$$

其中：

$$M_p = V_1 - V_2 + D_2 - D_1 + C_4 - C_3, \quad N_p = D_2 - D_1 + C_4$$

$$M_q = V_1 - V_2 + D_2 - D_1 + C_1 - C_2, \quad N_q = D_2 - V_2$$

根据微分方程定性理论中平衡点的定义，满足：

$$[F(p, q)]^2 + [G(p, q)]^2 = 0 \qquad (6-11)$$

的点称为自治系统(6-10)的平衡点。本例中 p、q 的取值范围均为$[0, 1]$。那么观察式(6-10)可得平衡点为 $E_1(0, 0)$、$E_2(0, 1)$、$E_3(1, 0)$ 和 $E_4(1, 1)$；若上述两式还满足：

$$\begin{cases} 0 \leqslant \dfrac{N_p}{M_p} \leqslant 1 \\ 0 \leqslant \dfrac{N_q}{M_q} \leqslant 1 \end{cases} \qquad (6-12)$$

那么还存在第五个平衡点 $E_5\left(\dfrac{N_p}{M_p}, \dfrac{N_q}{M_q}\right)$。本书主要讨论同时存在上述5个平衡点的情形。下面逐一讨论平衡点的稳定性。

1) 对于平衡点 $E_1(0, 0)$

(6-10)式可以化成

$$\begin{cases} \dfrac{\mathrm{d}p}{\mathrm{d}t} = -N_p p + \widetilde{F}(p, q) \\ \dfrac{\mathrm{d}q}{\mathrm{d}t} = N_q q + \widetilde{G}(p, q) \end{cases} \qquad (6-13)$$

其中 $\widetilde{F}(p, q)$ 和 $\widetilde{G}(p, q)$ 为 p 和 q 的高次函数。根据微分方程定性理论，上述方程(6-13)在平衡点$(0, 0)$的性质与线性化方程

$$\begin{cases} \dfrac{\mathrm{d}p}{\mathrm{d}t} = -N_p p \\ \dfrac{\mathrm{d}q}{\mathrm{d}t} = N_q q \end{cases} \qquad (6-14)$$

性质相同。式(6-14)平衡点$(0, 0)$处性质由其特征值决定。其特征值为：

$$\lambda_1^1 = -N_p, \ \lambda_2^1 = N_q \qquad (6-15)$$

2) 对于平衡点 $E_2(0, 1)$

令 $y = 1 - q$ 代入式(6-10)，有

$$\begin{cases} \dfrac{\mathrm{d}p}{\mathrm{d}t} = p(1-p)(-M_p y + M_p - N_p) \xlongequal{\text{def}} F'(p, y) \\ \dfrac{\mathrm{d}y}{\mathrm{d}t} = y(y-1)(M_q p - N_q) \xlongequal{\text{def}} G'(p, y) \end{cases} \qquad (6-16)$$

转化为式(6-16)在平衡点(0,0)处的讨论。利用前述线性化方程讨论方法,得到两个特征值:

$$\lambda_1^2 = M_p - N_p, \lambda_2^2 = -N_q \qquad (6-17)$$

3) 对于平衡点 $E_3(1,0)$

令 $x = 1 - p$ 代入式(6-10),有:

$$\begin{cases} \dfrac{dx}{dt} = -x(1-x)(M_p q - N_p) \xlongequal{\text{def}} F''(x,q) \\ \dfrac{dq}{dt} = q(q-1)(-xM_q + M_q - N_q) \xlongequal{\text{def}} G''(x,q) \end{cases} \qquad (6-18)$$

转化为(6-18)在平衡点(0,0)处的讨论。利用前述线性化方程讨论方法,得到两个特征值:

$$\lambda_1^3 = N_p, \lambda_2^3 = N_q - M_q \qquad (6-19)$$

4) 对于平衡点 $E_4(1,1)$

令 $x = 1 - p, y = 1 - q$ 代入式(6-10),有:

$$\begin{cases} \dfrac{dx}{dt} = -x(1-x)(-yM_p + M_p - N_p) \xlongequal{\text{def}} F'''(p,q) \\ \dfrac{dy}{dt} = y(1-y)(-xM_q + M_q - N_q) \xlongequal{\text{def}} G'''(p,q) \end{cases} \qquad (6-20)$$

转化为式(6-20)在平衡点(0,0)处的讨论。利用前述线性化方程讨论方法,得到两个特征值:

$$\lambda_1^4 = N_p - M_p, \lambda_2^4 = M_q - N_q \qquad (6-21)$$

5) 对于平衡点 $E_5\left(\dfrac{N_p}{M_p}, \dfrac{N_q}{M_q}\right)$

令 $\xi = M_p q - N_p, \eta = M_q p - N_q$ 代入式(6-10),得

$$\begin{cases} \dfrac{d\eta}{dt} = \dfrac{\xi}{M_q}(\eta + N_q)(M_q - N_q - \eta) \xlongequal{\text{def}} F^*(\xi, \eta) \\ \dfrac{d\xi}{dt} = \dfrac{\eta}{M_p}(\xi + N_p)(\xi + N_p - M_p) \xlongequal{\text{def}} G^*(\xi, \eta) \end{cases} \qquad (6-22)$$

转化为式(6-22)在平衡点(0,0)处的讨论。利用前述线性化方程讨论方法,得到两个特征值:

$$\lambda_{1,2}^5 = \pm\sqrt{\frac{N_p N_q}{M_p M_q}(M_q - N_q)(N_p - M_p)} \qquad (6-23)$$

由不等式(6-1),可知 $N_q = D_2 - V_2 > 0$；$N_p = D_2 - (D_1 - C_4)$ 符号不易直接确定,需讨论确定。

1) 若 $N_p = D_2 - (D_1 - C_4) < 0$

即 $D_2 < (D_1 - C_4)$,也就是说当拆迁户采取缓和策略比采取斗争策略绝对收益低。那么由式(6-12),可得

$$M_p \leqslant N_p < 0, M_q \geqslant N_q > 0 \qquad (6-24)$$

对于 $E_1(0,0)$, $\lambda_1^1 = -N_p > 0$、$\lambda_2^1 = N_q > 0$,为不稳定平衡点；

对于 $E_2(0,1)$, $\lambda_1^2 = M_p - N_p \leqslant 0$、$\lambda_2^2 = -N_q < 0$,为稳定平衡点；

对于 $E_3(1,0)$, $\lambda_1^3 = N_p < 0$、$\lambda_2^3 = N_q - M_q \leqslant 0$,为稳定平衡点；

对于 $E_4(1,1)$, $\lambda_1^4 = N_p - M_p \geqslant 0$、$\lambda_2^4 = M_q - N_q \geqslant 0$,为不稳定平衡点；

对于 $E_5\left(\frac{N_p}{M_p}, \frac{N_q}{M_q}\right)$, $\lambda_{1,2}^5 = \pm\sqrt{\frac{N_p N_q}{M_p M_q}(M_q - N_q)(N_p - M_p)}$ 为两个互为相反数实根,为鞍点。

平面 $S=(p,q)$ 指政府与拆迁户之间的动态博弈过程,其中 $(0 \leqslant p, q \leqslant 1)$。由相图 6-1 可以看出,博弈过程趋向于 $E_2(0,1)$ 或 $E_3(1,0)$ 两个平衡点,即当拆迁户采取缓和策略比采取斗争策略绝对收益低时,一方面,若 $\frac{N_p}{M_p}$ 逐渐增加且 $\frac{N_q}{M_q}$ 逐渐减小,均衡点趋于 $E_3(1,0)$,即当拆迁户采取斗争策略而政府采取妥协策略时,博弈趋于平衡。这在实际中表现为政府为了某些重大工程项目的顺利进行,并保证当地的社会稳定,对拆迁户的超额要求往往采取妥协的应对策略；另一方面,若 $\frac{N_p}{M_p}$ 逐渐增加且 $\frac{N_q}{M_q}$ 逐渐减小,均衡点趋于 $E_2(0,1)$,即当拆迁户采取妥协策略而政府采取斗争策略时,博弈

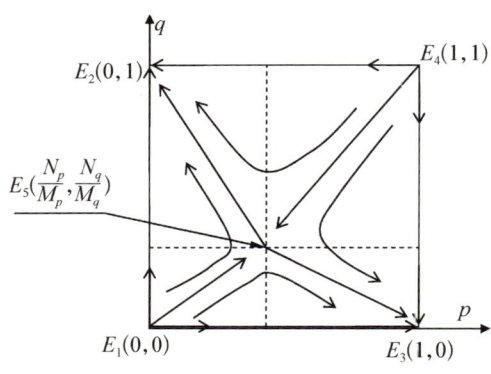

图 6-1 策略—平衡点相图

趋于平衡。这在实际中表现为在信息不对称的条件下，地方政府在经济利益驱动下往往有将其权力运用到极限的倾向，并以公共利益的名义通过强行征收国有土地上房屋，而拆迁户则处于明显的弱势地位，不得不采取妥协策略。

2) 若 $N_p = D_2 - (D_1 - C_4) > 0$

即 $D_2 > (D_1 - C_4)$，也就是说当拆迁户采取缓和策略比采取斗争策略绝对收益高。那么由式(6-12)，可得：

$$M_p \geqslant N_p > 0, M_q \geqslant N_q > 0 \qquad (6-25)$$

对于 $E_1(0,0)$，$\lambda_1^1 = -N_p < 0$、$\lambda_2^1 = N_q > 0$，为鞍点；

对于 $E_2(0,1)$，$\lambda_1^2 = M_p - N_p \geqslant 0$、$\lambda_2^2 = -N_q < 0$，为鞍点；

对于 $E_3(1,0)$，$\lambda_1^3 = N_p > 0$、$\lambda_2^3 = N_q - M_q \leqslant 0$，为鞍点；

对于 $E_4(1,1)$，$\lambda_1^4 = N_p - M_p \leqslant 0$、$\lambda_2^4 = M_q - N_q \geqslant 0$，为鞍点；

对于 $E_5\left(\dfrac{N_p}{M_p}, \dfrac{N_q}{M_q}\right)$，$\lambda_{1,2}^5 = \pm\sqrt{\dfrac{N_p N_q}{M_p M_q}(M_q - N_q)(N_p - M_p)}$ 为两个共轭纯虚根，为中心点。

平面 $S = (p, q)$ 指政府与拆迁户之间的动态博弈过程，其中 $(0 \leqslant p, q \leqslant 1)$。由相图 6-2 可以看出，此时除了 $E_5\left(\dfrac{N_p}{M_p}, \dfrac{N_q}{M_q}\right)$ 外均是不稳定平衡点，此时容易形成沿某一条闭合曲线做周期性运动的博弈过程。即当拆迁户采取缓和策略比采取斗争策略绝对收益高时，政府与拆迁户之间在斗争、妥协之间进行博弈，并各自逐步调整期望值，博弈演化的结果是形成一个稳定的闭合博弈循环，即存在一个标杆性的稳定均衡点 $E_5\left(\dfrac{N_p}{M_p}, \dfrac{N_q}{M_q}\right)$，且有一小部分人

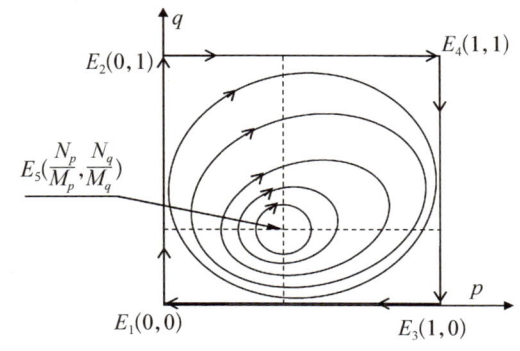

图 6-2 策略二平衡点相图

会围绕均衡点 E_5 与政府进行非合作斗争，在这种情况下，即使拆迁户中有少数个体采取斗争策略，该策略也不会在群体中引起广泛的扩散效应，拆迁引起的社会矛盾将控制在一个有限的范围之内。

6.3 引入共生策略的博弈分析

6.3.1 演化博弈模型

笔者在调研中发现,大多数被拆迁居民期望所获得的拆迁补偿能够在原住址附近买到合适的住房(新房或二手房)。尤其是部分住在旧城区的居民(包括危棚简屋、旧式里弄、旧公房等),他们非常希望能够通过动拆迁改善自身的居住现状。因此,本书提出一种"区域内改建回搬"的城市动拆迁策略,即加强区域间的联动,相邻地块滚动开发,一方面使居民能有回搬的机会;另一方面也使旧区拆迁中,与城市发展的要求相结合,政府和开发商在旧区拆迁中,在可能的范围内应尽量满足居民的回搬要求。而滚动开发也为旧城区的发展注入新的活力,对于后期开发的房源,部分出售以收回成本、取得收益。

这种策略的核心是在平衡区域整体规划中,适当在旧改小区中提高容积率,增加房型类别,调整房型面积,以满足回搬和改造的需要。本节称此策略为共生策略,并以政府强势群体 A 和被拆迁群众弱势群体 B 构造非对称多元"鹰鸽博弈"模型。收益矩阵如表 6-2 所示:

表 6-2 多元鹰鸽博弈收益矩阵

		政府		
		A1	A2	A3
拆迁户	B1	$V_1-C_3, -V_1-C_1$	$M_1-C_6, -M_1-C_5$	$D_1-C_4, -D_1-C_2$
	B2	$V_2, -V_2$	$M_2, -M_2$	$D_2, -D_2$

其中:A1、B1 分别表示二者的斗争策略;A3、B2 分别表示二者的妥协策略;A2 表示政府采取的共生策略(即区域内改建回搬策略)。

V_1、V_2、M_1、M_2、D_1 和 D_2 表示两方相应策略下政府付给拆迁户的拆迁费用。C_3、C_4、C_6 表示拆迁户采取斗争策略时所需要的斗争成本;C_1、C_2、C_5 表示拆迁户采取斗争策略时政府采取相应对策所需要的成本。根据实际情况,上述量值之间存在下述不等式关系:

$$\begin{cases} V_1 > V_2 \\ D_1 > D_2 \\ M_1 > M_2 \\ D_1 > M_1 > V_1 \\ D_2 > M_2 > V_2 \\ C_1 > C_5 > C_2 \\ C_3 > C_6 > C_4 \end{cases} \quad (6-26)$$

认为政府采取策略 A1 的概率为 q_1，采取策略 A2 的概率为 q_2，策略 A3 的概率为 $1-q_1-q_2$；拆迁户采取 B1 策略的概率为 p，采取策略 B2 的概率为 $(1-p)$。那么政府采取 A1 策略的边际期望收益：

$$U_{A1} = (-V_1 - C_1)p - V_2(1-p) \quad (6-27)$$

采取 A2 策略的边际期望收益：

$$U_{A2} = (-M_1 - C_5)p - M_2(1-p) \quad (6-28)$$

采取 A3 策略的边际期望收益：

$$U_{A3} = (-D_1 - C_2)p - D_2(1-p) \quad (6-29)$$

政府的期望收益：

$$U_A = U_{A1}q_1 + U_{A2}q_2 + U_{A3}(1-q_1-q_2) \quad (6-30)$$

就拆迁而言，政府的收益是以支出形式表示的，这里采用负的收益表示支出。拆迁户采取 B1 策略的边际期望收益为：

$$U_{B1} = (V_1 - C_3)q_1 + (M_1 - C_6)q_2 + (D_1 - C_4)(1 - q_1 - q_2) \quad (6-31)$$

拆迁户采取 B2 策略的边际期望收益为：

$$U_{B2} = V_2 q_1 + M_2 q_2 + D_2(1 - q_1 - q_2) \quad (6-32)$$

拆迁户的期望收益：

$$U_B = U_{B1}p + U_{B2}(1-p) \quad (6-33)$$

根据演化博弈理论，认为一个策略的增长率等于它的相对适应性，只要一个策略的适应性比平均适应性高，那么这个策略就会发展。由此得到拆迁户采用斗争策略的增长率为：

$$\frac{d}{dt}p(t) = p\{(V_1 - C_3)q_1 + (M_1 - C_6)q_2 + (D_1 - C_4)(1 - q_1 - q_2)$$
$$- p[(V_1 - C_3)q_1 + (M_1 - C_6)q_2 + (D_1 - C_4)(1 - q_1 - q_2)]$$
$$- (1 - p)[V_2 q_1 + M_2 q_2 + D_2(1 - q_1 - q_2)]\} \tag{6-34}$$

可以简化为：

$$\frac{dp}{dt} = p(U_{B1} - U_B) \xrightarrow{\text{def}} F(p, q_1, q_2) \tag{6-35}$$

政府采用强势政策的增长率为：

$$\frac{d}{dt}q_1(t) = q_1\{(-V_1 - C_1)p + V_2(1-p) + q_1[(-V_1 - C_1)p - V_2(1-p)]$$
$$- q_2[(-M_1 - C_5)p - M_2(1-p)] - (1 - q_1 - q_2)[(-D_1 - C_2)p$$
$$- D_2(1-p)]\} \tag{6-36}$$

可以简化为：

$$\frac{dq_1}{dt} = q_1(U_{A1} - U_A) \xrightarrow{\text{def}} G(p, q_1, q_2) \tag{6-37}$$

政府采用中间政策的增长率为：

$$\frac{d}{dt}q_2(t) = q_2\{(-M_1 - C_5)p - M_2(1-p) - q_1[(-V_1 - C_1)p - V_2(1-p)]$$
$$- q_2[(-M_1 - C_5)p - M_2(1-p)] - (1 - q_1 - q_2)[(-D_1 - C_2)p$$
$$- D_2(1-p)]\} \tag{6-38}$$

可以简化为：

$$\frac{dq_2}{dt} = q_2(U_{A2} - U_A) \xrightarrow{\text{def}} H(p, q_1, q_2) \tag{6-39}$$

6.3.2 博弈模型分析

为了讨论简便，将上述微分自治系统改写成如下形式：

$$\begin{cases} \dfrac{\mathrm{d}p}{\mathrm{d}t} = p(U_{B1} - U_B) \xlongequal{\mathrm{def}} F(p, q_1, q_2) \\ \dfrac{\mathrm{d}q_1}{\mathrm{d}t} = q_1(U_{A1} - U_A) \xlongequal{\mathrm{def}} G(p, q_1, q_2) \\ \dfrac{\mathrm{d}q_2}{\mathrm{d}t} = q_2(U_{A2} - U_A) \xlongequal{\mathrm{def}} H(p, q_1, q_2) \end{cases} \quad (6-40)$$

根据微分方程定性理论中平衡点的定义,满足

$$[F(p, q_1, q_2)]^2 + [G(p, q_1, q_2)]^2 + [H(p, q_1, q_2)]^2 = 0 \quad (6-41)$$

的点称为自治系统(6-40)的平衡点。本例中 p、q_1 和 q_2 的取值范围均为 [0,1]。那么解非线性方程组

$$\begin{cases} F(p, q_1, q_2) = 0 \\ G(p, q_1, q_2) = 0 \\ H(p, q_1, q_2) = 0 \end{cases} \quad (6-42)$$

可得下面9个满足条件[0,1]的实根

$$\begin{cases} (p = 0, q_1 = 0, q_2 = 0) \\ (p = 1, q_1 = 0, q_2 = 0) \\ (p = 0, q_1 = 1, q_2 = 0) \\ (p = 0, q_1 = 0, q_2 = 1) \\ (p = 1, q_1 = 0, q_2 = 1) \\ (p = 1, q_1 = 1, q_2 = 0) \\ \left(p = -\dfrac{M_2 - D_2}{M_1 + C_5 - M_2 - D_1 - C_2 + D_1},\ q_1 = 0,\right. \\ \left. q_2 = -\dfrac{-C_4 + D_1 - D_2}{-M_2 + M_1 + C_4 - C_6 + D_2 - D_1} \right) \\ \left(p = -\dfrac{V_2 - D_2}{V_1 + C_1 - V_2 - D_1 - C_2 + D_2},\right. \\ \left. q_1 = -\dfrac{-C_4 + D_1 - D_2}{-V_2 + V_1 + C_4 - C_6 + D_2 - D_1},\ q_2 = 0 \right) \\ \left(p = \dfrac{V_2 - M_2}{M_1 + C_5 - M_2 - V_1 - C_1 + V_2},\ q_1 = \dfrac{M_1 - C_6 - M_2}{V_2 + M_1 - V_1 - C_6 - M_2 + C_3}, \right. \\ \left. q_2 = \dfrac{V_2 + C_3 - V_1}{V_2 + M_1 - V_1 - C_6 - M_2 + C_3} \right) \end{cases} \quad (6-43)$$

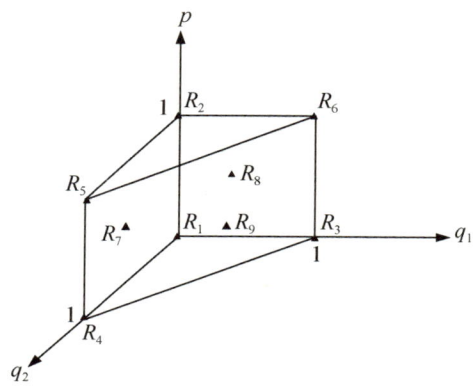

图 6-3 三维演化博弈平衡点示意图

根据 9 个实根的取值可以看出,其分别位于三个平面上,如图 6-3 所示。

立体 $R=(p,q_1,q_2)$ 指政府与拆迁户之间的动态博弈过程,其中($0\leqslant p$,q_1,$q_2\leqslant 1$)。由相图 6-3 可以看出,三个平衡点(非角点)R_7、R_8 和 R_9 分别位于平面 $R_1R_2R_5R_4$、$R_1R_2R_6R_3$ 和 $R_3R_4R_5R_6$ 上,空间楔形区域内部并无平衡点。由此可知,存在以下三种可能:① 当博弈过程趋向于平面 $R_1R_2R_5R_4$ 时,$q_1=0$(政府斗争策略的执行概率退化至零),此时政府的行为将在妥协、共生这两种策略之间演化;② 当博弈过程趋向于平面 $R_1R_2R_6R_3$ 时,$q_2=0$(政府共生策略的执行概率退化至零),此时政府的行为将在妥协、斗争这两种策略之间演化;③ 当博弈过程趋向于平面 $R_3R_4R_5R_6$ 时,$1-q_1-q_2=0$(政府妥协策略的执行概率退化至零),此时政府的行为将在共生、斗争这两种策略之间演化。即对于三个策略的决策,在博弈演化的过程中还是会倾向于向两个优势策略的平面运动,并最终退化为平面上两个优势策略的博弈演化运动。

也就是说,当政府提出一种介于斗争与妥协之间的共生策略时,并不能保证拆迁户一定接受这种策略(接受的标志为演化平衡点稳定在 $R_1R_2R_5R_4$ 平面)。此外,平衡还有可能趋于 $R_1R_2R_6R_3$(即拆迁户与政府在斗争与妥协之间某一点平衡)和 $R_3R_4R_5R_6$(即拆迁户与政府在共生与妥协之间某一点平衡)。最终演化博弈平衡点的位置取决于拆迁户与政府各自在对应策略下的成本与收益,平面上博弈演化运动的基本规律可以参照前述鹰鸽博弈讨论。

6.4 演化博弈模型案例分析

6.4.1 普陀区长寿路拆迁基地案例分析

以上海市普陀区长寿路轨道交通七号线拆迁基地补偿、安置情况进行实证分析,根据实地调研情况及居民提供的资料,以安置人口为 3 人、实际补偿面积为 40 平方米的家庭为例,补偿时点为 2007 年 9 月,可以得出如下收益矩阵:

第6章 《物权法》框架下房屋拆迁主体行为博弈分析

表6-3 长寿路拆迁基地博弈收益矩阵

		政府	
		A1	A2
拆迁户	B1	$V_1 - C_3, -V_1 - C_1$	$D_1 - C_4, -D_1 - C_2$
	B2	$V_2, -V_2$	$D_2, -D_2$

其中：A1、B1 分别表示二者的斗争策略；A2、B2 分别表示二者的妥协策略。V_1、V_2、D_1 和 D_2 表示两方相应策略下政府付给拆迁户的拆迁费用。C_3、C_4 表示拆迁户采取斗争策略时所需要的斗争成本；C_1、C_2 表示拆迁户采取斗争策略时政府采取相应对策所需要的成本。根据实际情况，有：

在 A1B1 情况下（拆迁户采取斗争策略，政府采取斗争策略），拆迁户获得的裁决补偿费用为 20 万～25 万元/人，取中间值 22.5 万元/人①，家庭总补偿为 67.5 万，家庭成本为 3 万～5 万，取中值 4 万。此时政府的补偿成本是 67.5 万，行政成本 10 万～20 万（含谈判成本、强迁成本等），取中值 15 万。

在 A1B2 情况下（拆迁户采取妥协策略，政府采取斗争策略），拆迁户获得的补偿费用为 15 万～20 万元/人，取中值 17.5 万/人，家庭总补偿为 52.5 万。此时政府的补偿成本是 52.5 万。

在 A2B1 情况下（拆迁户采取斗争策略，政府采取妥协策略），拆迁户获得的补偿费用为 25 万～30 万元/人，取中值 27.5 万/人，家庭总补偿为 82.5 万，家庭成本为 2 万～3 万，取中值 2.5 万。此时政府的补偿成本是 82.5 万，行政成本 5 万～7 万，取中值 6 万。

在 A2B2 情况下（拆迁户采取妥协策略，政府采取妥协策略），拆迁户获得的补偿费用为 22 万～28 万元/人，取中值 25 万/人，家庭总补偿为 75 万。此时政府的补偿成本是 75 万。

即：

$$\begin{cases} V_1 = 67.5, V_2 = 52.5 \\ D_1 = 82.5, D_2 = 75 \\ C_1 = 15, C_2 = 6 \\ C_3 = 4, C_4 = 2.5 \end{cases}$$

---

① 理论上，该基地拆迁裁决补偿标准为 7.5 万/人，但实际调研发现，钉子户获得的收益要远高于这个标准，且和本人的家庭情况、议价能力有关，本书取中间值 22.5 万/人。下面案例亦同。

则可以得到如下收益矩阵：

		政府	
		A1	A2
拆迁户	B1	64.5, −82.5	80, −88.5
	B2	52.5, −52.5	75, −75

根据式(6-10)，有：

$$M_p = V_1 - V_2 + D_2 - D_1 + C_4 - C_3 = 6.0$$

$$N_p = D_2 - D_1 + C_4 = -5.0$$

$$M_q = V_1 - V_2 + D_2 - D_1 + C_1 - C_2 = 16.5$$

$$N_q = D_2 - V_2 = 22.5$$

代入式(6-12)，得：

$$\begin{cases} \dfrac{N_p}{M_p} = -\dfrac{5}{6} < 0 \\ \dfrac{N_q}{M_q} = \dfrac{22.5}{16.5} = \dfrac{15}{11} > 0 \end{cases}$$

可知模型在像平面内不存在第五个平衡点，只有四个平衡点，讨论如下：

对于 $E_1(0,0)$，$\lambda_1^1 = 5.0 > 0$、$\lambda_2^1 = 22.5 > 0$，为不稳定平衡点；

对于 $E_2(0,1)$，$\lambda_1^2 = 11 > 0$、$\lambda_2^2 = -22.5 < 0$，为鞍点；

对于 $E_3(1,0)$，$\lambda_1^3 = -5.0 < 0$、$\lambda_2^3 = 6 > 0$，为鞍点；

对于 $E_4(1,1)$，$\lambda_1^4 = -11 < 0$、$\lambda_2^4 = -6 < 0$，为稳定平衡点；

相图(图6-4)：

平面 $S=(p,q)$ 指普陀区长寿路轨道七号线基地在拆迁过程中，政府与被拆迁居民之间的动态博弈过程，其中 $0 \leqslant p, q \leqslant 1$。由相图6-4可以看出，博弈过程趋向于 $E_4(1,1)$ 平衡点，即当拆迁户采取缓和策略比采取斗争策略绝对收益低时，被拆迁居民出于自身利益最大化考虑，将采取斗争策略，而政府在经济利益驱动下往往有将其

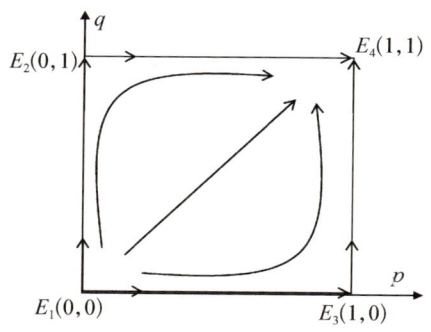

图6-4 普陀区拆迁基地平衡点相图

权力运用到极限的倾向,并采取斗争策略强行进行拆迁工作。在实际调研中,笔者也发现该基地在动迁过程中矛盾激化相当严重,产生了多起居民上访、居民与拆迁人发生严重冲突、受伤的现象。演化博弈分析也从理论上证明了这一结果。

6.4.2 松江区佘山镇拆迁基地案例分析

以上海市佘山镇动迁基地补偿、安置情况进行实证分析,根据实地调研情况及居民提供的资料,以安置人口为 3 人、实际补偿面积为 150 平方米的家庭为例,补偿时点为 2007 年 1 月,可以得出如下收益矩阵:

表 6-4 佘山动迁基地博弈收益矩阵

		政府	
		A1	A2
拆迁户	B1	$V_1-C_3, -V_1-C_1$	$D_1-C_4, -D_1-C_2$
	B2	$V_2, -V_2$	$D_2, -D_2$

其中:A1、B1 分别表示二者的斗争策略;A2、B2 分别表示二者的妥协策略。V_1、V_2、D_1 和 D_2 表示两方相应策略下政府付给拆迁户的拆迁费用。C_3、C_4 表示拆迁户采取斗争策略时所需要的斗争成本;C_1、C_2 表示拆迁户采取斗争策略时政府采取相应对策所需要的成本。根据实际情况,有:

在 A1B1 情况下(拆迁户采取斗争策略,政府采取斗争策略),拆迁户获得的裁决补偿费用为 10 万~11 万元/人,取中间值 10.5 万元/人,家庭总补偿为 31.5 万,家庭成本为 3 万~5 万,取中值 4 万。此时政府的补偿成本是 30 万,行政成本 6 万~10 万(含谈判成本、强迁成本等),取中值 8 万。

在 A1B2 情况下(拆迁户采取妥协策略,政府采取斗争策略),拆迁户获得的补偿费用为 8 万~9 万元/人,取中值 8.5 万/人,家庭总补偿为 25.5 万。此时政府的补偿成本是 25.5 万。

在 A2B1 情况下(拆迁户采取斗争策略,政府采取妥协策略),拆迁户获得的补偿费用为 10 万~12 万元/人,取中值 11 万/人,家庭总补偿为 33 万,家庭成本为 3 万~4 万,取中值 3.5 万。此时政府的补偿成本是 33 万,行政成本 3 万~4 万,取中值 3.5 万。

在 A2B2 情况下(拆迁户采取妥协策略,政府采取妥协策略),拆迁户获得的补偿费用为 9 万~11 万元/人,取中值 10 万/人,家庭总补偿为 30 万。此时政府的补偿成本是 30 万。

即：

$$\begin{cases} V_1 = 31.5, V_2 = 25.5 \\ D_1 = 33, D_2 = 30 \\ C_1 = 8, C_2 = 3.5 \\ C_3 = 4, C_4 = 3.5 \end{cases}$$

则可以得到如下收益矩阵：

		政府	
		A1	A2
拆迁户	B1	27.5，−39.5	29.5，−35.5
	B2	25.5，−25.5	30，−30

根据式(6-10)，有：

$$M_p = V_1 - V_2 + D_2 - D_1 + C_4 - C_3 = 2.5$$

$$N_p = D_2 - D_1 + C_4 = 1.5$$

$$M_q = V_1 - V_2 + D_2 - D_1 + C_1 - C_2 = 7.5$$

$$N_q = D_2 - V_2 = 4.5$$

代入式(6-12)，得：

$$\begin{cases} \dfrac{N_p}{M_p} = 0.6 < 1 \\ \dfrac{N_q}{M_q} = 0.6 < 1 \end{cases}$$

可知模型在像平面内存在第五个平衡点，讨论如下：

对于 $E_1(0, 0)$，$\lambda_1^1 = -1.5 < 0$、$\lambda_2^1 = 4.5 > 0$，为鞍点；

对于 $E_2(0, 1)$，$\lambda_1^2 = 1 > 0$、$\lambda_2^2 = -4.5 < 0$，为鞍点；

对于 $E_3(1, 0)$，$\lambda_1^3 = 1.5 > 0$、$\lambda_2^3 = -3 < 0$，为鞍点；

对于 $E_4(1, 1)$，$\lambda_1^4 = -1 < 0$、$\lambda_2^4 = 3 > 0$，为不稳定平衡点；

对于 $E_5(0.6, 0.6)$，$\lambda_{1,2}^5 = \pm\sqrt{\dfrac{N_p N_q}{M_p M_q}(M_q - N_q)(N_p - M_p)} = 0.6\sqrt{-3}$，

为两个共轭纯虚根，为中心点。

相图如图 6-5 所示。

平面 $S=(p,q)$ 指松江区佘山镇政府与拆迁户之间的动态博弈过程，其中 $(0 \leqslant p,q \leqslant 1)$。由相图 6-5 可以看出，此时除了 $E_5(0.6,0.6)$ 外均是不稳定平衡点，此时容易形成沿某一条闭合曲线做周期性运动的博弈过程。即当拆迁户采取缓和策略比采取斗争策略绝对收益高时，政府与拆迁户之间在斗

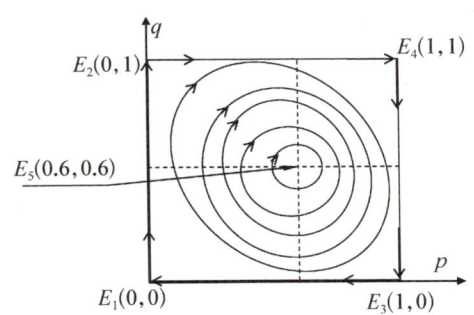

图 6-5 佘山镇拆迁基地平衡点相图

争、妥协之间进行博弈，并各自逐步调整期望值，博弈演化的结果是形成一个稳定的闭合博弈循环，即存在一个标杆性的稳定均衡点 $E_5(0.6,0.6)$，且有一小部分人会围绕均衡点 E_5 与政府进行非合作斗争，在这种情况下，即使拆迁户中有少数个体采取斗争策略，该策略也不会在群体中引起广泛的扩散效应，拆迁引起的社会矛盾将控制在一个有限的范围之内。

在实际调研中，笔者也发现该基地在动迁过程中矛盾很少。在拆迁中，佘山镇政府秉持两个原则：一是标准尽量定高。制定高标准补偿标准，照顾老百姓利益，政策用足用尽。二是标准坚决统一。维护政策的严肃性，保证拆迁公平公正。在这种情况下，即使拆迁户中有少数个体采取斗争策略，该策略也不会在群体中引起广泛的扩散效应，拆迁引起的社会矛盾将控制在一个有限的范围之内。而演化博弈分析也从理论上证明了这一结果。

6.4.3 杨浦区平凉地块拆迁基地案例分析

1. 未引入共生策略的案例分析

以上海市杨浦区平凉地块拆迁基地为案例，对该基地的补偿、安置情况进行实证分析，根据实地调研情况及居民提供的资料，以安置人口为 3 人、实际补偿面积为 50 平方米的家庭为例，补偿时点为 2007 年 1 月，可以得出如下收益矩阵：

表 6-5 杨浦区平凉基地收益矩阵

		政府	
		A1	A2
拆迁户	B1	$V_1-C_3,-V_1-C_1$	$D_1-C_4,-D_1-C_2$
	B2	$V_2,-V_2$	$D_2,-D_2$

其中：A1、B1 分别表示二者的斗争策略；A2、B2 分别表示二者的妥协策略。V_1、V_2、D_1 和 D_2 表示两方相应策略下政府付给拆迁户的拆迁费用。C_3、C_4、表示拆迁户采取斗争策略时所需要的斗争成本；C_1、C_2 表示拆迁户取斗争策略时政府采取相应对策所需要的成本。根据实际情况有：

在 A1B1 情况下（拆迁户采取斗争策略，政府采取斗争策略），拆迁户获得的裁决补偿费用为 19 万～23 万元/人，取中间值 21 万元/人，家庭总补偿为 63 万，家庭成本为 3 万～5 万，取中值 4 万。此时政府的补偿成本是 72 万，行政成本 10 万～20 万（含谈判成本、强迁成本等），取中值 15 万。

在 A1B2 情况下（拆迁户采取妥协策略，政府采取斗争策略），拆迁户获得的补偿费用为 18 万～22 万元/人，取中值 20 万/人，家庭总补偿为 60 万。此时政府的补偿成本是 60 万。

在 A2B1 情况下（拆迁户采取斗争策略，政府采取妥协策略），拆迁户获得的补偿费用为 22 万～26 万元/人，取中值 24 万/人，家庭总补偿为 72 万，家庭成本为 1 万～3 万，取中值 2 万。此时政府的补偿成本是 72 万，行政成本 2 万～4 万，取中值 3 万。

在 A2B2 情况下（拆迁户采取妥协策略，政府采取妥协策略），拆迁户获得的补偿费用为 21 万～25 万元/人，取中值 23 万/人，家庭总补偿为 69 万。此时政府的补偿成本是 69 万。

即：

$$\begin{cases} V_1 = 63, V_2 = 60 \\ D_1 = 72, D_2 = 69 \\ C_1 = 15, C_2 = 3 \\ C_3 = 4, C_4 = 2 \end{cases}$$

可得如下收益矩阵：

		政府	
		A1	A2
拆迁户	B1	59，−78	70，−75
	B2	60，−60	69，−69

根据式(6-10)，有：

第6章 《物权法》框架下房屋拆迁主体行为博弈分析

$$M_p = V_1 - V_2 + D_2 - D_1 + C_4 - C_3 = -2$$

$$N_p = D_2 - D_1 + C_4 = -1$$

$$M_q = V_1 - V_2 + D_2 - D_1 + C_1 - C_2 = 12$$

$$N_q = D_2 - V_2 = 9$$

代入式(6-12),得:

$$\begin{cases} \dfrac{N_p}{M_p} = 0.75 > 0 \\ \dfrac{N_q}{M_q} = \dfrac{6}{23} < 1 \end{cases}$$

可知模型在像平面内存在第五个平衡点,讨论如下:

对于 $E_1(0, 0)$, $\lambda_1^1 = -1 > 0$、$\lambda_2^1 = 9 > 0$, 为不稳定平衡点;

对于 $E_2(0, 1)$, $\lambda_1^2 = -1 \leqslant 0$、$\lambda_2^2 = -9 < 0$, 为稳定平衡点;

对于 $E_3(1, 0)$, $\lambda_1^3 = -1 < 0$、$\lambda_2^3 = -3 \leqslant 0$, 为稳定平衡点;

对于 $E_4(1, 1)$, $\lambda_1^4 = 1 \geqslant 0$、$\lambda_2^4 = 3 \geqslant 0$, 为不稳定平衡点;

对于 $E_5\left(\dfrac{N_p}{M_p}, \dfrac{N_q}{M_q}\right)$, $\lambda_{1,2}^5 = \pm\sqrt{\dfrac{N_p N_q}{M_p M_q}(M_q - N_q)(N_p - M_p)} = \pm\dfrac{3\sqrt{2}}{4}$ 为两个互为相反数实根,为鞍点。

相图如图6-6所示。

平面 $S = (p, q)$ 指杨浦区平凉基地在拆迁过程中,政府与拆迁户之间的动态博弈过程,其中 $(0 \leqslant p, q \leqslant 1)$。由相图6-6可以看出,博弈过程可能趋向于 $E_2(0, 1)$ 或 $E_3(1, 0)$ 两个平衡点,即当拆迁户采取缓和策略比采取斗争策略绝对收益低时,一方面,当拆迁户采取斗争策略而政府采取妥协策略时,博弈趋于均衡点 $E_3(1, 0)$。另一方面,当拆迁户采取妥协策略而政府采取斗争策略时,博弈趋于均衡点趋于 $E_2(0, 1)$。

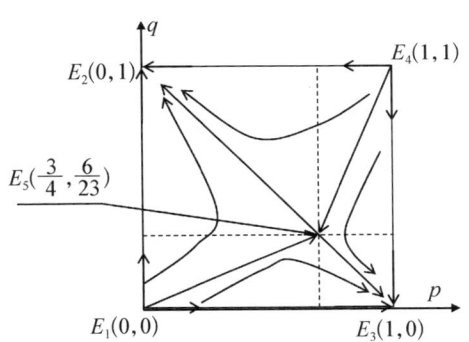

图6-6 平凉拆迁基地二维演化博弈平衡点相图

在实际调研中,笔者也发现该基地在动迁过程中存在先易后难的情况,即分为三个阶段:第一阶段,由于地方政府制定的补偿标准是"早走多得益,晚走少得益,不走不得益",部分"拆迁户"相信政府的政策宣传,按时搬迁;第二阶段,部分居民由于家庭特殊情况,由"拆迁户"变为"滞留户",向政府要求更多的补偿(或安置方面的优惠条件),在政府满足其条件后也顺利搬迁;第三阶段,少部分居民发现地方政府的拆迁补偿标准并未做到"早走多得益,晚走少得益,不走不得益",反而是"不走最得益",这最终导致政府丧失公信力与政策的严肃性,使得这些居民出于自身利益考虑往往提高补偿要求,从"滞留户"变成"钉子户",向政府索要更高的补偿(或安置方面的优惠条件),从而增加动迁工作难度。而演化博弈分析也从理论上证明了这种现象,同时,还提出了另一种可能的变化,即当拆迁基地的动迁难度与成本超过到政府所能忍受的极限后,拆迁单位为了完成政府制定的工作计划,在拆迁时间节点到来之前,往往采取激烈甚至野蛮的手段进行强行拆迁,从而引起诸如上访等一系列问题,此时博弈将博弈趋于均衡点趋于 $E_2(0,1)$。

2. 引入共生策略的案例分析

当引入共生策略后,可以得出如下收益矩阵:

表6-6 杨浦区平凉基地共生收益矩阵

		政府		
		A1	A2	A3
拆迁户	B1	$V_1-C_3,-V_1-C_1$	$M_1-C_6,-M_1-C_5$	$D_1-C_4,-D_1-C_2$
	B2	$V_2,-V_2$	$M_2,-M_2$	$D_2,-D_2$

其中:A1、B1分别表示二者的斗争策略;A3、B2分别表示二者的妥协策略;A2表示政府采取的共生策略(即调整性中和策略)。V_1、V_2、M_1、M_2、D_1和D_2表示两方相应策略下政府付给拆迁户的拆迁费用。C_3、C_4、C_6表示拆迁户采取斗争策略时所需要的斗争成本;C_1、C_2、C_5表示拆迁户采取斗争策略时政府采取相应对策所需要的成本。根据实际情况,有:

在A1B1情况下(拆迁户采取斗争策略,政府采取斗争策略),拆迁户获得的裁决补偿费用为19万~23万元/人,取中间值21万元/人,家庭总补偿为63万,家庭成本为3万~5万,取中值4万。此时政府的补偿成本是72万,行政成本10万~20万(含谈判成本、强迁成本等),取中值15万。

在A1B2情况下(拆迁户采取妥协策略,政府采取斗争策略),拆迁户获得的补偿费用为 18 万~22 万元/人,取中值 20 万/人,家庭总补偿为 60 万。此时政府的补偿成本是 60 万。

在 A2B1 情况下(拆迁户采取斗争策略,政府采取共生策略),拆迁户获得的补偿费用为 21 万~25 万元/人,取中值 23 万/人,家庭总补偿为 69 万,家庭成本为 2 万~4 万,取中值 3 万。此时政府的补偿成本是 75 万,行政成本 3 万~5 万,取中值 4 万。

在 A2B2 情况下(拆迁户采取妥协策略,政府采取共生策略),拆迁户获得的补偿费用为 20 万~24 万元/人,取中值 22 万/人,家庭总补偿为 66 万。此时政府的补偿成本是 66 万。

在 A3B1 情况下(拆迁户采取斗争策略,政府采取妥协策略),拆迁户获得的补偿费用为 22 万~26 万元/人,取中值 24 万/人,家庭总补偿为 72 万,家庭成本为 1 万~3 万,取中值 2 万。此时政府的补偿成本是 72 万,行政成本 2 万~4 万,取中值 3 万。

在 A3B2 情况下(拆迁户采取妥协策略,政府采取妥协策略),拆迁户获得的补偿费用为 21 万~25 万元/人,取中值 23 万/人,家庭总补偿为 69 万。此时政府的补偿成本是 69 万。

即:

$$\begin{cases} V_1 = 63, V_2 = 60 \\ M_1 = 69, M_2 = 66 \\ D_1 = 72, D_2 = 69 \\ C_1 = 15, C_2 = 3 \\ C_3 = 4, C_4 = 2 \\ C_5 = 4, C_6 = 3 \end{cases}$$

则可得如下收益矩阵:

		政府		
		A1	A2	A3
拆迁户	B1	59, −78	66, −73	70, −75
	B2	60, −60	66, −66	69, −69

根据方程式(6-40),解得演化方程(6-37)的平衡点如下:

$$\begin{cases} (p=0, q_1=0, q_2=0) \\ (p=1, q_1=0, q_2=0) \\ (p=0, q_1=1, q_2=0) \\ (p=0, q_1=0, q_2=1) \\ (p=1, q_1=0, q_2=1) \\ (p=1, q_1=1, q_2=0) \\ (p=3, q_1=0, q_2=1) \\ \left(p=\dfrac{3}{4}, q_1=\dfrac{1}{2}, q_2=0\right) \\ \left(p=\dfrac{6}{11}, q_1=0, q_2=1\right) \end{cases}$$

1) 对于平衡点 $R_1(q_1=0, q_2=0, p=0)$，经过计算得特征矩阵：

$$\begin{bmatrix} 9 & 0 & 0 \\ 0 & 3 & 0 \\ 0 & 0 & 1 \end{bmatrix}$$

经过计算，该矩阵的三个特征值分别为：

$$\begin{bmatrix} 1 \\ 3 \\ 9 \end{bmatrix}$$

均大于 0，判定为不稳定平衡点。

2) 对于平衡点 $R_2(q_1=0, q_2=0, p=1)$，经过计算得特征矩阵：

$$\begin{bmatrix} -3 & 0 & 0 \\ 0 & 2 & 0 \\ 0 & 0 & 1 \end{bmatrix}$$

经过计算，该矩阵的三个特征值分别为：

$$\begin{bmatrix} 1 \\ 2 \\ -3 \end{bmatrix}$$

判定为鞍点。

第6章 《物权法》框架下房屋拆迁主体行为博弈分析

3) 对于平衡点 $R_3(q_1=1, q_2=0, p=0)$,经过计算得特征矩阵:

$$\begin{bmatrix} 9 & -3 & 0 \\ 0 & -6 & 0 \\ 0 & 0 & -1 \end{bmatrix}$$

经过计算,该矩阵的三个特征值分别为:

$$\begin{bmatrix} 9 \\ -6 \\ -1 \end{bmatrix}$$

判定为鞍点。

4) 对于平衡点 $R_4(q_1=0, q_2=1, p=0)$,经过计算得特征矩阵:

$$\begin{bmatrix} 6 & 0 & 0 \\ -9 & 3 & 0 \\ 0 & 0 & 0 \end{bmatrix}$$

经过计算,该矩阵的三个特征值分别为:

$$\begin{bmatrix} 6 \\ 3 \\ 0 \end{bmatrix}$$

均大于0,判定为不稳定平衡点。

5) 对于平衡点 $R_5(q_1=0, q_2=1, p=1)$,经过计算得特征矩阵:

$$\begin{bmatrix} -5 & 0 & 0 \\ 3 & 2 & 0 \\ 0 & 0 & 0 \end{bmatrix}$$

经过计算,该矩阵的三个特征值分别为:

$$\begin{bmatrix} 0 \\ 2 \\ -5 \end{bmatrix}$$

判定为鞍点。

6) 对于平衡点 $R_6(q_1=1, q_2=0, p=1)$,经过计算得特征矩阵:

$$\begin{bmatrix} -3 & -2 & 0 \\ 0 & 5 & 0 \\ 0 & 0 & -1 \end{bmatrix}$$

经过计算,该矩阵的三个特征值分别为:

$$\begin{bmatrix} -1 \\ 5 \\ -3 \end{bmatrix}$$

判定为鞍点。

7) 对于平衡点 $R_7(q_1=1/2, q_2=0, p=3/4)$,经过计算得特征矩阵:

$$\begin{bmatrix} 0 & 0 & \dfrac{3}{8} \\ -\dfrac{9}{8} & \dfrac{9}{4} & -\dfrac{3}{16} \\ 3 & 0 & 0 \end{bmatrix}$$

经过计算,该矩阵的三个特征值分别为:

$$\begin{bmatrix} \dfrac{9}{4} \\ \dfrac{3}{4}\sqrt{2} \\ -\dfrac{3}{4}\sqrt{2} \end{bmatrix}$$

判定为鞍点。

8) 对于平衡点 $R_8(q_1=0, q_2=1, p=3)$:

由于 $p>1$,则该点在立体 $R=(p, q_1, q_2)$ 之外,故可以判定不存在该平衡点。

9) 对于平衡点 $R_9(q_1=0, q_2=1, p=6/11)$,经过计算得特征矩阵:

$$\begin{bmatrix} 0 & 0 & 0 \\ -\dfrac{27}{11} & \dfrac{27}{11} & 0 \\ -\dfrac{60}{121} & \dfrac{30}{121} & 0 \end{bmatrix}$$

经过计算,该矩阵的三个特征值分别为:

$$\begin{bmatrix} 0 \\ -0.323 \\ -1.884 \end{bmatrix}$$

特征值均小于等于零,为平衡点。相图如图 6-7 所示:

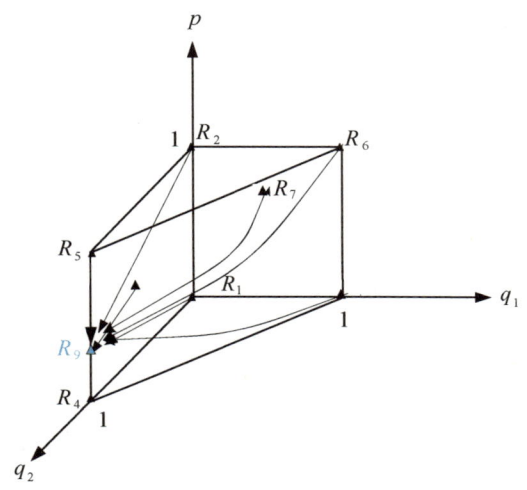

图 6-7 平凉拆迁基地三维演化博弈平衡点相图

立体 $R=(p,q_1,q_2)$ 指政府与拆迁户之间的动态博弈过程,其中 $(0 \leqslant p, q_1, q_2 \leqslant 1)$。由相图 6-7 可以看出,空间楔形区域内部并无平衡点,立体中唯一的平衡点为 $R_9(q_1=0, q_2=1, p=6/11)$,博弈过程趋向于平面 $R_1R_2R_5R_4$ 上,即对于该基地,当政府提出一种较好的"区域内改建回搬"共生策略时,基地内的拆迁户经过与政府的动态博弈,发现这种策略能够较好地平衡政府与拆迁居民之间的利益,既满足政府城市建设与发展的需要,也能满足拆迁户改善居住条件的需要。因此,博弈的结果是居民接受这种策略(接受的标志为演化平衡点稳定在 R_9 点)。此时表现为政府与拆迁户在共生策略与妥协策略之间取得了一致性平衡,能够有效地减小城市拆迁产生的问题,达到双方共赢。

6.5 博弈分析结论

城市房屋拆迁是一项涉及众多相关利益当事人的博弈活动,根据本书分析,

在《物权法》框架下,存在如下几种博弈方式:

首先,当拆迁户采取斗争策略比采取缓和策略绝对收益高时,一方面,若政府出于社会稳定、提高拆迁工作进度等考虑满足拆迁户的超过补偿标准的要求,那么这一信号必然引起被拆迁户间的攀比,导致收益少者心理的不平衡,使得拆迁工作越来越难以进行,即博弈陷入 $E_3(1,0)$ 均衡。在理论分析的基础上,本书还以杨浦区平凉地块拆迁基地为案例,对该基地的补偿、安置情况进行实证分析,发现当该基地在动迁过程中存在先易后难的情况,即分为三个阶段:第一阶段,由于地方政府制定的补偿标准是"早走多得益、晚走少得益,不走不得益",部分"拆迁户"相信政府的政策宣传,按时搬迁;第二阶段,部分居民由于家庭特殊情况,由"拆迁户"变为"滞留户",向政府要求更多的补偿(或安置方面的优惠条件),在政府满足其条件后也顺利搬迁;第三阶段,少部分居民发现地方政府的拆迁补偿标准并未做到"早走多得益、晚走少得益,不走不得益",反而是"不走最得益",这最终导致政府丧失公信力与政策严肃性,使得这些居民出于自身利益考虑往往提高补偿要求,从"滞留户"变成"钉子户",向政府索要更高的补偿(或安置方面的优惠条件),从而增加动迁工作难度。演化博弈分析也从理论上证明了这种现象,同时,还提出了另一种可能的变化,即当拆迁基地的动迁难度与成本超过到政府所能忍受的极限后,拆迁单位为了完成政府制定的工作计划,在拆迁时间节点到来之前,往往采取激烈甚至野蛮的手段进行强行拆迁,从而引起诸如上访等一系列问题,此时博弈将博弈趋于均衡点趋于 $E_2(0,1)$。

另一方面,拆迁单位为了完成政府制定的工作计划,在拆迁时间节点到来之前,往往采取激烈甚至野蛮的手段进行强行拆迁,从而引起诸如上访等一系列问题,即博弈陷入 $E_2(0,1)$ 甚至 $E_4(1,1)$ 均衡。在理论分析的基础上,本书以普陀区长寿路轨道七号线基地为实证案例,该基地在拆迁过程中,政府与被拆迁居民之间的动态博弈趋向于 $E_4(1,1)$ 平衡点,即当拆迁户采取缓和策略比采取斗争策略绝对收益低时,被拆迁居民出于自身利益最大化考虑,将与采取斗争策略,而政府在经济利益驱动下往往有将其权力运用到极限的倾向,并采取斗争策略强行进行拆迁工作。在实际调研中,笔者也发现该基地在动迁过程中矛盾激化相当严重,产生了多起居民上访、居民与拆迁人发生严重冲突、受伤的现象。

其次,当拆迁户采取缓和策略获得的收益大于(或等于)采取斗争策略获得的收益时,政府与拆迁户之间在斗争、妥协之间进行博弈,并各自逐步调整期望值,博弈演化的结果是形成一个稳定的闭合博弈循环,即存在一个标杆性的稳定

均衡点 $E_5\left(\dfrac{N_p}{M_p}, \dfrac{N_q}{M_q}\right)$，且有一小部分人会围绕均衡点 E_5 与政府进行非合作斗争。在理论分析的基础上，本书以松江区佘山镇为实证案例，发现政府与拆迁户博弈演化的结果是形成一个稳定的闭合博弈循环，即存在一个标杆性的稳定均衡点 $E_5(0.6, 0.6)$，且有一小部分人会围绕均衡点 E_5 与政府进行非合作斗争，在这种情况下，即使拆迁户中有少数个体采取斗争策略，该策略也不会在群体中引起广泛的扩散效应，拆迁引起的社会矛盾将控制在一个有限的范围之内。在实际调研中，笔者也发现该基地在动迁过程中矛盾很少。在拆迁中，佘山镇政府秉持两个原则：一是标准尽量定高。制定高标准补偿标准，照顾老百姓利益，政策用足用尽。二是标准坚决统一。维护政策的严肃性，保证拆迁公平公正。

最后，本书提出一种"区域内改建回搬"的城市动拆迁策略，即加强区域间的联动，相邻地块滚动开发，一方面使居民能有回搬的机会；另一方面也使旧区拆迁中，与城市发展的要求相结合，政府和开发商在旧区拆迁中，在可能的范围内应尽量满足居民的回搬要求。而滚动开发也为旧城区的发展注入新的活力，对于后期开发的房源，部分出售以收回成本、取得收益。在理论分析的基础上，本书以杨浦区平凉地块拆迁基地为案例，构造出一种较好的"区域内改建回搬"共生策略时，此时博弈稳定平衡中 $R_9(q_1 = 0, q_2 = 1, p = 6/11)$，即基地内的拆迁户经过与政府的动态博弈，发现这种策略能够较好地平衡政府与拆迁居民之间的利益，既满足政府城市建设与发展的需要，也能满足拆迁户改善居住条件的需要。因此，博弈的结果是居民接受这种策略（接受的标志为演化平衡点稳定在 R_9 点）。此时表现为政府与拆迁户在共生策略与妥协策略之间取得了一致性平衡，能够有效地减小城市拆迁产生的问题，达到双方共赢。

根据博弈分析结论，本书提出了以下几点建议：

第一，补偿政策要明确、规范。地方政府应制定具体明确的拆迁与补偿规范，特别是托底规范，保证被拆迁户最基本的生存需要。同时，补偿标准应以安置房距离远近为尺度调整，随着原居住地与安置房距离的增加，补偿金额或安置面积应按比例增加，从而减小拆迁居民离开原来生活区域的综合"损失"。

第二，对于动迁安置用房应出台一定的规范。被动迁户之所以不愿动迁的原因在于，一方面货币补偿额相对值较小，很难满足基本生活要求；另一方面，动迁房质量不高，周边公共配套不足，无论生产生活都较为不便。因此，动拆迁之前应首先解决安置房源问题,在安置房没安排到位的情况下,不应急功冒进、急于求成。

第三,改变补偿方式,变安置住房为廉租房。对市中心的被拆迁居民来说,由于房价高昂,拆迁获得的补偿款不足以在同地段买到合适的房子,而目前住房安置存在诸多问题,政府可以将拆迁户安置到廉租房,配合比较优惠的货币补偿,这样更能符合被拆迁居民的最迫切需求。

第四,在建设项目立项进行可行性研究的阶段就应对动拆迁问题进行研究。目前的项目建设可行性研究报告从未涉及到房屋动拆迁的问题,实际上动拆迁存在问题很多,成本巨大。而城市动迁(包括旧城改造)实际上是某些城市居民整体迁移,因此,应考虑到各方面问题,充分尊重民意,在建设项目立项进行可行性研究的阶段就应对动拆迁问题进行研究。

第五,做好"区域内改建回搬"安置工作,加强区域间的联动,相邻地块滚动开发,一方面使居民能有回搬的机会;另一方面也使旧区拆迁与城市发展的要求相结合,有效地减小城市拆迁产生的问题,达到政府与居民双方共赢。

6.6 本章小结

本章是实体章(Body Chapter),为模型分析部分。总的来说,可以得出如下结论,在《物权法》框架下,城市房屋拆迁存在如下几种博弈方式:① 当拆迁户采取斗争策略比采取缓和策略绝对收益高时,若政府出于社会稳定、提高拆迁工作进度等考虑满足拆迁户的超过补偿标准的要求,那么这一信号必然引起被拆迁户间的攀比,导致收益少者心理的不平衡,使得拆迁工作越来越难以进行,即博弈陷入 $E_3(1,0)$ 均衡;② 当拆迁户采取斗争策略比采取缓和策略绝对收益高时,若拆迁单位为了完成政府制定的工作计划,在拆迁时间节点到来之前,往往采取激烈甚至野蛮的手段进行强行拆迁,从而引起诸如上访等一系列问题,即博弈陷入 $E_2(0,1)$ 甚至 $E_4(1,1)$ 均衡;③ 当拆迁户采取缓和策略获得的收益大于(或等于)采取斗争策略获得的收益时,政府与拆迁户之间在斗争、妥协之间进行博弈,并各自逐步调整期望值,博弈演化的结果是形成一个稳定的闭合博弈循环,即存在一个标杆性的稳定均衡点 E_5,且有一小部分人会围绕均衡点 E_5 与政府进行非合作斗争,拆迁引起的社会矛盾将控制在一个有限的范围之内;④ 提出一种"区域内改建回搬"的城市动拆迁共生策略,如果这种策略能够较好地平衡政府与拆迁居民之间的利益,那么政府与拆迁户将在共生策略与妥协策略之间取得了一致性平衡,既满足政府城市建设与发展的需要,也能满足拆迁户改善居住条件的需要,能够有效地减小城市拆迁产生的问题,达到双方共赢;⑤ 根据前面几种博弈分析的结论有针对性地提出几点建议,从而有效地缓解拆迁中政府与居民之间的矛盾。

完善上海拆迁新政的建议

通过对城市拆迁运作机制的系统研究,对上海城市拆迁现状深入、系统、多层次的调查研究以及城市拆迁各相关主体之间的博弈分析,本章提炼出具有可操作性的政策建议。本章的结构安排如下:第一节,分析上海拆迁新政的目标与构建原则;第二节,介绍政策体系的总体框架结构与主要实施手段;第三节,提出如何加强拆迁管理的政策建议;第四节,提出改进拆迁评估的政策建议;第五节,提出提高补偿标准的政策建议;第六节,提出丰富安置手段的政策建议;第七节,提出慎用强制拆迁的政策建议;第八节,给出对本章进行结论性评价。

7.1 政策体系的目标与构建原则

7.1.1 政策体系的目标

1. 以构建和谐社会为目标

城市房屋拆迁关系到人民群众的切身利益,关系到经济的发展和社会的稳定。围绕房屋拆迁产生的冲突已经成为当前既敏感又普遍的社会问题。当前,商业动拆迁行为有时也打着社会公共利益的旗号,政府不同程度地参与强制拆迁也影响了其公信力,由此引发的冲突已成为较为敏感的社会问题,也有悖于国家建设和谐社会的发展战略。因此,设计公平合理的拆迁政策体系,制定严密完整的拆迁程序,妥善处理拆迁引发的矛盾纠纷,是建设社会主义和谐社会的要求。

2. 以保障民生为目标

拆迁与广大人民群众的切身利益紧密相连。一方面,政府通过对旧城的改造和拆迁,不但改善了城市面貌,同时还集约利用了旧城土地,最大化了土地价值,为经济发展注入新的活力;另一方面,被拆迁户也应当通过拆迁切实地提高居住质量,改善居住环境,分享城市建设的成果。因此,拆迁政策首先应解决动迁人民最关心、最直接、最现实的问题,使拆迁的最终结果可以更多地体现对民生的改善,真正使老百姓获得实惠。

3. 以完善住房保障体系目标

拆迁工作应该是急群众之所急,想群众之所想,拆迁地点应是居住条件最简陋,居住环境最恶劣,居民拆迁愿望最强烈的区域。因此,拆迁工作应首先对居住条件差的棚户区、危房、旧里制定改造计划,因地制宜进行旧区改造。拆迁的最终结果应使困难住户的住房问题得到妥善解决,住房质量、小区环境、配套设施明显改善,使其居民的居住条件得到有效保障。

4. 以促进城市"又好又快"发展为目标

制约城市发展的一大瓶颈来源于城市可开发土地的有限与稀缺。旧城拆迁作为城市发展用地的重要来源,与城市的发展密切相关。因此,拆迁政策应可以合理确定城市拆迁规模,控制土地征用范围,既要满足当前城市用地的需要,又要不过分透支未来城市发展需用的土地,促进城市"又好又快"发展。

5. 以推动旧城改造为目标

上海二级以下旧里是居民生活条件差、急需改造的旧区。拆迁政策应以城市规划为原则,首先完成居住条件差的地区旧城改造的目标,并进行滚动改造,逐步改善旧城面貌,提高旧城居民的居住水平。

7.1.2 政策体系的构建原则

1. "一统筹"原则

首先,全市实行拆迁统一管理,由市房地局统筹安排,各区县房地局协调一致,避免出现"多头领导"的混乱局面。其次,应统一制定各区县、拆迁基地的拆迁政策包括拆迁补偿标准、补偿方式方法等,以期杜绝目前存在的拆迁补偿同一时间点不同区域的"面上不平衡"以及同一区域由于搬迁时间点不同的"前后不一致"等不公平现象。

2. "二分离"原则

第一,拆迁补偿与生活帮困相分离。城市拆迁不是"万金油",拆迁补偿只应针对由其引起的被拆迁人的经济损失以及其他损失的经济上显化价值进行定夺,而不是城市困难群体、低收入群体等解决其一切生活困难问题的"救命稻草"。应对拆迁补偿的落脚点准确定位。

第二,货币补偿与住房安置相分离。货币补偿标准必须市场化、标准化、绝对化,标准理应一视同仁,标准如有差异必将产生不公平现象;而安置可以人情化、人性化、柔性化,可以因人而异,探索对部分低收入家庭实行租赁安置,根据居民意向,对不同的居民,实行不同的安置政策。

3. "三结合"原则

第一,远期规划与近期实施相结合。把城市规划落到实处,树立和落实科学的发展观和正确的政绩观,切实处理好推进城市化进程中的有关利益关系,坚持一切从实际出发,量力而行,坚决纠正城镇建设和房屋拆迁中急功近利、盲目攀比等导致的大拆大建的行为。

第二,城市拆迁与城市发展相结合。城市发展需要对旧城区进行拆迁、改造和基于公共利益的城市更新(如建地铁、公共绿地等),而城市拆迁为城市发展提供所需要的土地资源。二者既矛盾又统一,无论是离开城市拆迁谈城市发展,还是离开城市发展谈城市拆迁都不免偏颇。因此,应充分认识其中的辩证关系,将二者有机结合。

第三,区域联动与滚动拆迁相结合。城市拆迁的步伐宜稳健,全市一盘棋,不同区域应根据自身不同的特点制定不同的发展政策,实现区域间的资源共享、优劣互补、相互配合、协调发展;同一区域则应实行滚动改造,集中优势力量,彻底清除已拆迁基地的隐患,避免急功近利、撒网过大、囫囵吞枣。

7.2 政策体系总体框架与实施手段

7.2.1 政策体系总体框架

为了建立科学合理有效的动拆迁政策,推动上海旧城改造并促进城市"又好又快"发展,笔者提出完善上海拆迁新政的对策建议,政策体系的总体框架如图7-1所示:

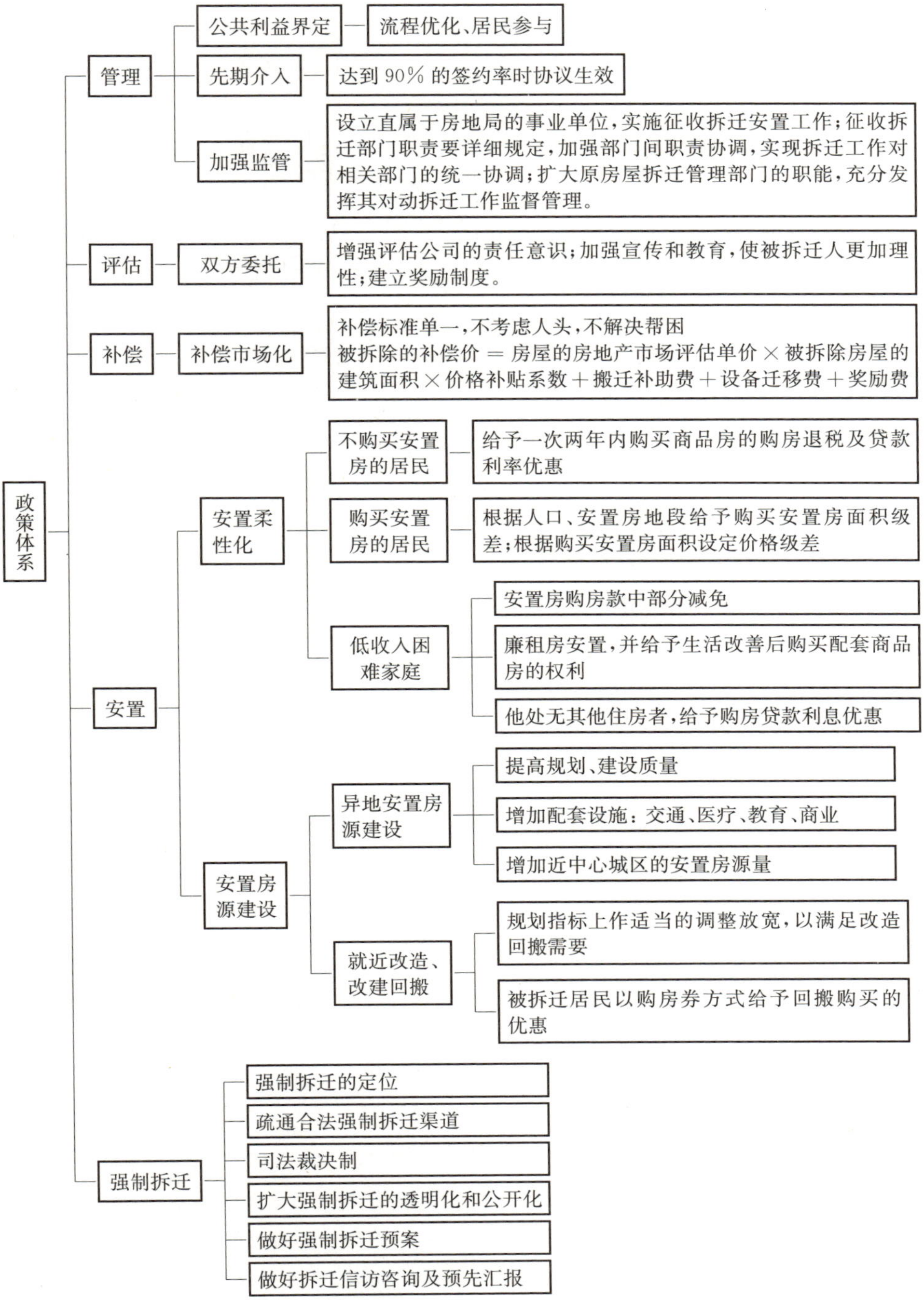

第7章 完善上海拆迁新政的建议

图 7-1 政策体系总体框架

7.2.2 政策体系主要实施手段

1. 财税手段

财税手段主要是政府应根据上海市的整体经济发展状况，不断地统筹调整拆迁补偿的标准；应根据上海市财政收支状况，量入为出，合理确定一定时期内的拆迁规模；应根据各拆迁基地具体情况的不同，在财政收支上给予不同程度的政策优惠，如在坚持补偿标准统一的前提下，对生活困难群体进行买房税收减免，住房租金补贴。具体来说，可以将财政税收政策分为收入政策和支出政策。

收入政策是指国家通过收取土地租金和征收房地产税的变化对动拆迁工作进行一定干预。政府可以通过对安置房建造用地实行土地出让金免收或减收，降低安置房出售价格，以缓解完全按市场标准补偿所带来的某段时期政府财政的巨大压力。因此，政府可以通过减免某些困难群体的房地产相关税收，从而为此类被拆迁户进入房地产市场降低门槛。

支出政策可以分为转移支付和购买支出两类。财政转移支付主要是指政府可以对因拆迁而产生的住房消费进行财政贴息，对租房行为进行租金补贴等。购买支出是指应由政府主导，对安置房进行统一建设。

2. 金融手段

金融手段通过对利率等金融工具的运用以达到对动拆迁工作进行干预的作用。如可以通过对被拆迁居民的买房实行低息贷款，减轻其购房压力；通过对安置房建造资金实行低息贷款，降低安置房房价；通过对某些市政重大工程建设实行低息贷款，已保证其拆迁补偿资金的充足，缓解其资金压力；同时应探索新的融资渠道，保障旧城改造的资金来源，为城市发展提供保障。

3. 行政手段

从2007年《新条例征求意见稿》可以看出，今后土地征收的行政强制性将越发明显，政府的行政性管理将在日后的房屋拆迁中占主导地位。因此，行政手段将扮演越来越重要的角色。行政手段通常是与指令性计划管理相联系的，即国家借助政权的力量，通过发布命令、指示、规定等，直接干预和控制经济活动，这种行政手段发挥作用快，便于贯彻政府的调控意图。

行政手段具有强制性、政策性和严肃性的特点。一旦国家或地方政府采取行政手段，所有参与拆迁活动的主体都必须执行，否则将受到拆迁行政管理部门的行政制裁。在拆迁工作中,行政手段主要体现在拆迁管理上。首先,应根据城市总体规划,制定拆迁工作计划,合理确定拆迁规模,选择拆迁区域,并应对安置房源做统一区域安排;其次,在"公共利益"目的认定上,虽然将会由多方面人员参与,但可以肯定的是政府仍然将发挥主导作用;最后,拆迁安置补偿标准应由政府统一制定,且只要是符合"公共利益"的土地征用项目将强制采用。当然,在制定标准时应慎之又慎,保障被拆迁户利益不受损害。

4. 法律手段

从一定意义上讲,市场经济就是法制经济,法制建设对于维护良好的市场秩序,发挥市场的资源配置作用极为必要,房屋拆迁工作也不例外。对拆迁活动进行规范的法律手段是指政府依靠法权力量,通过立法,运用法律法规来规范拆迁工作运行秩序,管理拆迁活动各相关主体的一种方法。

法律手段可以通过规范拆迁相关主体行为包括政府对拆迁工作的管理行为,来协调各方面的利益,以促进拆迁工作的平稳顺利进行。上海作为一个国际化大都市应建立完整的拆迁法律、法规体系,严格执行房屋拆迁程序,规范拆迁行为。要加强拆迁管理,严格市场准入,严禁违规拆迁、野蛮拆迁和滥用强制手段。同时,通过法律加强拆迁管理的监督检查。对违反城市规划和审批程序盲目扩大拆迁规模、滥用职权强制拆迁造成严重后果、故意拖欠、挤占、挪用拆迁补偿资金等违法违纪行为,要严肃查处。

5. 技术手段

经济手段、行政手段和法律手段偏向于宏观和中观,而技术手段则是落脚于具体的微观操作层面。研究规划、改造技术,对旧城改造的方案进行最优化的选择。在旧区的改造与安置房源的建设中,提高规划设计水平,在较小的户型内实现基本的使用功能。根据发展节能省地环保型住宅的要求,推广新材料、新技术、新工艺。

对于货币补偿的,除了对被拆迁户经济损失做出补偿,还应对其他无形精神的损失予以经济补偿上的量化,制订补偿乘数确定的方法与数值。对于原地回搬的,对规划技术经济指标如容积率、建筑密度等作适当的放宽,户型大小、种类等做适当修改与调整,以满足经济上的可行性;对于异地安置的,应根据安置地点距原居住点的远近,适当提高补偿标准,并应建立规范,确定具体乘数大小。

7.3 加强拆迁管理

7.3.1 先期介入

无论是政府还是开发商,对基地进行拆迁或者征收之前做好充分的前期工作。在项目的前期策划时,可行性研究期间,先期介入相关事务。

有关部门先期与居民沟通,制定拆迁方案,举行听证会,介绍拆迁方案,当拆迁方案获得大多数居民支持后,签订意向书,达到90%的签约率后协议生效。在对居民的调研中发现,虽然存在一小部分钉子户为了博取更大的利益,迟迟不肯动迁,但大多数居民对拆迁工作还是相当支持的。

7.3.2 优化城市房屋征收程序

对于2007年《新条例征求意见稿》第3条第7款所涉及的公共利益的范畴,2007年《新条例征求意见稿》第2章第8条至第13条给出了很好的模式。第8到13条规定了国有土地征收的程序,分别为:建设单位申请或政府部门做出拟征收房屋的意见、征求群众意见、专家论证、征收决定。

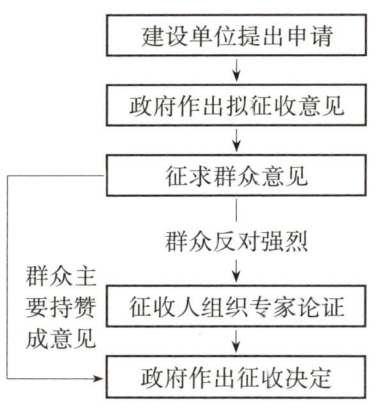

图7-2 原城市房屋征收程序

上述模式充分体现了群众参与和专家意见在土地征收公共利益目的性裁定中的作用,但在具体操作中,这种程序很有可能流于形式。假设在征求群众意见的过程中有许多居民持反对意见,需要举行专家论证,由政府组织专家论证,这其中专家的选择就可能存在"猫腻",负责组织专家论证的征收人可能通过选择与己方意见一致的专家来操纵专家论证的意见。这就使得专家论证形同虚设。此外,如果有关权利人和利害关系人在专家论证之后仍然不认可征收决定,可以申请行政复议或行政诉讼,但是此时作为征收人的政府部门可以公告拆迁实施时间,并且此后包括拆迁补偿的一系列工作都必须在拆迁实施期限之前完成。换言之,征收公告的发布从时间上严重限制了权利人和相关利害人对于征收目的性的认可。笔者认为要尽可能的维护老百姓的权益,就必须在征收公告发布之前,统一绝大多数被征收人的意见。要做到这一点,可以参照国外的陪审团制度,从权利人和利害关系人中随机抽取12人,参与行政诉讼。陪审团进行事实审,法官进行法律审,法官和陪审团相互影响、交流,从而使诉讼结果更贴近群众,反映民意。具体模式如下:

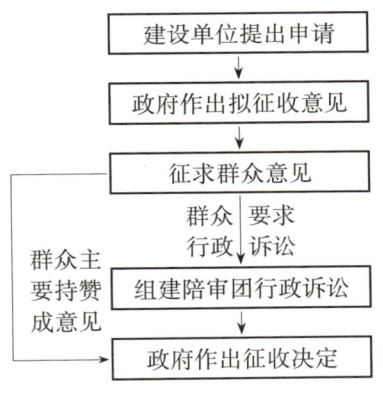

图 7-3 优化后的城市房屋征收程序

7.3.3 加强监督管理

1. 设立直属于房地局的事业单位,作为实施征收拆迁安置工作的单位

西方国家的公共开发制度,强调国家开发、公共开发。英、美、法、德、加拿大等国的城市更新主要是由公共机关主办的开发公司进行。针对2007年《新条例征求意见稿》对国有土地征收提出了政府作为征收人,可以借鉴西方的公共开发制度,由政府设立事业性单位专门负责拆迁工作。在我国的广州市进行了这方面的实践,成立了广州市道路扩建工程办公室,系直属广州市建委的事业单位。广州市编委确定了该办十项任务,主要是负责广州市市政工程的征用土地、拆迁房屋、迁移管线的补偿安置工作,以及安置房、安置小区的建设设计、施工管理和物业管理等工作。

2. 征收拆迁部门职责要规定详细，加强部门间职责协调，实现相关部门对拆迁工作的统一协调

虽然在2007年《新条例征求意见稿》中规定了县级以上地方人民政府负责征收房屋与拆迁补偿安置的部门具体实施征收房屋与拆迁安置工作，但对其各项权利和义务没有做出明确的规定，只是原则性概念性的定义。同时，规定县级以上地方人民政府有关部门应当依照本条例的规定和本级人民政府规定的职责分工，互相配合，保证征收房屋和拆迁补偿安置工作的顺利进行，但也只是原则性概念性的规定。因此在细则的制订中，需要进行明确，以利于征收拆迁工作又好又快地实施。

3. 扩大原房屋拆迁管理部门的职能，加强对动拆迁工作监督管理

根据宪法和组织法确立的上级政府监督下级政府、本级政府监督所属工作部门的精神，设定严格的层级监督，建立健全政府自身内部的监督机制，从根本上规范对动拆迁工作的行政管理监督行为，同时，发挥动拆迁工作的外部监督作用，尤其是强化权力机关和司法机关对行政执法活动的监督，推进动拆迁工作的实施。

7.4 改进拆迁评估

对于拆迁评估的改进建议，笔者认为应通过双方委托纠正单方委托带来的偏差。2001年《条例》的工作程序是先颁发拆迁许可证，然后拆迁人单方面委托评估，以评估结果作为与被拆迁人协商的参考。被拆迁人和拆迁人共同确定的评估机构最终仍由拆迁人委托，即评估机构是受拆迁人的指派完成评估任务，这就导致原本由双方共同确定的评估机构最终仍由拆迁人左右，使共同选择的过程仅仅成为一种形式。因为在利益驱动下，单方委托的公平性和公正性难免会产生偏差。这样的程序易使被拆迁人产生无自主权感和不尊重感。为了改变这种现状，可变单方委托为双方委托。

7.4.1 双方委托的程序

首先，仍旧由拆迁人和被拆迁人通过选举、抽签等方式确定评估公司。然后由双方共同与评估公司签订评估合同。估价结果出来后，评估公司需向双方进行汇报。对汇报结果有争议，依然走原先复估、鉴定等流程（图7-4）。

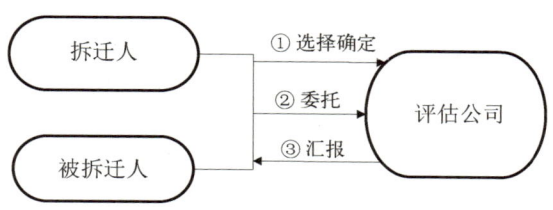

图 7-4 双方委托的程序

7.4.2 双方委托的费用支付

2001年《条例》规定的单方委托,主要从支付评估费用的角度来考虑的。因为评估费用最终是由拆迁人来支付,因此由拆迁人进行委托。但应该认识到拆迁人和被拆迁人在利益上的对立性。同时,支付与拆迁相关的费用是拆迁人的义务,因为申请拆迁许可证时,拆迁人就应该将相关费用(包括评估费用)存入银行的特定账户,费用的支出应该得到房屋拆迁主管部门的批准。从这个角度来看,由拆迁人和被拆迁人共同与评估机构订立委托合同后,拆迁评估费用仍应由拆迁人支付。

7.4.3 可能产生的问题及解决方法

双方委托可能会产生一定的问题。在单方委托中,评估公司只对拆迁人负责,通常游离于补偿矛盾之外。一旦进行双方委托,会将评估公司直接推向矛盾的焦点。可通过以下几个手段解决此问题。

1. 增强评估公司的责任意识

评估公司必须做到严于律己,增强责任意识,保证公平公正。有关部门应制定严格的惩罚制度,对于恶意将房屋价格评高评低的事件,不论个人还是公司,绝不姑息。

2. 使被拆迁人更加理性

必须加强宣传和教育,使被拆迁人明白评估价格和最后确定的补偿价格的关系和区别。充分告知其评估价格的依据和内涵,使其明白评估价格的客观性和刚性,以及评估公司只对评估价格的合理性负责而不对最后补偿价格负责的基本原则。

3. 建立奖励制度

拆迁评估工作的纠纷较多，相对于其他的评估业务更为繁琐。如果让评估公司在拆迁过程中承担更多的责任，可能会使一部分资质好而估价业务多的评估公司放弃拆迁评估的业务。奖励制度可在一定程度上改善这种现象。奖励制度可从"积极参与"和"出色完成"两个角度设立，显然后者应比前者的奖励程度高。可分别给予不同的税收优惠，不同的资质评定加分等，以提高评估公司的参与积极性。

7.5 提高补偿标准

7.5.1 明确补偿原则

货币补偿标准必须市场化、标准化、绝对化。建议应将被拆迁房屋的建筑面积作为补偿的唯一依据。在补偿中，不应考虑人口、帮困等因素。同等地段，不同基地，不同的拆迁时间点，被拆迁居民应享有同等的或经过折算后同等的拆迁补偿标准。在制订补偿标准时，应坚持以下两个原则：

1. 补偿标准尽量定高

今后的土地征用其行政强制性色彩将越来越重，政府将在拆迁中处于绝对主导和支配的地位，而被拆迁人将处于绝对弱势。在这种情形下，如果想要避免发生拆迁纠纷，则在补偿标准上政府应在力所能及的范围内充分定高，充分照顾老百姓利益，政策用足用尽，首先做到对老百姓问心无愧，这才能让老百姓心服口服。

2. 补偿标准坚决统一

补偿标准一旦确定就是令行禁止，不轻易更改，避免目前存在的拆迁补偿同一时间点不同区域而产生的"面上不平衡"以及同一区域由于搬迁时间点不同而产生的"前后不一致"等不公平现象，进而引起的居民心理失衡，为拆迁的后续工作带来巨大的阻力。同时，对于某些无理取闹、漫天要价之徒坚决不姑息养奸，依法严肃处理，以维护政策的权威性，保证拆迁公平公正。

7.5.2 提高补偿标准

2007年《新条例征求意见稿》国有土地征收模式之下，缺乏协商机制。《物权法》规定："征收单位、个人的房屋及其他不动产，应该依法给予拆迁补偿，维护被征收人的合法权益；征收个人住宅的，还应当保障被征收人的居住条件。"对公共利益的拆迁，补偿标准，由征收人依法决定。建议补偿价按以下公式计算：

1. 补偿价计算公式

被拆除的补偿价＝房屋的房地产市场评估单价×被拆除房屋的建筑面积×价格补贴系数＋搬迁补助费＋设备迁移费＋奖励费

2. 价格补贴系数

以 2003 年启动的拆迁基地为例，按时点评估价和当时拆迁最低补偿单价计算的货币补偿金额为 23 万元；而两年后的 2005 年，由于住房市场的变化和拆迁最低补偿单价的调整，货币补偿金额达到 36 万元，相对于启动时点的金额，增加了 13 万元之多。以 2005 年时点，参照世博动迁的补偿标准，补偿价与市场价的比例为 1.67。某地区 2003 年时点与 2005 年时点房屋拆迁补偿标准的比较如表 7-1 所示：

表 7-1 某地区 2003 年时点与 2005 年时点房屋拆迁补偿标准之比较

参考时点	2005 年时点				2003 年时点			
安置方式	新政策新办法货币补偿（参考世博动迁）	新政策老办法货币补偿	居住困难户最低安置面积标准货币补偿（参考世博动迁）	居住困难户最低安置面积标准货币补偿（原）	新政策新办法货币补偿（参考世博动迁）	新政策老办法货币补偿	居住困难户最低安置面积标准货币补偿（参考世博动迁）	居住困难户最低安置面积标准货币补偿（原）
安置构成	（时点市场价格＋价格补贴＋自行购房补贴＋装潢补贴＋奖励费＋搬家补助＋设备迁移）×拆除建筑面积	（时点市场价格＋价格补贴＋奖励费＋搬家补助＋设备迁移）×拆除建筑面积	时点五类地段市场价×最低安置面积＋（自行购房补贴＋装潢补贴＋奖励费＋搬家补助＋设备迁移）×拆除建筑面积	时点五类地段市场价×最低安置面积＋（奖励费＋搬家补助＋设备迁移）×拆除建筑面积	（2003 年市场价格＋价格补贴＋自行购房补贴＋装潢补贴＋奖励费＋搬家补助＋设备迁移）×拆除建筑面积	（2003 年市场价格＋价格补贴＋奖励费＋搬家补助＋设备迁移）×拆除建筑面积	2003 年五类地段市场价×最低安置面积＋（自行购房补贴＋装潢补贴＋奖励费＋搬家补助＋设备迁移）×拆除建筑面积	2003 年五类地段市场价×最低安置面积＋（奖励费＋搬家补助＋设备迁移）×拆除建筑面积

续　表

参考时点	2005 年时点				2003 年时点			
计算示意	(11 500+2 210+2 000+400+1 000+100)×25	(11 500+2 210+600+100)×25	6 750×55+(4 000+1 000+400+100)×25	6 750×55+(600+100)×25	(7 500+920+2 000+400+1 000+100)×25	(7 500+920+600+100)×25	4 560×55+(2 000+1 000+400+100)×25	4 560×55+(600+100)×25
户均成本	43	36	51	39	30	23	34	27
折算单价	19 210	14 410	20 400	15 550	11 920	9 120	13 600	10 750
与市场价比例	1.67	1.25	1.77	1.35	1.59	1.22	1.81	1.43
备注		五类地段单价：0.6×(12 000+10 500)/2=6 750				五类地段单价：0.6×(8 100+7 100)/2=4 560		

资料来源：万勇，《论上海中心城旧住区更新的调谐机制》，同济大学博士论文，2005.

因此，建议补偿中应考虑到对被拆迁人因调查、评估、搬迁造成的生活及工作干扰损失；被拆迁房屋的"市场评估价格"而不是原先的"重置价"来进行补偿，考虑土地使用权的价值，以及旧区改造中土地增值的因素，对按市场评估价格进行价格补贴。参考表 7-1 中的房屋拆迁补偿标准与市场价的比例，笔者认为价格补贴系数应取 1.6—2.0 之间，并且应对公有住房与私有产权房的价格补贴系数做一定的区分（一般根据面积大小划分系数值，且遵循小面积房屋从高确定补贴系数的原则）。

7.6　丰富安置手段

7.6.1　组合安置政策

要解决"搬得走"、"走得快"的问题，采取灵活多样的安置办法是拆迁安置的有效途径。笔者认为，克服单一的安置方式，扩大了拆迁户的安置选择范围，能有效地化解安置中的各种矛盾。本书将被拆迁户分为① 不购买安置房人群；② 购买安置房人群；③ 低收入人群；④ 区域内回搬置换人群这四种，并提出了① 购房退税；② 购房贷款优惠；③ 安置房面积人口级差、价格差价；④ 购房款减免;⑤ 廉租房安置;⑥ 购房券;⑦ 梯度置换价格这七种优惠政策。并将安置政策的各种组合方式汇于下表,如表 7-2 所示:

表 7-2 安置政策组合表

政策适用者	购房退税	贷款优惠	安置房面积人口级差、价格级差	购房款减免	廉租租赁安置	购房券	梯度置换价格
不购买安置房	✓	✓					
购买安置房			✓	✓			
低收入人群		✓	✓	✓	✓		
回搬置换						✓	✓

7.6.2 柔性化安置策略

拆迁中有情操作的部分应体现在安置上。安置应重点考虑对困难群体、低收入群体的保障,保证其能买得起合适的安置房源。

1. 对于不购买安置房源的居民,给予其他购房优惠政策

建议每户在两年内购买商品房享有一次购房退税,对于在别处没有住宅的居民(被拆住房为唯一居住用房)给予贷款利率优惠等。

2. 购买安置房的政策

根据家庭人数和人口结构,在购买安置房源的面积上和超出规定范围的安置房源单位价格上做梯度规定。根据相应地段,给予房源安置面积不同,安置房源地段每增加一级,优惠额度相应增加。

一方面,截至 2006 年底,上海城镇人均住房使用面积已经达到 22 平方米,两口之家对应的住房建筑面积平均为 60 平方米左右,三口之家平均为 90 平方米左右,四口之家约为 120 平方米左右。据此,本书认为 60、90、120 应为安置房建筑面积标准的上限;另一方面,1994 年建设部发起的安居工程,提出安居房以二居室和三居室为主,一般不超过 56 平方米。据此,本书认为 40、55、70 平方米为经济适用房建筑面积标准的下限。基于以上分析并考虑到近几年来上海市平均居住水平的上升以及住房保障的适度原则,我们取上下限的均值并做一定的技术调整将上海安置房建筑面积标准确定为表 7-3。

表7-3 家庭人口结构对应的房源安置面积

人口	五级地段	六级地段	七级地段	八级及以下地段
1	35—45	35—45	35—45	45—55
2	45—55	45—55	45—55	55—65
3	55—65	55—65	65—75	70—80
4	65—75	70—80	75—85	80—90
4人以上	每增加一人，增加 10 m²	每增加一人，增加 10 m²	每增加一人，增加 10 m²	每增加一人，增加 15 m²

对于安置房的梯度购买价确定，则参考松江区佘山镇的拆迁安置方案，并根据房源所处地段的不同给出一定的加权修正（笔者在调研中发现，佘山镇的被拆迁居民对政府提出的安置方案是很满意的）。其中，佘山镇处于上海市八级以下地区。按照当地拆迁安置标准，超出应安置面积 15 m² 以内的配套商品房安置价增加 300 元，超出应安置面积 15～30 m²（包括 30 m²）部分的配套商品房安置价增加 600 元，超出应安置面积 30 m² 以上部分的配套商品房安置价按照市场价格结算。根据此基准，本书参考上海市基准地价表中五、六、七级土地的基准地价比例关系[①]，对五、六、七级地段的安置价格进行适当修正，详细标准如表 7-4 所示：

表7-4 安置房梯度购买价

面积	五级地段	六级地段	七级地段	八级及以下地段
应安置面积	五级地段价格	六级地段价格	七级地段价格	八级（含更低级别）地段价格
超出应安置面积 15 m² 以内的（包括 15 m²）	配套商品房安置价	配套商品房安置价	配套商品房安置价	配套商品房安置价
超出应安置面积 15～30 m²（包括 30 m²）部分	配套商品房安置价增加 900 元	配套商品房安置价增加 800 元	配套商品房安置价增加 500 元	配套商品房安置价增加 300 元
超出应安置面积 30 m² 以上部分	配套商品房安置价增加 1 200 元，若超过市价，则按市场价计算	配套商品房安置价增加 1 000 元，若超过市价，则按市场价计算	配套商品房安置价增加 800 元，若超过市价，则按市场价计算	配套商品房安置价增加 600 元，若超过市价，则按市场价计算

---

① 参见上海市房屋土地资源管理局网站：http://www.shfdz.gov.cn/tdgl/200609/t20060912_3523.htm。

3. 低收入困难群体的照顾

对于享受低保的、生活困难享受政府特殊补助的、因公因病伤残的、城镇基本医疗保险办法规定重大疾病范围的、有相当程度残疾的和其他认定需照顾的对象,在安置房源的面积上予以照顾,减免应安置面积部分的房价款。参照世博动迁中对困难群体的帮困政策及目前大部分基地实行的帮困政策,建议对上述帮困居民给予帮困人口每人3万元的安置房源款的减免。

购买安置房源的面积和价格适用于上文家庭人口结构对应的房源安置面积表,和安置房购买价。对于在别处没有住宅的居民(被拆住房为唯一居住用房)给予贷款利率优惠等。

4. 低收入群体廉租房安置,并给予生活改善后购买配套商品房的权利

探索租赁方式安置政策的适用对象,首先定位拆迁地块中的弱势群体作为试点。在旧区改造地块中,大多数动迁户房屋面积小而实际居住人口多。一般情况下,按现行的动迁政策拿到的动迁补偿款不足以购买产权动迁房安置这些实际居住人口。

由各区房地局、街道、民政、劳动、卫生、残联相关部门组成的联合认证,通过充分讨论,对享受低保的、生活困难享受政府特殊补助的、因公因病伤残的、城镇基本医疗保险办法规定大重病范围的、有相当程度残疾的和其他认定需照顾的对象,优先选择租赁安置。

借鉴广州市政府廉租房的3种套型建筑面积及其适用人数:55~65平方米,适用人数2~4人;45~55平方米,适用人数2~3人;30~45平方米,适用人数1~2人,制定以下廉租房安置面积表,并按照安置对象人员结构确定租赁房面积标准(表7-5)。

表7-5 根据安置对象人员结构确定租赁面积表

被拆迁户核定实际居住人口	可承租配套商品房建筑面积
1人户	30—40
2人户	40—50
3人户	50—60
4人户	60—70
5人及5人以上户	70—80

租赁房屋的租金标准,采用优惠租金乘以实际承租建筑面积计算租金,超出应安置面积的部分,按市场租金收取;优惠租金按市场租金一定比例确定,根据廉租房租金标准收取。

租金的支付方式:适用动迁租赁方式安置的被拆迁人与租赁机构签订租赁合同后,将50%的安置补偿款(不含奖励费、搬家补助、困难补贴、设施迁移费等)交与租赁机构,租赁机构将安置补偿款用于被拆迁人承租租赁房在租赁期间的租金,余款作为保证金(包括租赁期内租金上涨的补差、租赁房屋退出风险的质押等)。

租赁期限设定为5年,5年内租金不变。5年后每1年由租赁机构审核承租人是否仍符合承租条件,同时,依据市场租金水平重新调整确定租赁房屋的优惠租金单价,对不符合租赁条件的,解除租赁关系,待承租人搬离并办理退房手续时,将剩余租金及保证金余额退还。

在租赁期间,承租人不可转租、转让、处分该承租房屋;承租人在承租期间无正当理由造成房屋空关的,租赁机构有权收回租赁房屋;租赁房屋不可按售后公房方式将产权出售给承租人;承租人因其他原因而提前终止承租房屋时,经租赁机构将预收租金的余额部分退还给承租人。[①]

当租赁期间或者租赁期满后的5年内,居民生活条件有改善的,同样给予购买一次安置房的机会。安置房的购买价按当时安置房价格计算。

7.6.3 拓宽安置房源建设渠道

1. 异地安置房源建设

当前许多安置房源,与中心城区相距较远,交通不便,许多居民认为安置房的建造质量不如商品房,其安置房源偏远,各种生活设施匮乏。

对于安置房应进行完整详细的规划,提高其建设质量,完善安置小区周边的配套设施,如医疗、教育、交通、公共设施、商业设施,尽量减少居民对搬迁后的生活和子女教育等问题的后顾之忧;同时合理设置安置房的套型和面积,加大小户型房源的配比,在力所能及的范围之内增加近中心城区的安置房源量。

2. 就近建设,区域内改建回搬

相当多的居民对长期居住生活的地区有着较深的情感,不愿意离开原有的

[①] 董瑜,关于动迁租赁方式安置的思考,上海房地,2005年第11期:9—11.

生活环境。因此,区域内改建回搬、就近安置是相当多拆迁居民的心声。建议加强区域间的联动,相邻地块滚动开发,一方面使居民能有回搬的机会;另一方面也使旧区拆迁中,与城市发展的要求相结合,政府和开发商在旧区拆迁中,在可能的范围内应尽量满足居民的回搬要求。而滚动开发也为旧城区的发展注入新的活力,对于后期开发的房源,部分出售以收回成本、取得收益。这种策略的核心是在平衡区域整体规划中,适当在旧改小区中提高容积率,增加房型类别,调整房型面积,以满足回搬和改造的需要。

A. 区域内改建回搬的步骤

这种策略可以分为三步走:第一步,对居民动迁需求强烈的拆迁基地房屋进行改造,比如拆掉一些低容积率的危棚简屋,建造高容积率的新住房,增加该基地的住房体量;第二步,对临近的拆迁基地进行改造,分批拆迁,被拆迁居民可以就近安置到第一步改造完毕的相邻拆迁基地;第三部,整合拆迁基地土地资源,通过滚动开发,将经济价值高的地块挂牌拍卖,获得的资金进行下一轮滚动开发。

在具体实施中,应根据房屋的实际状况,以规划为导向,听取居民意见,选择拆除原有房屋新建住宅或是对原有房屋进行改建和修缮。

B. 区域内改建回搬的总体原则

(1) 不解困原则:不解决居住困难,不考虑户籍因素。

(2) 有限改善原则:改善居民的居住环境。

(3) 等面积置换原则:原建筑面积与改建后的建筑面积进行等面积置换,发放购房券。如需另外购买的,置换后增加的建筑面积在优惠面积(如每户 8 平方米,具体面积梯度额可根据不同旧改地区制定)内的,按优惠价购买,超出部分应用梯度价格购买(表 7-6)。

表 7-6 梯度置换价格

面　　积	价　　格
原建筑面积	0
增加建筑面积 8 m² 以内(包括 8 m²)	改建成本价
增加建筑面积 8 m² 至 12 m² 以内(包括 12 m²)	改建成本价 +(市场价 - 改建成本价)× 50%
增加建筑面积 12 m² 以上	市场价格

C. 区域内改建回搬的置换原则

(1) 公开、公平、公正原则：置换方案、规则、结果、流程等全公开操作，向全体居民公示，接受居民监督。

(2) 楼层对应原则：原则上楼层对应置换，因改建中无法实现楼层置换的居民，采取抽取房号的方式。

(3) 面积就近原则：根据原有建筑，根据原有住房的面积大小，置换后仍然置换相同面积，面积不一致的，采取就近原则。

D. 区域内改建回搬的置换流程

(1) 宣传。向居民宣传、公开、解释置换方案，发放意向书，举行居民听证会。

(2) 完善置换方案，尽量考虑居民提出的意见。

(3) 先向居民发放意向书、置换方案及其回执，再与居民签订意向书。

(4) 达到约定的签约率后启动改建。

(5) 居民退房。

(6) 抽取抽房序号，抽房签约。

(7) 发放过渡费、搬家费，居民搬迁过渡。

(8) 工程建设，竣工验收后办理产证，调整租金。

(9) 居民回搬。

7.7 慎用强制拆迁

从一些强制拆迁案例中，不难发现，由于操作执行偏差及漏洞的存在，使得原本就矛盾重重的拆迁工作更加难上加难。由于强制拆迁会造成被拆迁人财产的损失，是建立在少数人利益损失的基础之上的，应该作为穷尽一切手段后不得已的行为，并且必须由公正的人民法院审判执行，方可显示它的权威性、公平性。

1. 房屋强制拆迁法律的立法目的定位

（一）保护被拆迁户的居住权、财产权和关于房屋的其他权益；

（二）促进与监督主管机关和拆迁方依法拆迁、合理拆迁；

（三）保证建设项目顺利有序进行。

2. 疏通合法强制拆迁渠道，营造房屋拆迁良好执法环境

宣传和政治思想工作是合法强制拆迁的重要手段。通过宣传和政治思想工作可以使拆迁当事人和各相关部门、领导对强制拆迁制度形成正确的认识，减少强制拆迁制度信息传递的失真，让合法强制拆迁制度变成领导决策的依据，确保强制拆迁的合法执行。同时注意对进入强制拆迁程序居民的宣传工作，鼓励他们合法维权。

3. 公益性拆迁项目可依法实施强迁

在实施城市房屋拆迁时，拆迁人与被拆迁人经协商最终难以达成协议，双方都可以借助司法的力量，一方面是拆迁人申请法院强制执行；另一方面是被拆迁居民也可以就拆迁方案的补偿标准向法院起诉，这样有利于体现法院的权威性、公平性。

4. 进一步扩大强制拆迁的透明化和公开化，确保公民有足够的知情权

可以脱离动迁组而专门成立一个法律咨询处，提供司法强制中被拆迁人如何让进行合理维权的咨询服务。

5. 做好强制拆迁预案、确保强制执行顺利进行

强制拆迁过程将对被拆迁人的人身权和财产权进行限制，是拆迁纠纷陷入僵局所采取的强制手段，矛盾冲突升级、情况的突发性、偶然性较大。为了做好这项工作，要在强制执行前制定一个确实可行，责任明确的强制拆迁预案，有条件的地方可以进行模拟和预演，确保强制拆迁能够顺利实施。预案的主要内容可以包括如下内容：

（1）参加的部门、人员及各自的职责；
（2）对可能发生的突发事件及应对措施；
（3）拆除人员的组织和安全措施；
（4）强制拆迁中需要明确的其他内容。

6. 做好拆迁信访咨询及接待工作

通过做好拆迁信访咨询及接待工作，向被执行人可能上访的部门进行强制拆迁工作的预先汇报，取得他们的共识，将可能出现的信息沟通渠道不畅和信息传递失真，降到最低。这也是强制拆迁得以顺利执行的有力保障。

7.8 本章小结

　　本章是实体章(Body Chapter)，为政策建议部分。本章在前文政策梳理、现状调研、模型分析、经验借鉴的基础上，提出了完善上海拆迁新政的建议。总的来说，本章得到如下结论：首先，上海拆迁新政的目标应该包括以下五点，即① 以构建和谐社会为目标；② 以保障民生为目标；③ 以完善住房保障体系目标；④ 以促进城市"又好又快"发展为目标；⑤ 以推动旧城改造为目标。其次，上海拆迁新政应该遵循"一统筹、二分离、三结合"的构建原则，① "一统筹"，即全市实行拆迁统一管理，由市房地局统筹安排，各区县房地局协调一致，避免出现"多头领导"的混乱局面；② "二分离"，即拆迁补偿与生活帮困相分离，货币补偿与住房安置相分离。既避免补偿标准差异产生的不公平现象，又因人而异对不同的居民实行不同的安置政策；③ "三结合"，即远期规划与近期实施相结合，房屋拆迁与城市发展相结合，区域联动与滚动拆迁相结合。全市不同区域在统筹管理的框架下，结合自身特点，实现区域间的资源共享、协调发展，体现"量力而行，尽力而为"的拆迁工作思路。再次，上海拆迁新政的实施主要采用以下四种手段，即① 经济手段；② 行政手段；③ 法律手段；④ 技术手段。最后，笔者提出了五点主要对策建议，即① 加强拆迁管理；② 改进拆迁评估；③ 提高补偿标准；④ 丰富安置手段；⑤ 慎用强制拆迁。

第8章 结论与展望

本章为结论章(Conclusion Chapter),对全文进行总结与进一步研究展望。本章的结构安排如下:第一节,综述本书的主要研究结论;第二节,分析本书的不足之处,并展望下一步研究计划。

8.1 主要结论

8.1.1 国内外经验借鉴部分主要结论

本章通过借鉴国内其他城市房屋拆迁政策,参考国外及台湾地区的城市拆迁制度和城市更新经验,为论文的对策建议部分提供经验借鉴。总的来说,本部分得到如下结论:首先,从国内经验来看,一方面,城市拆迁应遵循谨慎性原则,需要对全市的拆迁总量进行控制,应该做到"量力而行、尽力而为",切忌好大喜功;另一方面,城市拆迁应建立良好的运作机制,保障拆迁工作的公开、公正和公平,并且充分保障被拆迁居民的利益。其次,从国外及台湾地区城市拆迁经验来看,因公共利益的需要,政府可以使用其强制征收权,所有人无法阻止此征收,但是可以获得财产补偿。最后,从国外城市更新的经验来看,一方面,城市更新是依据城市发展的内在规律,有计划、有目的地调整城市用地结构和用地方式,以适应城市社会、经济和文化发展的需求;另一方面,以维护社会公平而不是利润为己任的政府应该介入到旧城改造中来,并且社会救助、关注弱势群体重新成为公共政策关注的热点。

8.1.2 政策梳理部分主要结论

自建国以来,上海城市拆迁政策经历了四个阶段:① 1991年前施行的计划经济模式下的城市拆迁政策,这一阶段的动拆迁工作虽然没有国家层面专门法律文件的规范与指导,但是动力大、阻力小,房屋拆迁基本上都可以比较顺利地完成。拆迁既改善了城市面貌,又提高了居民的居住水平,达到了一举两得的良好效果;② 1991—2000 年施行的经济体制转轨时期的城市拆迁政策,这一阶段的动拆迁工作中异地安置的阻力较大,但被拆迁居民基本能够接受政府提出的补偿标准,所以居民安置情况较好,社会矛盾较少;③ 2001—2007 年施行的市场经济体制下的城市房屋拆迁政策,这一阶段的动拆迁工作实行价值互换的补偿方式,在开始几年进展较顺利,受到大部分被拆迁户的欢迎,但偏重补偿,忽视安置,动迁房普遍地段偏远,质量不高,周边公共配套不足,无论生产生活都较为不便,使得后期动迁难度、补偿金额逐渐提高;④ 2007 年施行《物权法》框架下国有土地征收后的城市房屋拆迁政策,这一阶段的动拆迁工作更强调对物权的保护,并且拆迁决策过程更公开、透明。

8.1.3 实地调研部分主要结论

通过对被拆迁人、拆迁公司、拆迁管理部门、拆迁评估公司等利益相关者的大量调研,结合对上海市多个典型拆迁基地的摸底分析,可以得出如下结论:第一,现行的拆迁政策暴露出一定的问题与局限,延缓了城市建设的步伐。第二,当前商业动拆迁行为有时被扣上了社会公共利益的帽子,而政府不同程度地参与强制拆迁也影响了其公信力,这些都不可避免地带来一系列社会问题。第三,当前上海动拆迁问题主要集中在如下几个方面:① 补偿标准不统一;② 安置房源不充裕;③ 政策执行不到位;④ 上访矛盾激化。第四,动拆迁问题产生的原因主要有以下几点:① 各方利益诉求不一致;② 房价上涨使得补偿标准迅速提高;③ 地方政府的行政干预;④ 居民的补偿金额预期不断提高。

8.1.4 博弈分析部分主要结论

通过对 2007 年《新条例征求意见稿》下拆迁主体的行为进行博弈分析,笔者发现在《物权法》框架下,城市房屋拆迁存在如下几种博弈方式:① 当拆迁户采取斗争策略比采取缓和策略绝对收益高时,若政府出于社会稳定、提高拆迁工作进度等考虑满足拆迁户的超过补偿标准的要求,那么这一信号必然引起被拆迁户间的攀比,导致收益少者心理的不平衡,使得拆迁工作越来越难以进行;② 当拆迁户采取斗争策略比采取缓和策略绝对收益高时,若拆迁单位为了完成政府制定的工作计划,在拆迁时间节点到来之前,往往采取激烈甚至野蛮的手段进行强行拆迁,从而引起诸如上访等一系列问题;③ 当拆迁户采取缓和策略获得的收益大于(或等于)采取斗争策略获得的收益时,政府与拆迁户之间在斗争、妥协之间进行博弈,并各自逐步调整期望值,博弈演化的结果是形成一个稳定的闭合博弈循环,拆迁引起的社会矛盾将控制在一个有限的范围之内;④ 提出一种"区域内改建回搬"的城市动拆迁共生策略,如果这种策略能够较好地平衡政府与拆迁居民之间的利益,那么政府与拆迁户将在共生策略与妥协策略之间取得了一致性平衡,既满足政府城市建设与发展的需要,也能满足拆迁户改善居住条件的需要,能够有效地减小城市拆迁产生的问题,达到双方共赢。

8.1.5 对策建议部分主要结论

在前文政策梳理、现状调研、模型分析、经验借鉴的基础上,提出了完善上海拆迁新政的建议。总的来说,得到如下结论:首先,上海拆迁新政的目标应该包括以下五点,即① 以构建和谐社会为目标;② 以保障民生为目标;③ 以完善住房保障体系目标;④ 以促进城市"又好又快"发展为目标;⑤ 以推动旧城改造为目标。其次,上海拆迁新政应该遵循"一统筹、二分离、三结合"的构建原则,① "一统筹",即全市实行拆迁统一管理,由市房地局统筹安排,各区县房地局协调一致,避免出现"多头领导"的混乱局面;② "二分离",即拆迁补偿与生活帮困相分离,货币补偿与住房安置相分离。既避免补偿标准差异产生的不公平现象,又因人而异对不同的居民实行不同的安置政策;③ "三结合",即远期规划与近期实施相结合,房屋拆迁与城市发展相结合,区域联动与滚动拆迁相结合。全市不同区域在统筹管理的框架下,结合自身特点,实现区域间的资源共享、协调发展,体现"量力而行,尽力而为"的拆迁工作思路。再次,上海拆迁新政的实施主要采用以下四种手段,即① 经济手段;② 行政手段;③ 法律手段;④ 技术手段。最后,笔者提出了五点主要实施方案,即① 加强拆迁管理;② 改进拆迁评估;③ 提高补偿标准;④ 丰富安置手段;⑤ 慎用强制拆迁。

8.2 不足之处与研究展望

虽然笔者进行了大量的文献阅读,基础理论积累与数学建模分析,并花费了相当多的时间和精力进行实证研究。但囿于研究资料、时间精力与能力,本研究在以下方面还存在不足之处:

1. 在实地调研方面，一方面，由于拆迁问题的复杂性，对被拆迁居民的调研都是通过一对一访谈完成的，此举虽然有助于提高问卷的可靠性，但也增加了调研成本，所以问卷数量不是很多；另一方面，对拆迁公司的调研问卷则通过相关主管部门，以公司为单位发出问卷并回收，尽管笔者也到多家拆迁公司进行了实地访谈、校验，但拆迁公司调研问卷的结论可能会受到行政因素的影响。

2. 在理论研究方面，本书首先构造了《物权法》框架下的 2×2 演化博弈模型，分析了模型的平衡点以及稳定性。随后引入了共生策略，构造了 2×3 的演化博弈模型，该模型共有 9 个平衡点，囿于笔者数学知识，难以对模型的稳定性进行全面讨论（该模型有数十种可能的结论），只能采取通过算例进行实证分析的方式，进行校验。

3. 在国内外经验借鉴方面，由于笔者的精力与信息获取渠道有限，只能对典型的城市、国家进行分析，而没有更大范围的进行比较研究。

4. 在对策建议方面，囿于笔者的能力，所构造的政策体系可能有缺失之处。从上海城市拆迁政策历史的演变分析来看，每一个阶段的政策都还存在进一步完善的余地，本书所构造的政策体系当然也不例外。

5. 研究中笔者深深感到，城市拆迁问题是一个复杂的社会问题，需要基于多学科理论，进行深入研究才有可能分析透彻。囿于笔者的水平，尤其是社会学、心理学等学科的功底不足，还没有在这些方面进行展开研究。

上述问题既是本书的不足之处，也指出了今后笔者的进一步研究方面。从哲学角度来看，绝对真理是只能接近而不能达到的，任何理论与方法的建立与完善都有一个过程，本书的研究虽然取得了初步的完成，但依然任重道远，需要经过更深的理论研究、更多的实践检验并不断去伪存真，方能在本领域做出更多的成绩。

参考文献

[1] 施建刚. 房地产开发与管理[M]. 上海：同济大学出版社，2007.

[2] Arthur E S. The geography of towns [M]. Chicago：Aldine Publishing Company，1968.

[3] 林广,张鸿雁. 成功与代价——中外城市化比较新论[M]. 南京：东南大学出版社，2001.

[4] 专家预测2020年我国城市人口将达到8—9亿人. 载南方网：http://www.southcn.com/news/china/zgkx/200409150787.htm.

[5] 托马斯·库恩. 科学革命的结构[M]. 金吾伦，等，译. 北京：北京大学出版社，2003.

[6] 詹姆斯·E·安德森. 公共决策[M]. 唐亮，译. 北京：华夏出版社，1990.

[7] 胡守钧. 社会共生论[M]. 上海：复旦大学出版社，2006.

[8] 胡建淼,刑益精. 公共利益概念透析[J]. 法学，2004(10)：429.

[9] 卢梭. 社会契约论[M]. 何兆武，译. 北京：商务印书馆，2001.

[10] 俞可平. 社群主义[M]. 北京：中国社会科学出版社，1998：100.

[11] 边沁. 道德与立法原理导论[M]. 时殷弘，译. 北京：商务印书馆，2000.

[12] 博登海默. 法理学：法哲学及其方法[M]. 邓正来，译. 北京：华夏出版社，1987：198.

[13] 弗利德里希·冯·哈耶克. 法律、立法与自由[M]. 邓正来，等，译. 北京：中国大百科全书出版社，2000.

[14] 亨廷顿. 变革社会中的政治秩序[M]. 北京：华夏出版社，1988：186.

[15] Bettina Reimann. Consequences of the restitution principle for urban development and renewal in East Berlin's inner-city residential areas [J]. Applied Geography，1997，17(4)：301-314.

[16] Gerhard Larsson. Land readjustment：A tool for urban development [J]. Habitat International，1997，21(2)：141-152.

[17] Özlem Dündar. Models of urban transformation informal housing in Ankara [J]. Cities，2001，18(6)：391-401.

[18] Seong-Kyu Ha. Substandard settlements and joint redevelopment projects in Seoul[J]. Habitat International,2001(25):385-397.

[19] David Adamsa,E. M. Hastings. Urban renewal in Hong Kong transition from development corporation to renewal authority[J]. Land Use Policy,2001(18):245-258.

[20] Andre Thomsen, Marie-Therese, Andeweg-Van Battum. Sustainable housing Transformation[J]. Demolition of Social Dwellings:Volume. Plans and Motives:Paper to be presented at the ENHR Conference July 2nd-6th 2004. Cambridge. UK.

[21] Tim Williams. Demolishing barriers to renewal[J]. Regeneration & Renewal,2004(17):16.

[22] Zhiyong Wang, Zuliang Yuan. Forced demolitions blur rights. China Daily(North Americaned), New York Apr. 2004(21):5.

[23] Tzu-Chin Lin. Land assembly in a fragmented landmarket through land readjustment[J]. Land Use Policy,2005,22(2):95-102.

[24] Erik Eckholm. Sadly, there goes the neighborhood. There's no stopping "Urban Renewal"[J]. New York Times(Late Edition(East Coast)),2003(26):A.4.

[25] 雷利·巴洛维.土地资源经济学——不动产经济学[M].谷树忠,等,译.北京:北京农业大学出版社,2001.

[26] Lewis Mumford. The city in history its origins, its transformation and its prospects[M]. Harcourt Brace & World,1961.

[27] J. Jacobs. The death and life of great American cities[M]. Random house,1961:143.

[28] C. Alexander. The city is not a tree[J]. Architectural Forum,1965,122(1/2):54.

[29] E. F. Schumacher. Small is beautiful:economics as if people mattered[M]. New York:Harper & Row,1973.

[30] Colin Rowe, Fned Koetter. Collage city[M]. Cambridge:MT Press,1975.

[30] Gradam Towers. Building remocracy a casebook of community architecture[M]. London:UCL. Press,1995.

[31] Naomi Carmon. Three generations of urban renewal policies analysis and policy implications[J]. Geoforum,1999(30):145-158.

[32] Gerben Helleman, Frank Wassenberg. The renewal of what was tomorrow's idealistic city. Amsterdam's Bijlmermeer high-rise[J]. Cities,2004,21(1):3-17.

[33] Irit Amit-Cohen, Synergy between urban planning, conservation of the cultural built heritage and functional changes in the old urban center — the case of Tel Aviv[J]. Land Use Policy,2005(22):291-300.

[34] Suresh C. Sood, Hugh M. Pattinson. Urban renewal in Asia-Pacific: A comparative analysis of brainports for Sydney and Kuala Lumpur [J]. Journal of Business Research 2006(59): 701-708.

[35] Stuart S. Rosenthal. Old homes, externalities and poor neighborhoods-A model of urban decline and renewal [J]. Journal of Urban Economics, 2007, 6(3): 1-25.

[36] Daniel Lerner, Harold D. Lasswell. The policy sciences: Recent development in scope and method [M]. Standford, CA: Standford University Press, 1951.

[37] J. Maynard Smith, G. R. Price. The logic of animal conflict [J]. Nature, 1973, (246): 15-18.

[38] Larry Samuelson. Evolution and game theory [J]. Journal of Economic Perspectives Volume (Year), 2002(16): 47-66.

[39] D. Friedman. On economic applications of evolutionary game theory [J]. Evolutionary Econometrics, 1998, (08): 15-42.

[40] R. Selten. Evolutionary stability in extensive two-person games: correction and further development [J]. Mathematical Social. Science, 1980: 93-101.

[41] R. Selten. Evolutionary stability in Extensive two-Person Games [J]. Mathematical Social Science, 1983: 269-363.

[42] W. Weibull. Evolutionary Game Theory [M]. Cambridge: MIT Press, 1995.

[43] Kaushik Basu. Civil institutions and evolution: concepts, critique and models [J]. Journal of Development Economics, 1995(46): 19-33.

[44] D. Friedman. Evolutionary games in economics [J]. Econometrica, 1991(59).

[45] D. Friedman, K. C. Fung. International trade and the internal organization of firms: An evolutionary approach [J]. Journal of Interational Economics, 1996 (41): 113-137.

[46] Martin Dufwenberg, Werner Guth. Indirectevolution VS. Strategic Deletion: a comparison of two approaches to explaining economic institutions [J]. European Journal of Political Economy, 1999(15): 281-295.

[47] J. M. Guttman. On the evolutionary stability of preferences for reciprocity [J]. European Journal of Political Economy, 2000(16): 31-50.

[48] M. Kosfeld. Why shops close again: An evolutionary perspective on the deregulation of shopping hours [J]. European Economic Review, 2002(46): 51-72.

[49] K. Nyborg, M. Rege. On Social Norms: The evolution of considerate smoking behavior [J]. Journal of Economic Behavior & Organization, 2003(52): 323-340.

[50] A. Jasmina, L. John. Scaling up learning models in public good games [J]. Journal of Public Economic Theory, 2004, 6(2): 203-238.

[51] G. Daniel, M. Arce, S. Todd. The dilemma of the prisoners' dilemmas [J]. KYKLOS, 2005, 58(1): 3-24.

[52] David K. Levine, Wolfgang Pesendorfer. The evolution of cooperation through imitation [J]. Games and Economic Behavior, 2007(58): 293-315.

[53] Josef Hofbauera, William H. Sandholmb. Evolution in games with randomly disturbed payoffs [J]. Journal of Economic Theory, 2007(132): 47-69.

[54] 王晓娜,刘道远.《物权法》土地征收中的公共利益研究[J]. 湖南公安高等专科学校学报,2007,19(3):100-104.

[55] 王利明.物权法草案中征收征用制度的完善[J]. 中国法学,2005(6):59-60.

[56] 周智坚,彭晓云.论政府征地中公共利益的界定[J]. 法制与社会,2007(1):499-501.

[57] 慎先进,王海琴.论城市房屋拆迁的社会公共利益目的[J]. 湖北社会科学,2005:143-144.

[58] 黄大元,李伟芳,钱忆露.浅析我国征地制度中"公共利益"界定与征地范围划分问题[J]. 经济地理,2006,26(5):842-845.

[59] 黄戌娟.公共利益在中国土地征收中的定位[J]. 三峡大学学报(人文社会科学版),2007,29:61-62.

[60] 徐海燕.公共利益与拆迁补偿:从重庆最牛"钉子户"案看物权法第42条的解释[J]. 法学评论(双月刊),2007(4):842-845.

[61] 张殿军.城市房屋拆迁与公共利益界定[J]. 法制与经济,2006(5):15-16.

[62] 申建林.对行政征用中的公共利益的认定[J]. 武汉大学学报(哲学社会科学版),2007,60(4):566-571.

[63] 杨峰.试论房屋拆迁中公共利益内容的确定[J]. 中共福建省委党校学报,2006(9):78-81.

[64] 林喆.强制拆迁与"公共利益"[J]. 瞭望新闻周刊,2005(6):26-29.

[65] 王敏.论房屋拆迁中公共利益与个人利益的平衡[J]. 湘潭师范学院学报(社会科学版),2006,28(3):57-59.

[66] 王淑华,朱宝丽.城市房屋拆迁中之公共利益判定[J]. 齐鲁学刊,2007(4):153-157.

[67] 石云.城市房屋拆迁中的"公共利益"问题研究[J]. 山东省农业管理干部学院学报,2007,23(3):115-116.

[68] 安明贤.城市房屋拆迁制度中"公共利益"的合理界定[J]. 山西省政法管理干部学院学报,2006,19(4):75-77.

[69] 张曦.城市房屋拆迁中有关法律问题的思考[J]. 学习与实践,2004(10):53-54.

[70] 牛玉兵,刘意.论城市房屋拆迁制度的缺陷及其重构[J]. 电子科技大学学报社科版,2005,7(4):73-76.

[71] 吕东锋,谢青霞,谢静怡.房屋拆迁中对被拆迁人权益的法律保护——兼论《城市房屋

拆迁管理条例》之缺陷[J].重庆工商大学学报(社会科学版),2005,22(6):84-87.

[72] 张锋学.房屋拆迁的法律分析[J].宜春学院学报(社会科学),2007,29(1):26-28.

[73] 户邑.中国城市房屋拆迁的制度性障碍分析[J].理论前沿,2005(4):32-34.

[74] 王者洁.城市房屋拆迁法律问题研究[J].城市房屋拆迁,2005(10):33-35.

[75] 胡伟.城市房屋拆迁的法律问题探讨[J].边疆经济与文化,2007(5):50-52.

[76] 姜亮.拆迁别离开土地说事——谈城市房屋拆迁补偿中的土地法律缺位问题[J].中国土地,2005(2):18.

[77] 叶林林.城市房屋拆迁中行政补偿制度的缺陷及其完善[J].四川行政学院报,2006(4):44-46.

[78] 董婧怡.完善城市私房拆迁制度必须把握的几个问题[J].科技资讯,2006(6):244-245.

[79] 刘杰.城市房屋拆迁中利益冲突与制度缺陷[J].太平洋学报,2006(6):63-67.

[80] 陈震.我国城市房屋拆迁法律体制的构建[J].中山大学学报论丛,2006,26(4):133-136.

[81] 刘永峰.城市房屋拆迁中的若干法律问题研究[J].当代经理人,2006(12):167.

[82] 江怒.房屋拆迁中政府、拆迁人、被拆迁人三方法律关系分析及对策[J].经济与法,2006(8):277.

[83] 朱剑.论城市房屋拆迁中的法律问题[J].九江学院学报(社会科学版),2006(4):52-55.

[84] 张必胜.如何认识和处理城市房屋拆迁中的法律关系[J].城市房屋拆迁,2007(1):60-61.

[85] 王树平.城市房屋拆迁行为法律属性的分析[J].求实,2006(1):108-109.

[86] 华凯.城市房屋拆迁行为的法律性质分析[J].法制与社会,2007(1):528-529.

[87] 刘建军.我国城市房屋拆迁法律制度瑕疵之分析[J].宜宾学院学报,2007(2):54-56.

[88] 夏筠.试论城市私有房屋拆迁补偿安置协议[J].广西政法管理干部学院学报,2006,21(1):76-78.

[89] 史正保.论城市房屋拆迁的法律特征[J].甘肃行政学院学报,2006(3):88-89.

[90] 史正保,郑天锋.对我国城市房屋拆迁中存在问题的法律思考[J].兰州商学院学报,2006,22(5):74-78.

[91] 张敏.公有住房拆迁补偿的法律问题研究[J].法制与经济,2005(12):46-47.

[92] 侯汉杰.城市房屋拆迁法律制度的理论分析[J].暨南学报(哲学社会科学),2003,25(5):23-29.

[93] 程建.城市拆迁的行政法律关系分析[J].前沿,2004(12):154-156.

[94] 王军.拆迁法律关系的困境及出路[J].中共四川省委党校学报,2005(1):71-73.

[95] 刘永峰.城市房屋拆迁中的若干法律问题研究[J].法制园地,2005(8):135.

[96] 彭小兵. 城市拆迁的制度性问题及政策设计[J]. 求索,2007(4):46-48.

[97] 王树林. 房屋拆迁货币化安置与市场交易关系问题的探讨[J]. 中国房地产,1999(11):38-40.

[98] 李广胜. 规范房屋拆迁货币安置补偿行为需把握好几个问题[J]. 中国房地产,2000(1):68-69.

[99] 方祖德,刘坚. 对城市房屋拆迁中安置补偿的几点看法[J]. 江南论坛,2000(7):34-35.

[100] 黄国强等. 房屋拆迁市场价补偿安置探索[J]. 房地产开发,2001(11):9-11.

[101] 柯复. 对房屋拆迁补偿价格标准的思考与建议[J]. 中国房地产,2003(12):26-27.

[102] 孙光卫. 房屋拆迁"以旧换新"被拆迁人该不该支付差价——城市房屋拆迁补偿标准的创新[J]. 城市房屋拆迁,2007(1):62-63.

[103] 王蕾. 我国城市房屋拆迁补偿制度存在的问题及其对策[J]. 学习月刊,2006(5):43-44.

[104] 曾卫,谢春全. 当前拆迁补偿中存在的问题及其完善[J]. 山西建筑,2007,33(20):219-220.

[105] 王志生. 对城市拆迁中私产房土地使用权补偿问题的探讨[J]. 中国房地产,2002(12):49-50.

[106] 孟勤国. 物权法如何保护私有财产[J]. 法学,2005(8):29.

[107] 何虹. 完善我国城市房屋拆迁补偿范围的思考[J]. 北方经济,2006(8):67-68.

[108] 胡雅珠. 从中外土地使用权的差异看住房拆迁安置的合理性[J]. 上海建设科技,2006(2):57-58.

[109] 杨娟,胡克. 城市房屋拆迁中土地使用权补偿价值的探讨[J]. 国土资源,2003(12):28-29.

[110] 李宏伟. 城市房屋拆迁的土地使用权补偿问题[J]. 学术交流,2005(11):73-75.

[111] 孙琳,韩秀丽,刘宪水. 拆迁房屋的土地使用权该给补偿吗?兼谈拆迁房屋土地产权评估补偿法律制度的完善[J]. 国土资源,2006(4):35-36.

[112] 杨军. 关于城市房屋拆迁中土地使用权补偿的思考及建议[J]. 工程与建设,2006,20(4):311-312.

[113] 刘韶岭. 城市房屋拆迁中土地使用权价值补偿的显化[J]. 城市房屋拆迁,2006(8):19-22.

[114] 董彪. 城市房屋拆迁中土地使用权的补偿问题研究[J]. 贵州大学学报(社会科学版),2007,25(1):31-33.

[115] 孔羽,方耀楣. 以人为本进一步完善我国城市房屋拆迁补偿政策[J]. 城市房屋拆迁,2007(2):60-63.

[116] 刘学平,钟碧武. 城市改造拆迁中的土地发展权补偿问题[J]. 华商,2007(4):17-19.

[117] 张必胜.拆迁补偿标准不统一所引发的拆迁矛盾不可忽视[J].城市房屋拆迁,2005(9):25-26.

[118] 张必胜.《物权法》后城市房屋的拆迁及补偿[J].城市房屋拆迁,2007(8):19-21.

[119] 陈丹.建筑师眼中的拆迁安置房现状与对策[J].四川建筑,2004,24(4):61-62.

[120] 王大海.关于政府规划建设管理拆迁安置房工作的几点思考[J].山东经济战略研究,2006(12):52-54.

[121] 盖静.土地征用拆迁安置工作面临的新问题及建议[J].中国国土资源经济,2005(3):26-28.

[122] 张振宇.加强拆迁补偿安置资金监管需注意的几个问题[J].城市房屋拆迁,2006(11):52.

[123] 冯婧,龙德才.拆迁安置小区规划的问题及解决途径——以宁波市北仑区为例[J].城市问题,2006(4):99-102.

[124] 哈尔滨市城市房屋拆迁管理办公室.积极化解城市拆迁低保家庭和残疾人的补偿安置难题[J].城市房屋拆迁,2006(1):47-48.

[125] 林竹静.城市房屋拆迁中的土地使用权补偿[J].建筑经济,2005(3):90-92.

[126] 曾国平,许峻桦.政府在城市拆迁中的角色定位[J].云南行政学院学报,2004(3):46-48.

[127] 范思凯.房屋拆迁中政府的角色定位[J].辽宁行政学院学报,2004,6(6):10-11.

[128] 许添元,许小莺.略论我国城市拆迁中的政府角色及法律规制[J].玉林师范学院学报(哲学社会科学),2006,27(1):93-96.

[129] 张承银.论城市房屋拆迁管理部门的角色定位[J].城市房屋拆迁,2006(4):52-53.

[130] 王学军.城镇拆迁中政府的正当角色[J].城市开发,2004(8):9-12.

[131] 倪峰.城市拆迁中利益关系分析及政府角色定位[J].武汉职业技术学院学报,2006,5(3):32-34.

[132] 王文普.征地拆迁中的政府行为分析[J].广西财政高等专科学校学报,2005,18(3):48-51.

[133] 罗世荣,黄璐,张晓华.城市房屋拆迁中政府角色的法律分析[J].重庆建筑大学学报,2005,27(4):105-109.

[134] 周云.政府在城市房屋拆迁中的角色问题研究[J].湘潭师范学院学报(社会科学版),2005,27(7):25-27.

[135] 李凡.浅析拆迁中政府公权力的运用[J].城市房屋拆迁,2005(10):36.

[136] 杨建顺.论房屋拆迁中政府的职能以公共利益与个体利益的衡量和保障为中心[J].法律适用,2005(5):2-5.

[137] 崔霁,方耀楣.城市房屋拆迁管理部门的机构属性及其职能[J].城市房屋拆迁,2006(5):49-51.

[138] 邵俊,徐莹.论城市拆迁安置过程中的政府职能[J].广东工业大学学报(社会科学版),2005,5(2):31-34.

[139] 李广彬,李婷.城市拆迁中的政府职能定位[J].城市拆迁,2004(3):30-32.

[140] 贺蕊,廉桂萍.城市房屋拆迁视角下的地方政府权重与约束[J].内蒙古大学学报(人文社会科学版),2006,38(1):92-97.

[141] 余家庆.征地与拆迁中的政府行为及其规范[J].福州党校学报,2006(3):71-73.

[142] 欧光耀,朱林生.论城镇房屋拆迁中的政府失灵[J].重庆工商大学学报(社会科学版),2006,23(3):46-49.

[143] 张镇强.质疑强制拆迁的宪法和法律依据[J].中外房地产导报,2003(22):8-9.

[144] 赖毅明.现行体制下解决强制拆迁难的几点思考[J].城市房屋拆迁,2005(7):32-33.

[145] 谢志敬.浅谈城市房屋强制拆迁形式的选择城市房屋拆迁[J].中国房地产,2003(10):52-53.

[146] 刘任平.城市房屋强制拆迁中"公权"与"私权"的冲突与和谐[J].湖南公安高等专科学校学报,2005,17(2):101-104.

[147] 王桂云.行政公权力与私权利的冲突与协调—以强制拆迁所造成的冲突为视阈[J].湖北行政学院学报,2006(3):73-75.

[148] 朱志军,孙鹏飞.宪法修正案第二十二条对拆迁立法的影响——对房屋强制拆迁的违宪思考[J].黑龙江省政法管理干部学院学报,2005(2):15-18.

[149] 易广安.解决强制拆迁难的几点建议[J].城市房屋拆迁,2005(12):31-32.

[150] 邹双卫.论强制拆迁的制度反思与重构[J].广东广播电视大学学报,2006,15(3):35-41.

[151] 张殿军,孙轩轩.城市房屋强制拆迁制度的失范与重构[J].经济论坛,2006(23):47-48.

[152] 牛怡霖.城市房屋行政强制拆迁的思考[J].今日湖北理论版,2007,1(3):187-188.

[153] 顾大松,史笔.城市房屋拆迁行为法律属性研究以物权法草案拆迁条款的重新定位为视角[J].法律适用,2006,(9):54-59.

[154] 刘闯.物权法对城市拆迁的影响[J].金融经济,2007(3):3.

[155] 黄韬.后《物权法》时代的房屋拆迁制度图景[J].法人,2007(5):47-48.

[156] 徐海燕.公共利益与拆迁补偿:从重庆最牛"钉子户"案看《物权法》第42条的解释[J].法学评论(双月刊),2007(4):137-143.

[157] 刘斌.《物权法》实施后的城市房屋拆迁规制[J].聚焦《物权法》,2007(6):17-20.

[158] 陈园.《物权法》破解房屋拆迁难题[J].城市开发(综合版),2007(4):48-49.

[159] 李钟书,翁里.论城市拆迁中社会利益和经济利益的博弈[J].安徽大学学报(哲学社会科学版),2004,28(7):95-100.

[160] 韩思阳.房屋拆迁法律问题初论——博弈论的视角[J].山东理工大学学报(社会科学版),2004,20(4):46-48.

[161] 闵一峰,吴晓洁,黄贤金,许蕾.城市房屋拆迁主体行为的博弈分析[J].城市房屋拆迁,2005(4):8-10.

[162] 黄信敬.城市房屋拆迁中的利益关系及利益博弈[J].广东行政学院学报,2005,17(2):38-42.

[163] 户邑.城市拆迁运作机制研究[D].重庆大学,2005.

[164] 户邑,刘贵文,彭小兵.城市拆迁管理的博弈分析[J].重庆建筑大学学报,2005(10):129-133.

[165] 彭小兵,谭蓉,户邑.城市拆迁纠纷的博弈分析及对策建议[J].重庆大学学报(社会科学版),2005,11(5):19-21.

[166] 彭小兵,曾国平,户邑.城市拆迁缔约中的博弈问题及政府的管制行为[J].管理现代化,2005(4):10-12.

[167] 倪峰.博弈论视角的城市拆迁问题分析[J].太原城市职业技术学院学报,2007(1):5-7.

[168] 王学军.城镇拆迁中的"非零和博弈"[J].求实,2005(1):51-54.

[169] 冯秋燕.房屋拆迁冲突的博弈分析[J].理论研究,2006(6):22-24.

[170] 林红玲.西方制度变迁理论述评[J].社会科学辑刊,2001(1):76-80.

[171] 刘小怡.马克思主义和新制度主义制度变迁理论的比较与综合[J].南京师大学报(社会科学版),2007(1):5-11.

[172] [美]道格拉斯·诺思.经济史中的结构与变迁[M].上海:上海人民出版社,1994.

[173] [美]道格拉斯·诺思.制度、制度变迁与经济绩效[M].上海:上海人民出版社,1994.

[174] 马广奇.制度变迁理论:评述与启示[J].学术动态综述,2005(7):225-230.

[175] [美]道格拉斯·诺思.制度变迁理论纲要[M].上海:上海人民出版社,1995.

[176] [加]马丁·奥斯本.博弈论教程[M].魏玉根译.北京:中国社会科学出版社,2000.

[177] 陈君.征地拆迁——政府主导的博弈[D].浙江大学硕士学位论文,2006(4).

[178] 张良桥.进化稳定均衡与纳什均衡——兼谈进化博弈理论的发展[J].经济科学,2001(3):103-111.

[179] 张良桥,冯从文.理性与有限理性:论经典博弈理论与进化博弈理论之关系[J].世界经济,2001(8):74-78.

[180] 张良桥.进化博弈:理论与方法[J].顺德职业技术学院学报,2007(9):37-42.

[181] P. D. Taylor, L. B. Jonker. Evolutionarily stable strategies and game dynamics [J]. Mathematical Bioscience, 1978(40):145-156.

[182] Borgers T, Sarin R. Learning through reinforcement and replicator dynamics [J].

Journal of Economic Theory,1997(77):1-14.

[183] J. Swinkels. Adjustment dynamics and rational play in games[J]. Games and Economic Behavior,1993(5):455-484.

[184] D. Foster,P. Young. Stochastic evolutionary game dynamics[J]. Theoretical Population Biology,1990(38):219-232.

[185] Daniel Lerner,Harold D. Lasswell. The policy sciences:Recent development in scope and method[M]. Standford,CA:Standford University Press,1951.

[186] Dye. Thomas R. Policy analysis:what governments do,why they do it,and what difference it makes[M].[Alba.]:University of Alabama Press,1976.

[187] Charles L. Cochran,Eloise F. Malone. Public policy:Perspectives and choices[M]. New York:McGraw-Hill,Inc.,1995.

[188] David Easton. Political system[M]. New York:Knopf,1953.

[189] 张成福,党秀云.公共管理学[M].北京:中国人民大学出版社,2001.

[190] 刘性仁.论公共政策理论模型及制定过程[EB/OL].http://www.chinalnn.com/Article_Print.asp?ArticleID=42318.

[191] Paul Sabatier. Top-down and bottom-up models of policy implementation:A critical and suggested synthesis[J]. Journal of Public Policy,1986(6):21-48.

[192] [美]威廉·邓恩.公共政策分析导论[M].谢明等译校.北京:中国人民大学出版社,2002.

[193] Denise DiPasquale,William C. Wheaton. Urban economics and real estate market[M]. New Jersey:Prentice Hall,Inc.,1996.

[194] I. J. Golt. Symbiosis and parastism[J]. Another Viewpoint Bioscience,1982(32):256.

[195] 袁纯清.金融共生理论与城市商业银行改革[M].北京:商务印书馆,2002.

[196] A. E. Douglas. Symbiolic interactions[M]. Oxford University Press,1994:1-11.

[197] 袁纯清.共生理论——兼论小型经济[M].北京:经济科学出版社,1998.

[198] Margulis,Fester. Symbiosis as a source of evolutionary innovation:Speciation and Morphogenesis[M]. MIT Press,1991.

[199] Surindar Paracer,Vernon Ahmadjian. Symbiosis:An introduction to biological associations[M]. Oxford University Press,2000.

[200] 吴飞驰."万物一体"新诠——基于共生哲学的新透视[J].中国哲学史,2002(2):29-34.

[201] 李谱春.北京:拆迁政策现场公示[J].北京房地产,2003(12):18.

[202] 杭州市房产管理局.杭州市拆迁评估机构推荐确定的办法及流程[J].中国房地产,2002(12):39.

[203] 住房保障"杭州模式". [EB/OL]. http://www.hzfc.gw.cn.

[204] 景智娟. 北京采取措施控制拆迁规模[J]. 北京房地产,2004(8):64-65.

[205] 张承银. 中美城市房屋拆迁制度的比较与思考[J]. 城市房屋拆迁,2005(8):54-57.

[206] 宋雅芳. 试论财产征用的公共目的[J]. 河南社会科学,2005(1):28-30.

[207] 张燕玲. 城市房屋拆迁法律制度研究[D]. 山东大学,2006.3.

[208] 王书娟. 城市房屋拆迁中的财产权益及其保护——兼论台湾地区公用征收收回权之借鉴[J]. 广西政法管理干部学院学报,2006,21(6):47-51.

[209] 吴维佳. 对旧工业地区进行社会、生态和经济更新的策略[J]. 国外城市规划,1999(3):18-23.

[210] 殷成志. 德国城市建设中的公众参与[J]. 城市问题,2005(4):91.

[211] 卢邑. 城市拆迁运作机制研究[D]. 重庆大学,2005.

[212] 张涛. 新加坡城市规划建设管理思考[J]. 中国建设信息,2003(9):34.

[213] 张其邦,马武定. 时间—空间—度:城市更新的基本问题研究[J]. 城市发展研究,2006(4):46.

[214] 崔霁. 城市拆迁中补偿问题的研究[D]. 同济大学,2005.

[215] 季进成,崔光灿. 宏观经济视角下的上海房地产市场[J]. 上海房地,2007(3):14-18.

[216] 唐代中,马卫锋. 基于演化博弈的城市拆迁补偿机制研究[J]. 财贸研究,2007(6):25-28.

[217] 郭挺. 上海旧城改造中住房拆迁补偿政策的变迁及影响因素、分析(1980-2006)[D]. 同济大学,2007.

[218] 万勇. 论上海中心城旧住区更新的调谐机制[D]. 同济大学,2005.

[219] 沈剑萍. 上海拆迁实行"全公开操作"[J]. 中国房地产,2006(7):40-43.

[220] 颜晨,范懿. 房屋拆迁中公共利益的界定——浅析《物权法》在城市房屋拆迁中对私有财产的保护[J]. 法学论坛,2007(3):104-105.

[221] 董瑜. 关于动迁租赁方式安置的思考[J]. 上海房地,2005(11):9-11.

附录 A 被拆迁户调研问卷

您好！我们受上海市房屋土地资源管理局拆迁处委托，就贵区被拆迁人情况进行调研摸底，希望能够得到您的真诚配合，客观的填写以下问卷，您的私人信息我们承诺为您保密！谢谢！

一、被调查者基本情况

居住区县：_____

家庭人口：_____

安置人口：_____

建筑面积：_____

年龄：□30 岁以下　　□31—40 岁　　□41—50 岁　　□51—60 岁　　□61 岁以上

文化程度：□高中以下　　□高中　　□大专　　□本科　　□本科以上

职业：□行政机关　　□事业单位　　□企业　　□自由职业者　　□学生　　□下岗或失业　　□其他

二、调查问题

下面有 16 个问题，请您在选定的序号上面画"√"。

1. 您的被拆迁房屋实际用途为：

　　□居住　　□商业　　□其他_____

　　1.1 如果是商业用途，您的房屋产权是：□居住　　　　□商业

　　　　　　　　　　　　工商、税务许可证：□有　　　　□无

2. 此地拆迁性质属于：

　　□市政及重大工程建社拆迁　　　　□商业房地产开发拆迁

　　□旧城改造　　　　　　　　　　　□其他_____

3. 您认为什么属于公共利益？
   _____
   _____

4. 您认为什么是属于公共利益的拆迁？（可多选）
   □市政工程建设拆迁　　　　　　□重大工程建设拆迁
   □符合大多数人利益需要的拆迁　□有利于改善市容市貌的拆迁
   □其他_____

5. 您是否愿意动迁：
   □愿意　　　　□不愿意
   A. 如果愿意，您的条件是：_____
   _____
   B. 如您不愿意，主要由于：（可多选）
   □补偿标准过低　　　　　　　　□安置地点过于偏远
   □拆迁后就业难或失业　　　　　□人身安全
   □离开了原有的生活方式和邻里关系　□子女入学不便
   □做生意需要　　　　　　　　　□其他_____

6. 你希望的补偿方式：
   □货币　　□住房（产权置换）　　□货币＋住房
   如果是货币，补偿协议中您获得的人均补偿金额为_____万
   　　　　　　　　您期望的人均补偿金额为_____万
   如果是住房，补偿协议中你获得的人均安置面积为_____平方米
   　　　　　　您期望的人均安置面积为_____平方米

7. 您认为目前拆迁政策存在的问题是：（可多选）
   □补偿标准低　　　　　　　　　□硬性安置
   □拆迁行为不规范　　　　　　　□对弱势群体照顾措施不周
   □政府行政行为公开透明度不够　□拆迁政策不统一
   □其他_____

8. 您认为拆迁补偿应按照哪种标准执行？
   □按居住人口补偿　　□按居住面积补偿　　□二者结合取其大者
   □其他_____

9. 您对拆迁过程中政府部门工作的评价是：
   □满意　　　　　　□基本满意

☐不太满意　　　　　　　☐不满意

10. 您认为政府部门哪些工作需要改进：
    ☐拆迁政策宣传不到位　☐执行缺乏人性化
    ☐拆迁政策前后不一致　☐其他_____（请注明）

11. 您对拆迁过程中拆迁公司的评价是：
    ☐为百姓考虑　　☐为拆迁人（如开发商）考虑　☐只为政府考虑
    ☐工作方法比较规范　☐使用不正当手段，如_____

12. 由评估公司评估的房屋的公开市场价格，您是否认可？
    ☐认可　　☐不认可　　☐部分认可

    12.1 如您不认可，主要是由于：
    ☐只为拆迁人考虑　　　☐不去现场或工作不细，结果不准确
    ☐没有原因，就是不认可　☐其他_____（请注明）

13. 您是否赞成强迁？
    ☐赞成，少数应服从　　☐不赞成，违背人权
    ☐视情况而定
    强迁给老百姓带来的问题有_____
    _____

14. 如果发生纠纷，您倾向于采取哪种解决方式？（可多选）
    ☐接受相关部门调解　　☐诉诸法律
    ☐上访　　　　　　　　☐其他_____（请注明）

15. 拆迁公司在拆迁中使用了哪些激烈的手段？
    _____
    _____

16. 您对拆迁工作以及相关法律法规的建议是：
    _____
    _____

附录 B 拆迁公司调查问卷

您好！我们受上海市房屋土地资源管理局拆迁处委托，就贵公司的基本情况进行调研摸底，希望能够得到您的真诚配合，客观的填写以下问卷，您的私人信息我们承诺为您保密！谢谢！

一、被调查者基本情况
公司名称：＿＿＿＿＿＿＿
您的工作性质：一线工作人员　拆迁工作负责人　相关工作人员　□其他＿＿＿＿（请注明）

二、调查问题
下面有 15 个问题，请您在选定的序号上面画"√"。

1. 您所参与的拆迁项目性质属于：
   □市政及国家重大工程建设拆迁　　□商业房地产开发拆迁
   □二者皆有　　　　　　　　　　　□其他＿＿＿＿＿（请注明）

2. 您认为目前拆迁政策存在的问题是：（可多选）
   □补偿标准低　　　　　　　　　　□硬性安置
   □拆迁行为不规范　　　　　　　　□对弱势群体照顾措施不周
   □政府行政行为公开透明度不够　　□拆迁政策不统一
   □其他＿＿＿＿＿＿＿＿

3. 您认为拆迁补偿按照哪种标准执行比较合理？（可多选）
   □按居住人口补偿　　□按居住面积补偿　　□二者结合取其大者
   □以尽量满足被拆迁人的利益诉求为原则
   □以公共利益最大化为原则，兼顾被拆迁人利益
   □其他＿＿＿＿＿＿＿

4. 您是否为了加快拆迁进度,而逐步提高被拆迁人补偿标准:
   □有过　　□没有
   4.1 您的操作过程中,补偿标准一般可提高(除钉子户)____%~____%
5. 您是否赞成强迁?
   □赞成,少数应服从　　　□不赞成,违背人权
   □视情况而定_____
   5.1 您所经历的项目,强迁比例一般为____%~____%
   5.2 您对如何更好地实施强迁有什么建议?
   _____
   _____

6. 您所遇到的拆迁纠纷的最终解决,运用方法是:
   □强拆　　□法律裁决　　□接受调解
   □上访　　□不知道
7. 您是否遇到过被拆迁户在签协议以后反悔违约的情况?
   □是　　　□否
8. 在您所参与的拆迁项目中,"钉子户"比例一般在____%~____%之间
9. 您所遇到的"钉子户"的最终补偿标准大约比一般补偿标准:
   □高____%~____%　　□相等　　□低____%~____%
10. 您对"钉子户"的看法是:(可多选)
    □钉子户要求太过分　　　□存在有其合理性
    □有关部门不应姑息养奸
    □即使要求有些过分,有关部门仍应慎重考虑
11. 您是否遇到过利用以下手段在拆迁中牟取不正当利益:(可多选)
    □假离婚　　□假结婚　　□户口迁入
    11.1 您还遇到过其他哪些手段?_____
        您对此如何应对?_____
        _____
12. 您认为目前的拆迁补偿政策:
    □标准过低　　□基本合理
    □非常优厚　　□其他_____
13. 您认为目前的拆迁补偿政策存在哪些缺陷?
    _____

14. 您对拆迁工作以及相关法律法规的建议是：

附录 C 相关政府机关调研提纲

1. 拆迁工作整个上下级组织关系以及结构设置是怎么样的？动拆迁工作的主管机构与协管机构（街道、信访办、政法机构等）之间是如何协调的？如何克服多头管理，管理不到位情况？好的经验有哪些？

2. 拆迁管理部门和协调部门各自分工如何？相应的职责文件有哪些？

3. 在拆迁工作当中，你们主要是依据哪些法律、政策、规定及条例进行拆迁工作？

4. 尽管当前拆迁的各项法律法规日渐健全，但还是有很多漏洞可以利用，您觉得目前有哪几方面需要完善？可有这方面的案例？

5. 物权法框架下建设部《国有土地征收房屋和拆迁补偿安置条例》（征求意见稿）对拆迁的影响主要有哪几点？

6. 市政动迁和商业动迁项目中政府职能有何区别？操作方法有什么不同？政府是否能够完成其中的角色转换？

7. 拆迁补偿安置的依据有哪些？"补人头"的依据是户口还是产证？以哪个为主？"补砖头"的依据是房产证的建筑面积还是存在其他标准？

8. 现在安置房源都是指定，以后有没有可能与被拆迁人协商确定？

9. 补偿资金的来源及拆迁安置计划的内容，审批颁发许可证之后，政府部门如何监督实施？

10. 目前的拆迁政策和补偿标准都有一定的弹性，这有助于尽快解决某些纠纷，但另一方面，弹性过大又会损害法律政策的严肃性以及政府的公信力。您对这个问题怎么看，可否介绍一下目前的状况？

11. 钉子户的产生主要是什么原因？目前解决的途径有哪些（强拆、调解还是哪些）？主要通过什么途径？强迁给政府带来的问题。

12. 因为拆迁问题而上访的人员结构（重点）？总量有多少？占总上访人数的比例？目前发展趋势以及上访集中反映的问题？目前政府对待上访人员的政

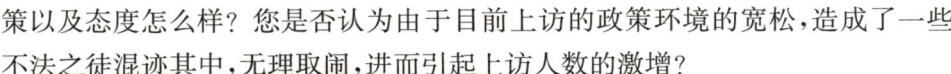

策以及态度怎么样？您是否认为由于目前上访的政策环境的宽松，造成了一些不法之徒混迹其中，无理取闹，进而引起上访人数的激增？

13. 拆迁工作完成后，也会出现一些后续问题。如安置小区容易形成贫民窟，安置人员的就业问题等等，这些问题是否引起了政府的重视？实践中又有哪些做法？

14. 做得比较好的拆迁基地有哪些？推动难度比较大的基地有哪些？

15. 上海的补偿标准变化沿革？变化原因？

16. 以往成功的拆迁中由哪些好的经验？主要的问题又出在哪？请就拆迁工作的顺利进行谈谈您个人的建议。

后　记

罗曼·罗兰说过:"生命是一张弓,那弓弦是梦想。"——只有亲手拉开这张弓,梦想才能成为现实。梦想总是美好的,但其实现过程往往艰辛,幸运的是我们并不孤单,因为每个人在不经意中都能给别人许多:有笑,有泪,有故事。当论著付梓的这一刻,我不仅掩卷沉思,回想在同济这四年多的岁月,回想身边人或经意或不经意中给我的关怀、帮助与勉励。

首先要感谢的就是我的导师施建刚教授。施老师是我专业研究的领路人,他广博的学识、敏捷的思维、严谨求实的治学态度、诲人不倦的工作作风深深烙在我的脑海中,鞭策我身体力行,不断进取;他的长袖善舞、翩翩风范以及对事业的专注、对家庭的眷顾、对学生的关心都像一个巨大的磁场,吸引我跟随其后,不断前行。饮水思源,对于恩师的不倦教诲,只能用我今后对社会、对学术的微薄贡献以报其万一。

同济数年,最为倾心的是其"同舟共济、自强不息"的奋斗精神,最为欣赏的是其"同心砥砺、济世安民"的务实理念,最为喜欢的是校园内独具匠心的小桥流水、楼台亭榭,最为幸运的是遇到一群同窗求索、志同道合的同学。

这里要感谢黄晓峰、王万力、王增忠、曾楠、田一淋、杨戒等博士同门,感谢韩祺、李政、程兴、周亮华、陶学梅、陈薇薇、刘江升、李顺、李俊明、卢佳、徐炜等硕士同门。他们用自己的才华影响和启发着我,在我的学业和生活中给予我宝贵的指点、支持和帮助。

特别感谢一起参与课题的周安远、朱莉萍、徐洋等同门。尤其是师弟周鹏和师妹吴麟莉,我们一起在研究所奋斗的日子将是我一生难忘的美好经历,我们共同在有限的条件下取得一流的成绩,我也相信你们今后的发展道路将一片光明。

特别感谢我的兄弟任晓丹、董知周、孙治国、石端学、王辉、赵玉军、林亦川、吴未。人生的旅途中,并非每个人都能遇到默契的同路人,能有这么一群才华横

后 记

溢、相互扶持的兄弟，是我的幸运。

特别感谢建设管理与房地产系的何芳教授、何清华副教授、楼江副教授、钱瑛瑛副教授给我在专业方面的指导，感谢白庆华教授、韩传峰教授在开题时的指导，感谢法政学院的刘春彦副教授、浦东新区综合经济研究所的朱斌副教授在多方面的指导。

特别感谢学院研究生党总支的吴泗宗教授、龚福琴老师、陈迅老师、王昭东老师和李慧老师。能有幸在博士期间入选总支委员是我的荣幸，能有幸加入总支这一温暖团结的集体更是我的自豪。

特别感谢调研过程中政府、拆迁公司、房地产开发公司等多家单位的帮助与支持。尤其是不同拆迁基地的居民，他们的坦诚和质朴，让我感触良多并深感重任在肩。可以这么说，没有多方面的帮助与支持，就没有本书的顺利完成！

在几年的读书、科研、实践过程中，得到了多方的帮助。在此感谢上海市房屋土地资源管理局蒋慰如处长、赵龙杰会长、赵平处长、郑民强科长、姚臻工程师、凌传荣博士、崔光灿博士，感谢杨浦区房地局曹福麟副局长，感谢宝矿国际集团上海泓邦置业有限公司丁勇副总经理，感谢复地集团曹志东副总经理，感谢上汽工业开发发展公司的吕斌经理、周京主管，感谢三达进修学院的张文红主任等等。

感谢复旦大学尹伯成教授，同济大学吴泗宗教授、何芳教授在论文预审中给予的宝贵意见。

最后要感谢我的父亲母亲。父母的爱就像阳光，永远温暖着儿子前行的每一步，他们不仅养育我成长，更以他们的善良和睿智化解我急功近利的浮躁，引导我走得更远。感谢我的妻子盛九芳，西谚云："好女人，好学校"，我深以为然。我是幸运的，也希望能够在好学校中取得好成绩，回馈亲人给我的爱。

谨以此文献给所有关心、支持我的人们！

唐代中